図説 戦国入門

歴史群像編集部・編

Gakken

目次

東西対決！ 当世具足 大坂の陣

（監修・文＝伊澤昭二）

知られざる戦国の常識12

（文＝樋口隆晴、大野信長）

戦国の名門大名11家

（文＝河合秀郎、平山 優、黒田基樹、小和田哲男、谷口克広、森岡榮一、野本 亮、秋山伸隆、大山 格）

※本書は、弊社から刊行された「歴史群像シリーズ」およびその他のムック、「戦略戦術兵器事典②日本戦国編」、雑誌「歴史群像」に掲載した一部の記事に、新たに作成した記事を加えて再編集したものです。

図説 戦国入門

当世具足

東西対決！

大坂の陣

●監修・文＝伊澤昭二

西軍

真田幸村《さなだゆきむら》

南《なん》蛮《ばん》胴《どう》具《ぐ》足《そく》（真田徹氏蔵）

仙台真田家に代々伝えられてきた真田幸村所用といわれる南蛮具足。胴は中央に鎬《しのぎ》を立てた二枚胴蝶番《ちょうつがい》合わせである。大坂冬の陣の慶長19年11月26日、家康襲撃を企てた幸村が、目立たないこの甲冑を用いたと伝わる。兜はいわゆる「突盔形《とっぱいなり》」と呼ばれる形である。

東軍

片桐且元《かたぎりかつもと》

惣《そう》黒《くろ》熊《くま》毛《げ》植《うえ》二《に》枚《まい》胴《どう》具《ぐ》足《そく》（大阪市美術館蔵／写真＝大阪城天守閣）

片桐且元所用と伝えられる惣（総）熊毛植の具足。胴はくまなく熊毛を植えた二枚胴形式で、草摺《くさずり》は熊毛植板物を六間四段としている。兜は頭形鉢《ずなりばち》の上に熊毛を植え、眉庇《まびさし》上に銀箔押の繰《く》り半月の前立《まえだて》を添える。䡊《しころ》は板物四枚に熊毛を植え、面頬《めんぼお》も熊毛植の目の下頬である。

西軍

後藤基次《ごとうもとつぐ》

日《にち》月《げつ》竜《りゅう》文《もん》蒔《まき》絵《え》仏《ほとけ》胴《どう》具《ぐ》足《そく》（大阪城天守閣蔵）

又兵衛《またべえ》の名で知られる後藤基次所用と伝える具足。兜は熊毛を植えた総髪形《そうはつなり》で胴は二枚仏胴形式。胸板に太陽と月を、中央に丸竜《がんりゅう》を描く。面頬《めんぼお》・袖のほかに三具が付属。具足櫃《ぐそくびつ》に「西照院元次公御遺物　三浦久馬助殿寄進　景福寺什」の貼紙がある。景福寺《けいふくじ》（鳥取市）は基次の子供を養育した三浦家ゆかりの寺。基次夫婦の墓もある。

東西対決！

当世具足 大坂の陣

東軍

徳川家康 ● とくがわいえやす

伊予《いよ》札《ざね》黒《くろ》糸《いと》威《おどし》胴《どう》丸《まる》具《ぐ》足《そく》（久能山東照宮博物館蔵）

歯朶《しだ》の前立が添うことから、歯朶具足の名で呼ばれる徳川家康の愛用品のひとつ。一説には家康が関ヶ原の戦いの前に大黒天《だいこくてん》の夢を見たことから、奈良の甲冑《かっちゅう》師・岩井与左衛門《いわいよざえもん》に作らせたという。以後、関ヶ原、大坂の陣に着用し、勝利を収めた幸運の具足と伝えられ、徳川歴代将軍がこの写しを作っている。

井伊直孝《いいなおたか》

東軍

朱《しゅ》漆《うるし》塗《ぬり》燻《ふすべ》韋《がわ》威《おどし》縫《ぬい》延《のべ》腰《こし》取《とり》二《に》枚《まい》胴《どう》具《ぐ》足《そく》（彦根城博物館蔵）

彦根二代藩主・井伊直孝所用と伝えられる「井伊の赤備《あかぞなえ》」の代表的な遺品。兜についた金の脇立《わきだて》を藩主、金の前立を家臣、銀の前立を陪臣《ばいしん》が用いる、とそれぞれ定められている。籠手《こて》に縫い付けられた仕付袖《しつけそで》や毘沙門《びしゃもん》籠手《ごて》のバランスといい、面頬の厳しさといい、実用に徹した工夫がうかがえる。

伊達政宗《だてまさむね》

東軍

鉄《てつ》黒《こく》漆《しつ》塗《ぬり》五《ご》枚《まい》胴《どう》具《ぐ》足《そく》（仙台市博物館蔵）

伊達政宗所用と伝える、実質本位で無駄のないデザインと、金箔押弦月《げんげつ》の前立が印象的な仙台具足の代表的な遺品。仙台具足とは、奥州胴《おうしゅうどう》と呼ぶスタイルに、政宗が自分の好みの実戦的要素を取り入れて作らせた具足で、藩主から下級武士に至るまで使用された。

前の１人が背負った幟を、後ろの２人が各々ひもで支えている。

使番（連絡将校）

大将（物主・侍大将）
大将は戦闘時には軍配を用いたり、使番を出したりして命令を下す。

戦闘時の「備」を簡略化して描いた。「先手《さきて》（＝前衛部隊）」は、鉄炮と弓、長柄を使用して敵を制圧・拘束する。馬上衆は拘束した敵の弱点に機動して、敵を撃破する。敵を追撃して止めを刺すのが、大将の親衛隊である「馬廻《うままわり》」だ。なお侍以下の各人物の装束は、永禄10年以降の武田氏「軍役条目」や天正4年の「軍役定書」等を参考にした。それによれば武田勢は、揃いの旗と兜の前立を付け、足軽まで兜を被っていた。

備【そなえ】

【知られざる戦国の常識】

1 軍隊編成

大将・兵・部隊の実態

戦国時代を特徴づけるものの一つに、大名権力の確立がある。その権力形態は守護大名型（室町）から、戦国大名型への移行であり、やがて大名当主の権力が家中隅々《すみずみ》にまで行き渡るような、明確な序列に基づくピラミッド型の権力形態を出現させた。こうした流れは、端的にいえば、恒常化《こうじょうか》、大規模化した戦争に対応する「勝つための組織」作りにほかならなかった。

戦国大名の家臣団は概《おおむ》ねどの大名も、歴史学の用語で「寄子《よりこ》・寄親《よりおや》制」と呼ばれる組織となっている。これは江戸時代なら家老クラスとなる大《たい》身《しん》の家臣の下に、小身《しょうしん》の家臣を配属させるもので、指揮系統の確立、現代ならば、命令《コマンド》と《&》統制機構《コントロールシステム》の構築を目的としている。

また、家臣の知行《ちぎょう》を把握して、一定の割合で軍役を賦課《ふか》するとともに、人数、装備、兵科を細かく指定した「着到状《ちゃくとうじょう》」といった文書も大名当主から出されるようになる。動員力を数値で把握し、組織的な戦力運用を行うためだ。

着到状に規定された動員と、寄子・寄親制によって編成された部隊は、戦時には戦闘状態に組み替えられる。

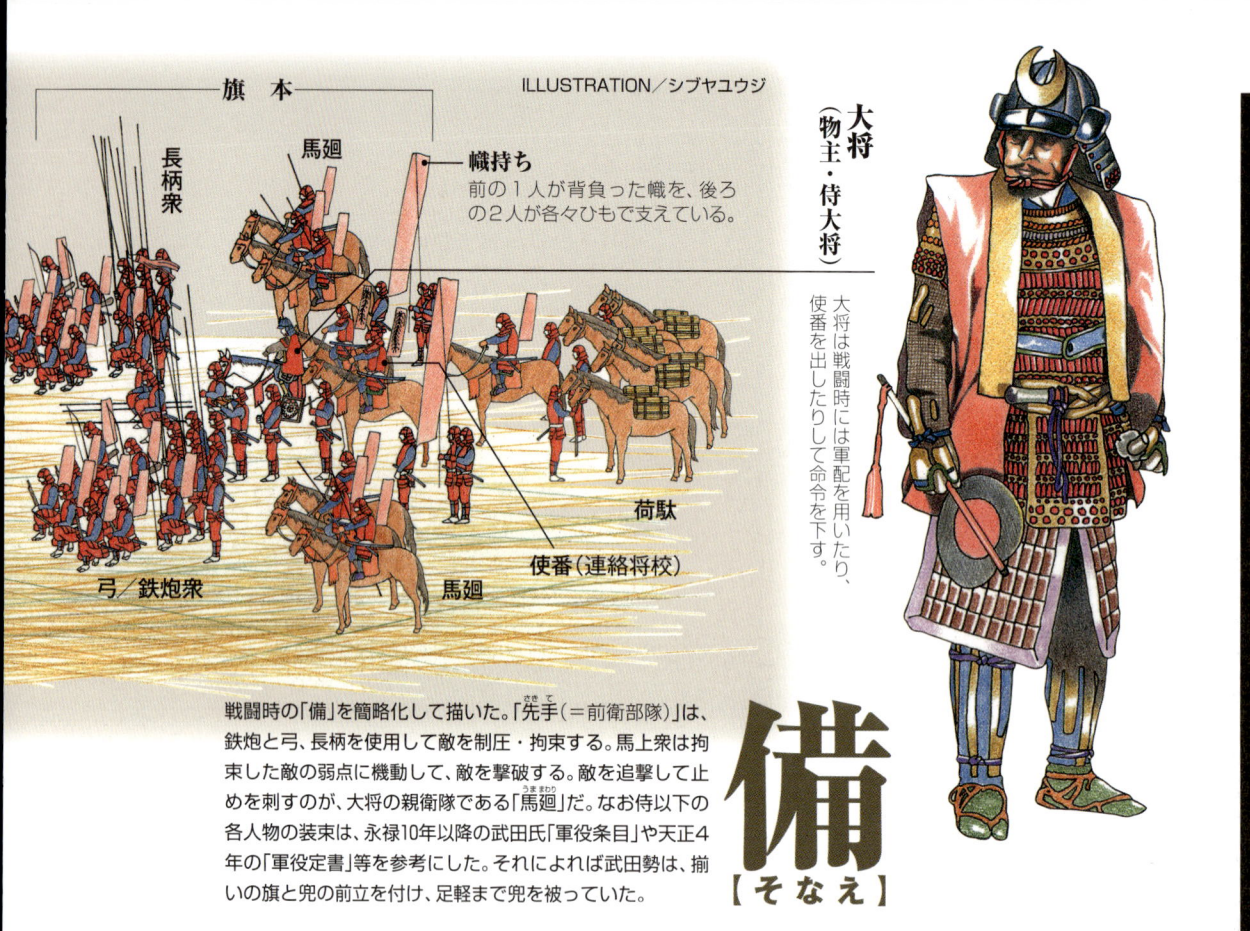

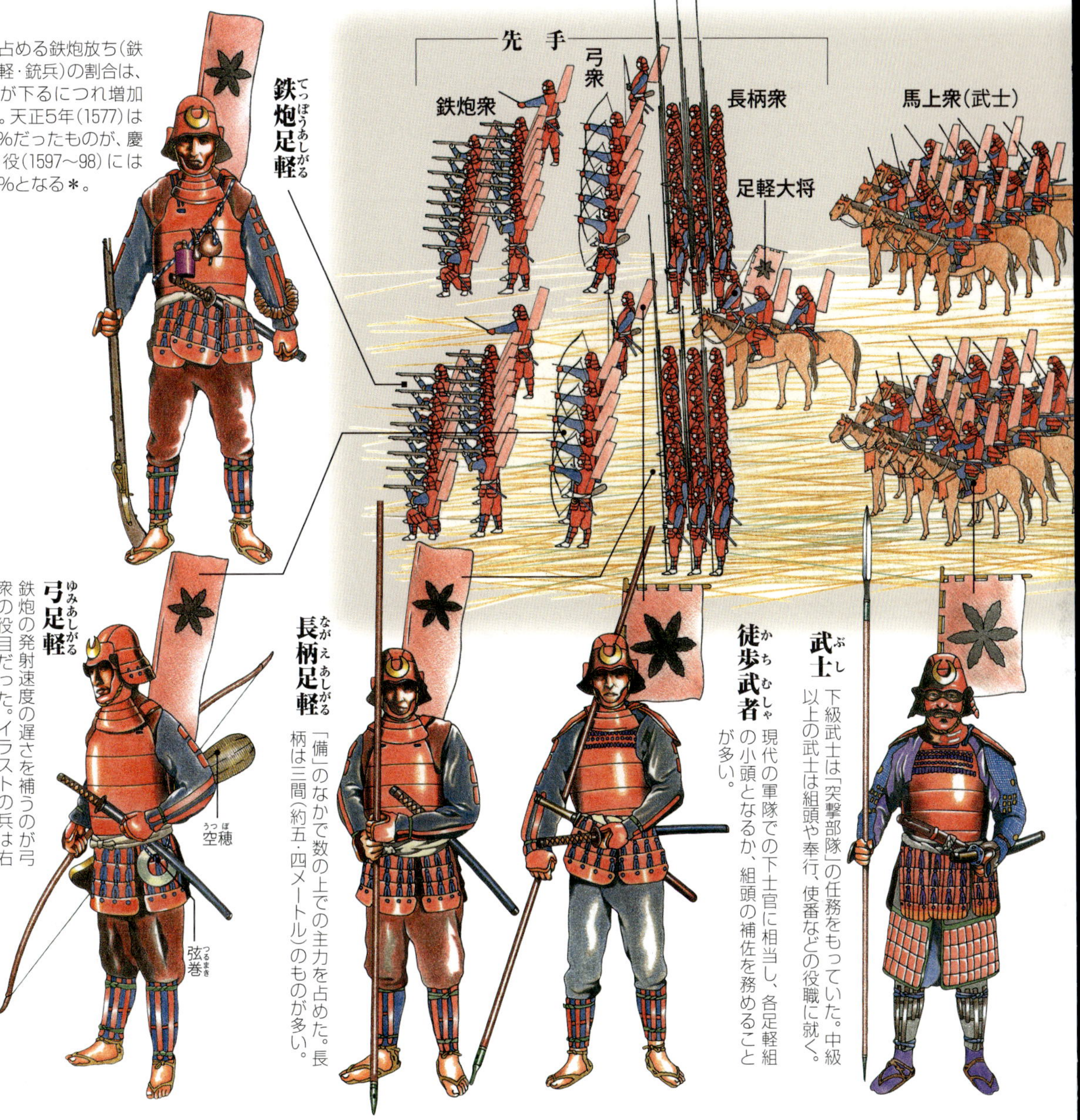

鉄炮足軽《てっぽうあしがる》

備に占める鉄炮放ち（鉄炮足軽・銃兵）の割合は、時代が下るにつれ増加した。天正5年（1577）は3.2％だったものが、慶長の役（1597〜98）には約27％となる＊。

弓足軽《ゆみあしがる》

鉄炮の発射速度の遅さを補うのが弓衆の役目だった。イラストの兵は右腰に空穂を、左腰に弦巻を着ける。

長柄足軽《ながえあしがる》

「備」のなかで数の上での主力を占めた。長柄は三間（約五・四メートル）のものが多い。

徒歩武者《かちむしゃ》

現代の軍隊での下士官に相当し、各足軽組の小頭となるか、組頭の補佐を務めることが多い。

武士《ぶし》

下級武士は「突撃部隊」の任務をもっていた。中級以上の武士は組頭や奉行、使番などの役職に就く。

これを「備《そなえ》」（または「一手」）という。指揮官名をとって「山県衆《やまがたしゅう》」、地域名で「小田原《おだわら》衆」なども呼ばれる）と称され、この備がいくつか集まって戦国大名の軍隊は構成される。

大名の直臣《じきしん》たちは、知行に応じて、自分の家臣（大名から見た場合、家臣の家臣＝「陪臣《ばいしん》」、「又被官」）を連れてきているが、それを鉄炮《てっぽう》、弓、長柄《ながえ》、荷駄《にだ》といった同じ装備・役割を持つ者同士の組に編成したものが備だ。

つまり備とは、各兵科が協同することで、どのような状況でも独力で戦闘を遂行できる諸兵科連合部隊であり、戦国大名軍隊の戦術基本単位なのである。

また、軍事行動のためとはいえ、このような諸兵科連合部隊を作るために、家臣からその財産である陪臣を一時的にでも引き離すことが可能になったのは、大名権力がそれだけ強化されたことをも意味する。

そして、戦争は単なる個々の戦闘員の戦力の「和」によって戦う集団戦から、個々のシステムの「積《せき》」によって戦う組織戦へと変化を遂げたのである。

（文＝樋口隆晴）

＊天正５年時は北条氏岩付（いわつき）衆、慶長の役は立花宗茂勢の記録による。

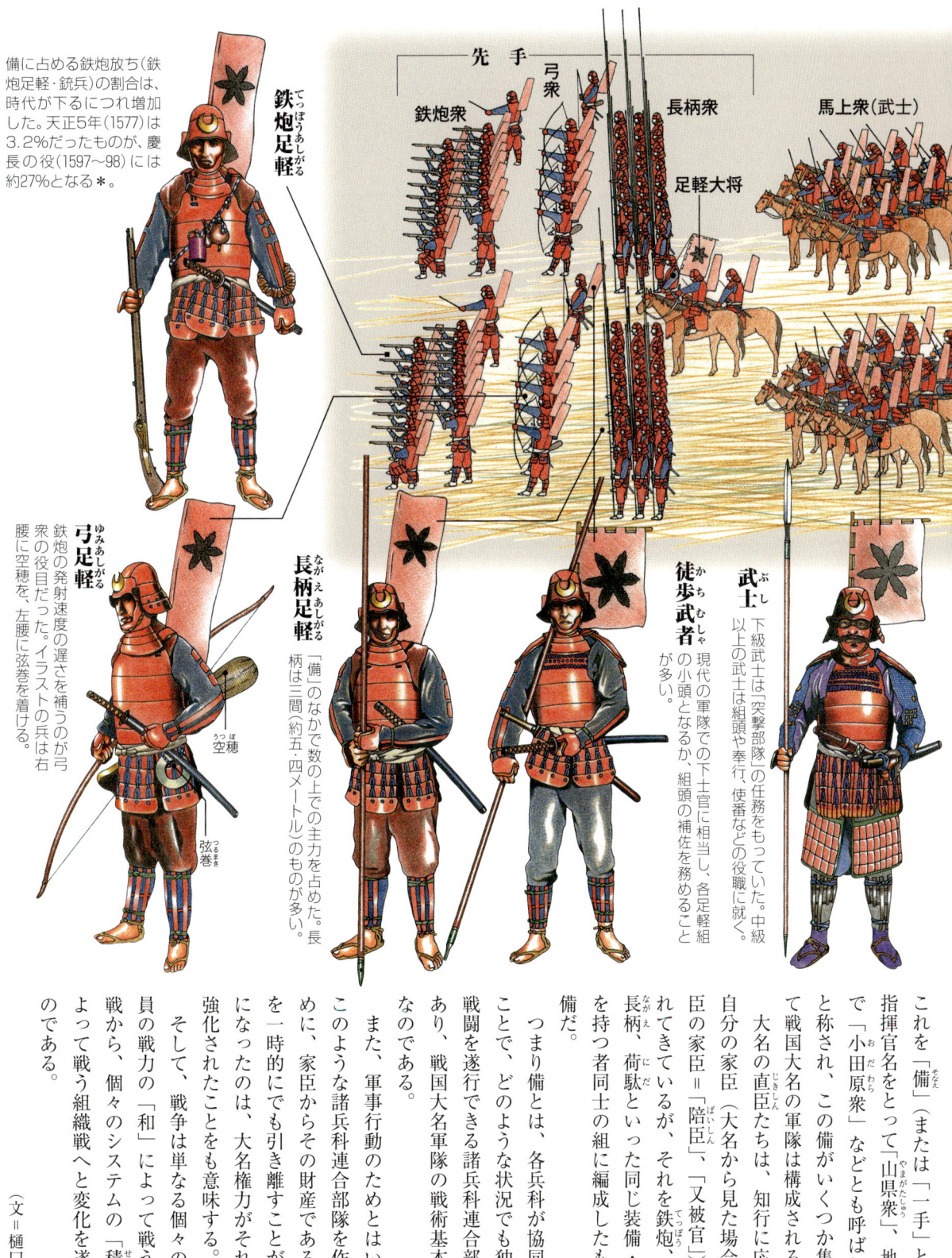

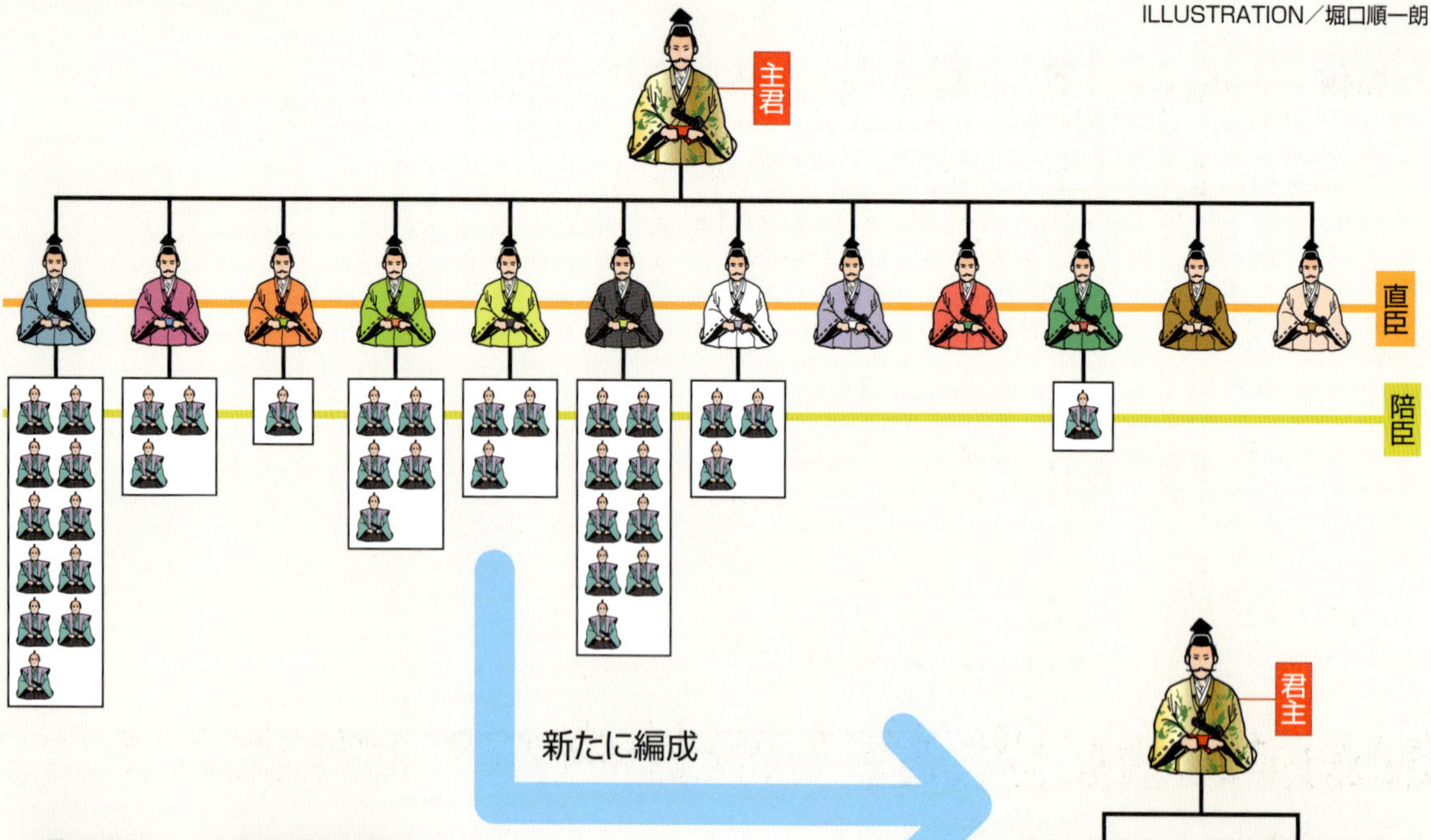

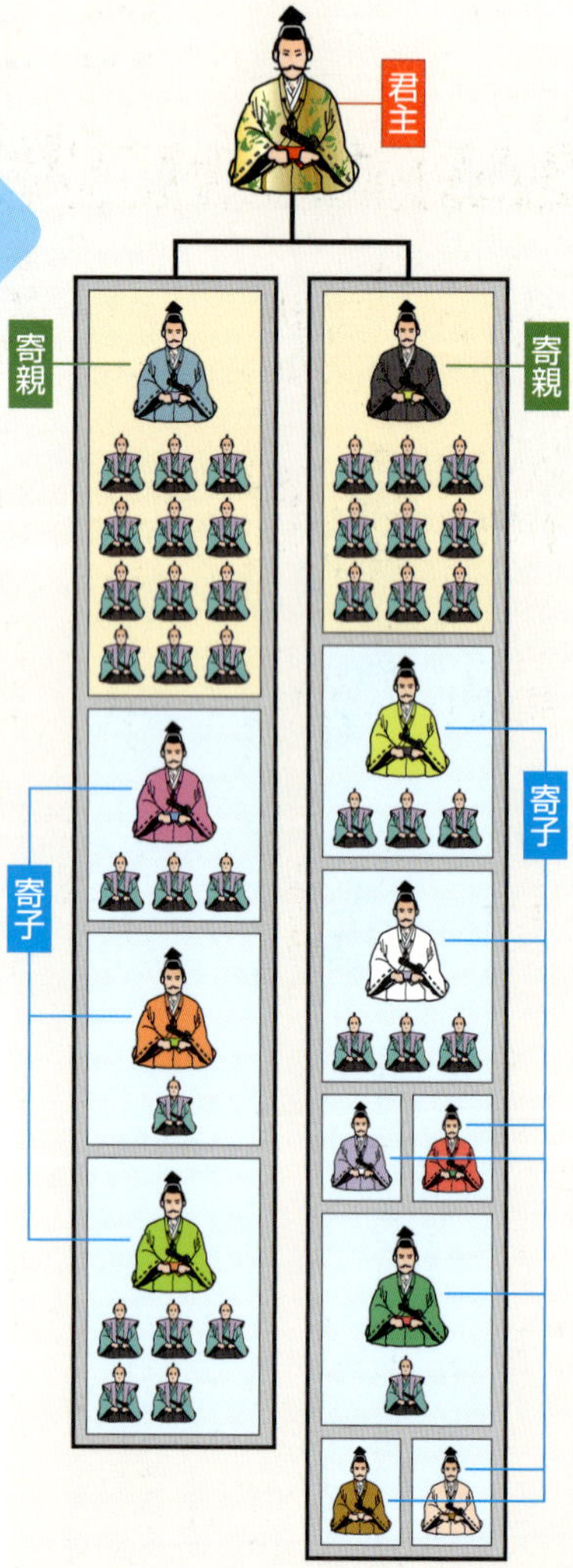

寄子・寄親制

領国が大きくなると家臣が増え、一人の大名では統制が難しくなる。これを大身の直臣などを寄親とし、その下に小身の直臣を付けると統制し易くなる。右図のようにすれば、大名は、寄親となる二人の直臣に命令を下せばよい。この制度は本来は軍隊の編制だったが、戦国後期には、どちらかというと平時の行政システムに近くなる。例えば寄子となった直臣は、所領を巡る訴訟や家督相続問題の場合、まず寄親へと持ち込む。なお、寄親の寄子に対する不正等は、大名直属の目付等が監査する。

【知られざる戦国の常識】1 軍隊編成

「寄子《よりこ》・寄親《よりおや》制」とは、一郡を領する大身の者から、地侍《じざむらい》クラスの小身の者まで、多数で多様な直臣《じきしん》を統制するため、小身の直臣を大身の直臣の下に、または中規模でも譜代の家臣の下に外様家臣を配属する制度である。

配属を受けた側は「寄親」、配属された側を「寄子」または「寄騎《よりき》」という。武田家では「同心」とも呼ぶ。これにより大名は、寄親となった少数の直臣を通じて他の多数の直臣を統制することができる。

この場合、寄親と寄子の関係は、近代の軍隊における上官と部下の関係に近いが、さらに人間的で密な関係を結ぶとともに、この関係を解消できるのは大名のみである。

しかしながら、この寄子・寄親制

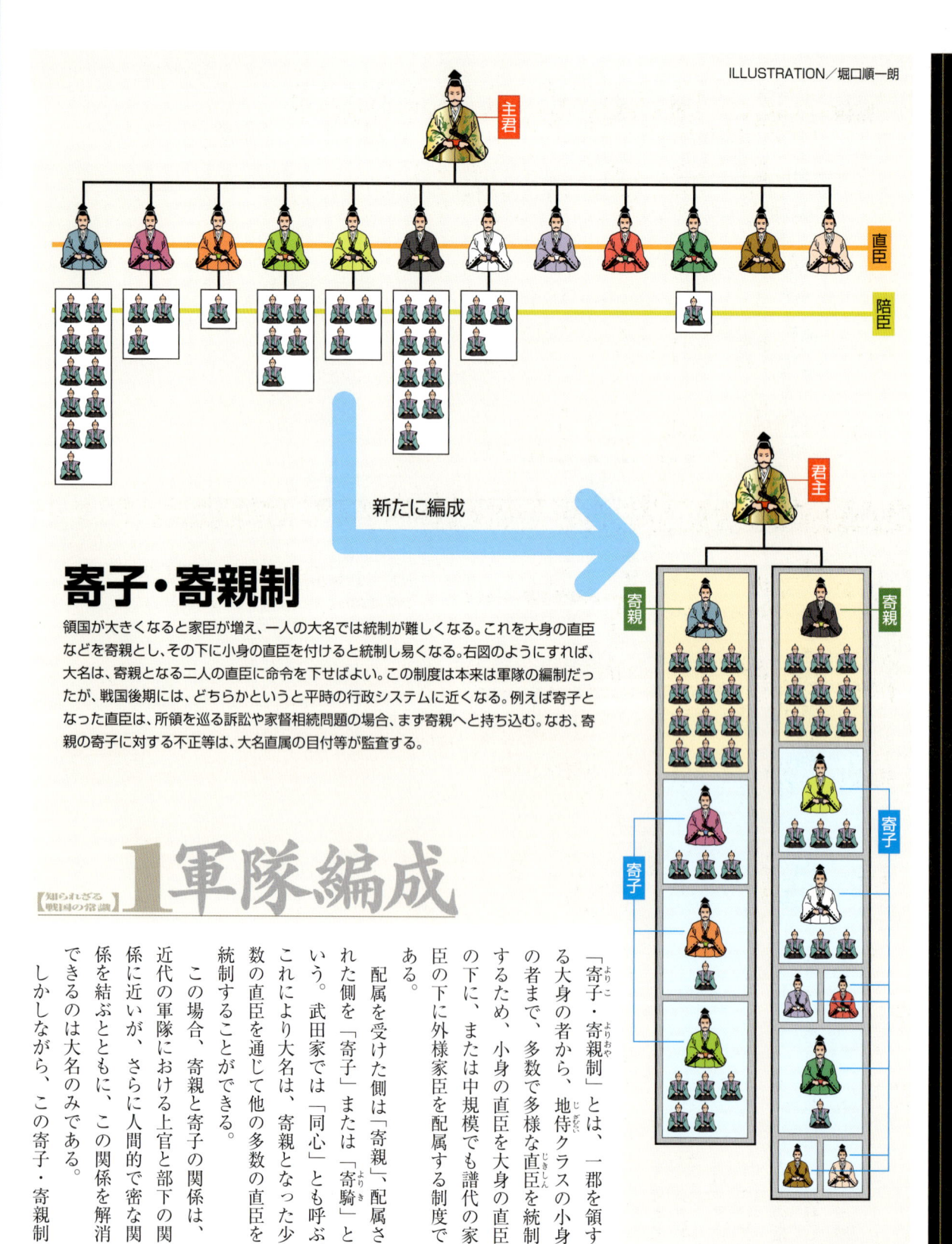

ILLUSTRATION／堀口順一朗

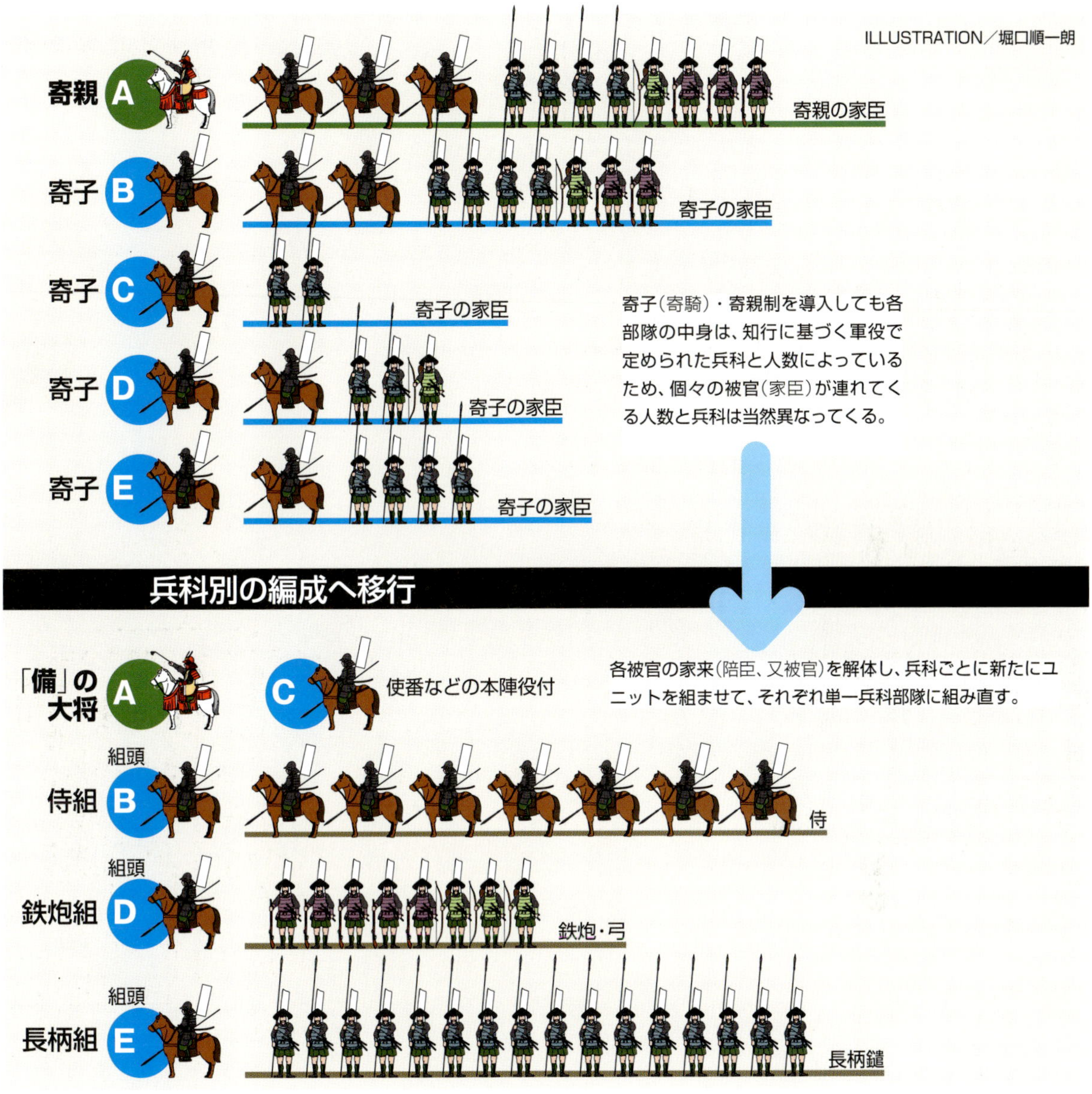

は、どちらかというと平時のシステムに近く、このままの形では部隊として機能しない。というのも、当然ながら家臣は、身代によって連れてくる兵員の人数と種類とに違いがあるからだ。

家臣は多くの場合、大名から与えられた領地（恩給地という）の年貢《ねんぐ》高《だか》を基準に、連れてくる人数と装備が決められている。このため寄子・寄親制で部隊を編成しても内実はバラバラで、人数が少ないならいざ知らず、戦国も後半になって動員数が増大すると、戦闘行動がとれなくなってしまうのだ。このために用いられるようになったのが「備《そなえ》」（または「一手《いって》」）という戦術レベルでの基本部隊単位である。

つまり、直臣の家臣はたしかにその直臣の財産だが、戦時態勢に移行する際に、寄子・寄親制を核にしながらも、一時的に直臣と陪臣《ばいしん》は分離させられ、戦闘編成に組み直されるのである。この段階で、寄親は「備」の大将となり、寄子は隷下《れいか》部隊の指揮官や幕僚に、そして陪臣は足軽も含めて戦列兵となるのだ。この戦時編成への移行を「陣を立てる」と称していたようである。（文＝樋口隆晴）

【知られざる戦国の常識】

2 陣触れと出陣

動員・編成・行軍・輸送の実態

戦国大名たちはどのように戦争を行ったのだろうか。戦国時代後半の大規模化した戦国大名の戦いの流れをみてみよう。

戦国大名の和戦の選択は、評定《ひょうじょう》で決まった。『甲陽軍鑑《こうようぐんかん》』の記述が正しければ、武田家では、年頭の評定でその年の戦略方針を決めていたようだ。例えば今川氏は、桶狭間《おけはざま》の戦いに至る尾張出兵を一年前から準備している。

こうして評定で戦争を行うことを決めると、家臣団に「陣触《じんぶ》れ」と呼ばれる動員がかかる。動員人数は、多くの大名で「着到状《ちゃくとうじょう》」と呼ばれる動員装備規定で定められていた。

陣触れにより、家臣たちはあらかじめ決められた城へと駆けつける（「馳走」する）。戦国大名の軍隊は、いわゆる「寄子《よりこ》・寄親《よりおや》制」に基づいていたが、寄親となる大身の家臣の城へ向かった寄子（小身の家臣）は、ここで寄親を大将とする「備《そなえ》」を編成する。これで陣触れ（動員）が完結し、予定戦場へと向かう。近代の軍事用語でいうところの集中輸送が始まるのだ。

一方、領国内では、補給業務として、物資（食糧や築城資器材）の臨

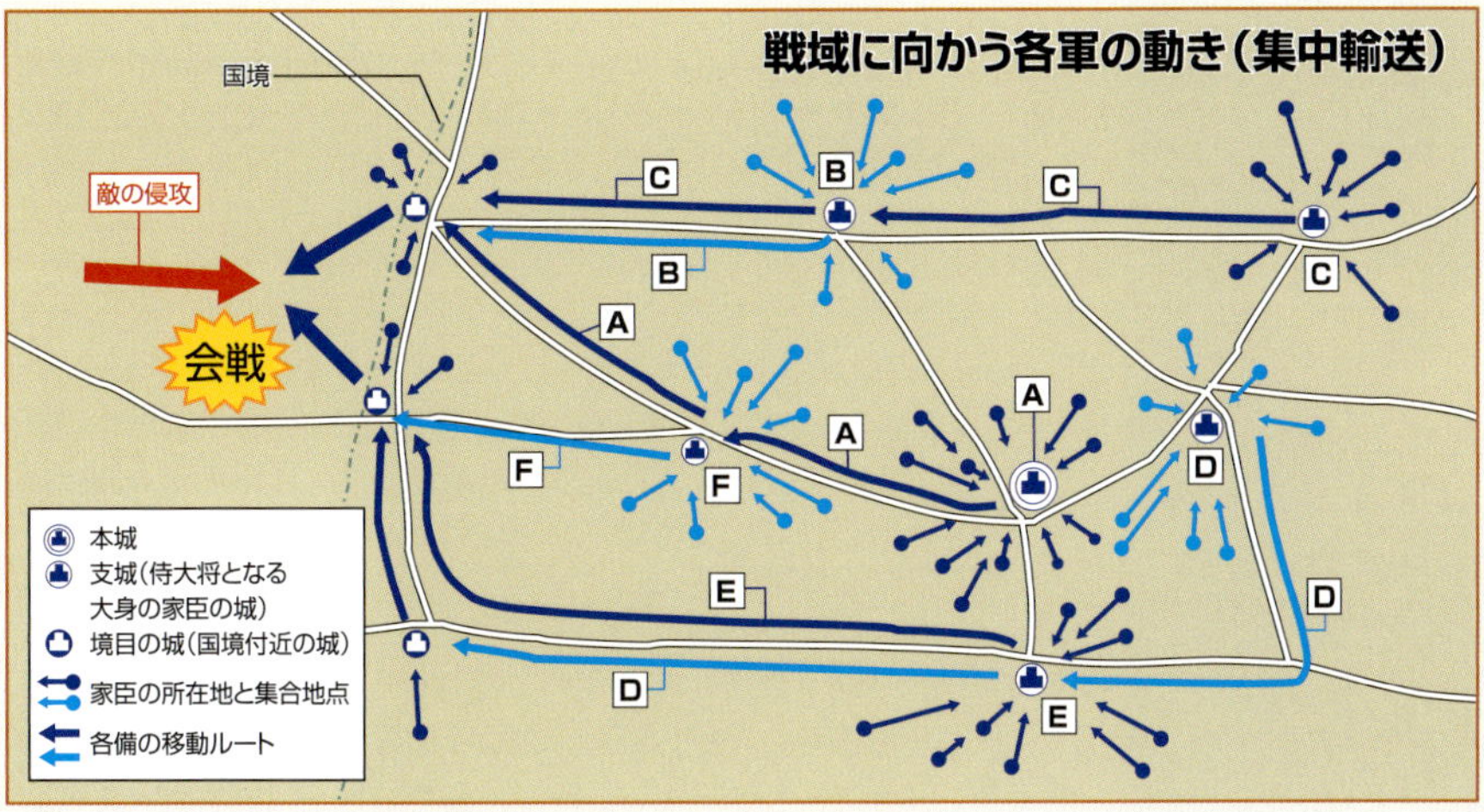

陣触れがあると、家臣は定められた最寄りの城へ赴き、備を編成し、予定戦域へ向かう。大名の本城（A）をはじめ、大身の家臣の居城であるB・C・D・E・Fなどの各根城《ねじろ》（支城）に家臣が召集され、それぞれが戦場へ向かう。各備への道路割り当ては綿密に行われ、D城の備がD～A～Fの最短経路を通らず、迂回して移動。これは、1本の道を大軍が使用して渋滞が生じ、戦場への到着が遅れるのを避けるためである。

行軍隊形

イラストは、近代軍でいう前衛または先遣隊である先備《さきぞなえ》が行軍するさまを描く。地形や敵勢など前方の状況を❼嚮導《きょうどう》組頭と❻先衆組頭《さきしゅうくみがしら》が協議して、❽使番《つかいばん》が後方へ伝達するため待機している。なお❶～❿は近代軍の尖兵にあたる部隊で、先衆と呼ばれた。❶先駆《さきがけ》（徒歩侍）❷旗持❸鉄炮小頭（徒歩侍）❹鉄炮足軽❺弓足軽❻先衆組頭❼嚮導組頭❽使番❾長柄《ながえ》小頭（徒歩侍）❿長柄足軽⓫先備大将の馬標持《うまじるしもち》⓬歩侍⓭先備大将の従者⓮先備大将⓯騎馬武者⓰長柄足軽⓱荷駄

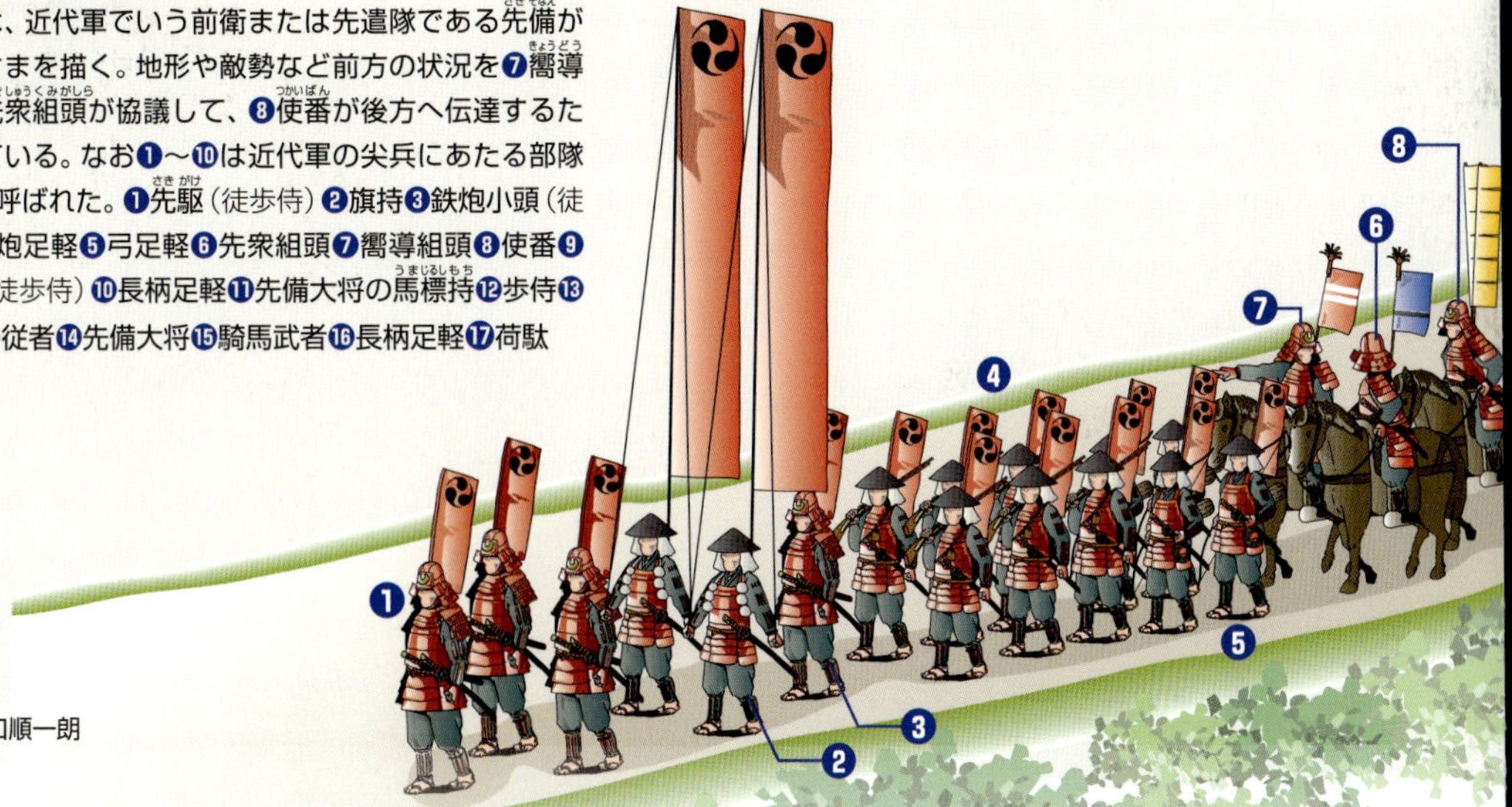

ILLUSTRATION／堀口順一朗

時徴収と輸送も始まる。これには領民の労役義務と、商人や運送業者との契約という二系統が存在した。集められた食糧などは、担当奉行の指揮下に行軍経路上の宿営地等へと運ばれる。当時の言葉では「路地押《ろじ》し」「荷駄《にだ》送り」と呼ばれている。

それぞれの備も各自、予定戦場へと向かうが、この場合に重要なのは、将兵を疲労させず、かつ敵に先んじた速度で戦場に行軍させることだ。このためには渋滞を起こさせないことが最大の眼目《がんもく》となる。

したがって、多少遠回りになる備ができても複数の道路を使わせることや、時間の管理が大切となる。行軍では、道路幅が広いと、隊列の長さ（行軍長径）を短くすることができ、全体的に速度は上がる。

こうして、有利な態勢で戦場に到着するのである。

武田信玄が軍事用に建設したとされる「棒道《ぼうみち》」や、上杉謙信、織田信長の道路整備は有名だが、これは、彼らが戦略レベルの機動力こそが、勝利のための第一条件と考えていたからにほかならない。まさに、道路は戦略兵器であったといえよう。

（文＝樋口隆晴）

ILLUSTRATION／樋口隆晴

イラストは、戦国後期に城郭に使用された各パーツを集めた概念的な城郭である。またこの城は、地形から見た分類では平山城《ひらやまじろ》、任務から見た分類では大根城（本城）となる。❶**主郭**（近世城郭の本丸）　❷**井楼櫓**《せいろうやぐら》　❸**多聞櫓**《たもんやぐら》　❹**二ノ曲輪**　❺**内枡形虎口**　❻**櫓**　❼**喰違虎口**《くいちがいこぐち》　❽**横堀**　❾**帯曲輪**《おびぐるわ》　❿**畝状竪堀群**（竪堀が極大的に発達したもので、斜面を完全に障害地帯とする）　⓫**腰曲輪**《こしぐるわ》（斜面の崩壊を防ぐために用いられることが多い）　⓬**竪堀**　⓭**障子堀**（堀障子ともいう。堀内での敵兵の移動を防ぐ）　⓮**堀切**　⓯**居館**（室町・戦国期の居館は、Ⓐ主殿、Ⓑ会所といった“ハレ”の空間と、Ⓒ日常の生活を送る“ケ”の空間から構成される）　⓰**丸馬出**《まるうまだし》（城外への逆襲拠点。円形のものは武田氏が多用した）　⓱**堀底障壁**（本来は堀内の水位調節のために設けられたようだが、のち敵兵の移動を阻止するために用いられた）　⓲**塀**（土壁だと防弾・防火能力が高いが、頻繁な整備が必要なため、　⓳**柵**と併用された。戦時は柵に木盾や防弾用の竹束を括り付けた）　⓴**馬出曲輪**　㉑**蔀土居**《しとみどい》（城外から見通されることを防ぐ土墨）　㉒**船着場**　㉓**大手**（正門にあたる）

【知られざる戦国の常識】3

城郭

発展を遂げた土の要塞

日本に存在した城の数は、砦《とりで》のような小さなものまで含めると、現在四万とも五万ともいわれている。そのほとんどは、戦国時代に築かれたものだ。

そして戦国期に築かれた城は、誰もがイメージする白亜《はくあ》の天守《てんしゅ》と高石《たかいし》垣《がき》を持つものではなく、そのほとんどが、文字どおり「土から成る」ものであった。しかし土の城から石垣の城へと変貌する直前、土の城は爆発的な発展を遂げる。成長した戦国大名同士の大規模で激しい戦いが続発したからである。

天下統一に繋《つな》がっていく一連の大きな戦いのなか、戦国大名は自分の戦略を実行する「兵器」として、より強靱《きょうじん》な城郭を求めたのだ。彼らは領域最前線の「境目《さかいめ》の城」から居城（本城）である「大根城《おおねじろ》」まで、領内に城郭ネットワーク（支城網）を構築した。

とくに最前線では、日々変化する戦況のなかで小さな城が無数に築かれ、そして放棄された。これらの城には城主もおらず、地域との繋がりもないから伝承さえ残らず、近年「発見」されたものさえある。

激しい戦いに対応するため、戦国後期の城郭は、地形に頼るばかりで

なく、縄張《なわばり》（平面プラン）を工夫し、さらに様々なパーツを用いるようになった。

例えば、敵を寄せつけないためのパーツは、当初は簡単な堀と、切岸《きりぎし》という人工的な崖が主なものだったが、土塁《どるい》という土を積み上げた塁壁《るいへき》を併用し、また空堀《からぼり》は拡幅されるとともに、障子堀《しょうじぼり》などのように底に障壁《しょうへき》を設置するものも見られるようになった。さらに畝状竪堀群《うねじょうたてぼりぐん》と呼ばれる、斜面全体に波板を被せたようなパーツも登場する。

発達が著《いちじる》しかったのが「虎口《こぐち》」と呼ばれる城の出入り口で、導線を屈曲させるだけでなく、内部に枡形《ますがた》と呼ばれる侵入した敵兵への撃破空間を設けたり、弓・鉄炮が有効に射撃できるように「火点」機能の充実が図られた。

戦国時代終盤の大名間戦争で築かれた城郭のほとんどは、政治の場ではなく、まずもって戦争に奉仕する存在であり、それ自体が小さな戦闘システムを形成するパーツをいくつも積み上げた、防御コンプレックス（複合体）であった。その意味で、戦国の城はまぎれもなく要塞であったのだ。

（文＝樋口隆晴）

縄張図とその読み方

城郭関連の書籍に必ずといってよいほど掲載されるのが「縄張《なわばり》図」である。城の平面プランを「縄張」というが、縄張図は城跡の現況を、歩測や簡易測量機材を用いて、表面遺構と平面形状を図化したものである。下図のようにケバ線を主に用いて地面の高低を表現している。このため等高線で表現する通常の測量図では表現しきれない、微細だが城郭構造上で重要な土地の起伏を表現できる。その反面、具体的な高さや傾斜を表現できない、略測量図なので誤差が大きい、といった欠点もある。

それでも全国に無数にある城跡のすべてを、多額の資金をかけて測量したり、発掘調査したりすることができない以上、この方法は城郭研究には必須である。描くにはコツと修練が必要だが、読むのは簡単。何しろ使っているのはケバ線と実線、太い破線と細い破線しかないのだから。縄張図が読めるようになると、さらに城に対する理解が深まり、自分なりの考えで城を見ることができるのだ。

（文＝樋口隆晴）

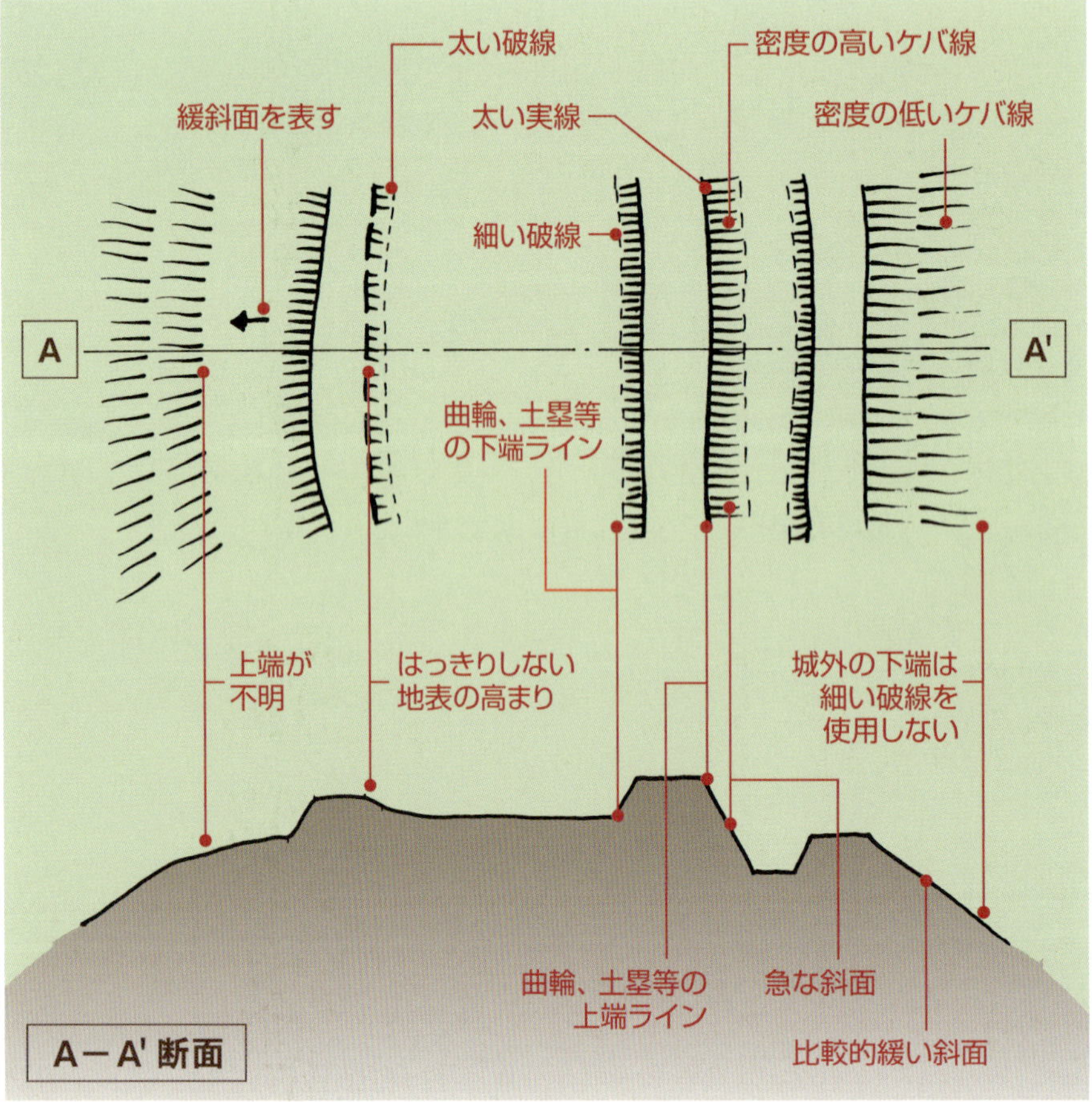

作図：樋口隆晴

【知られざる戦国の常識】3城郭

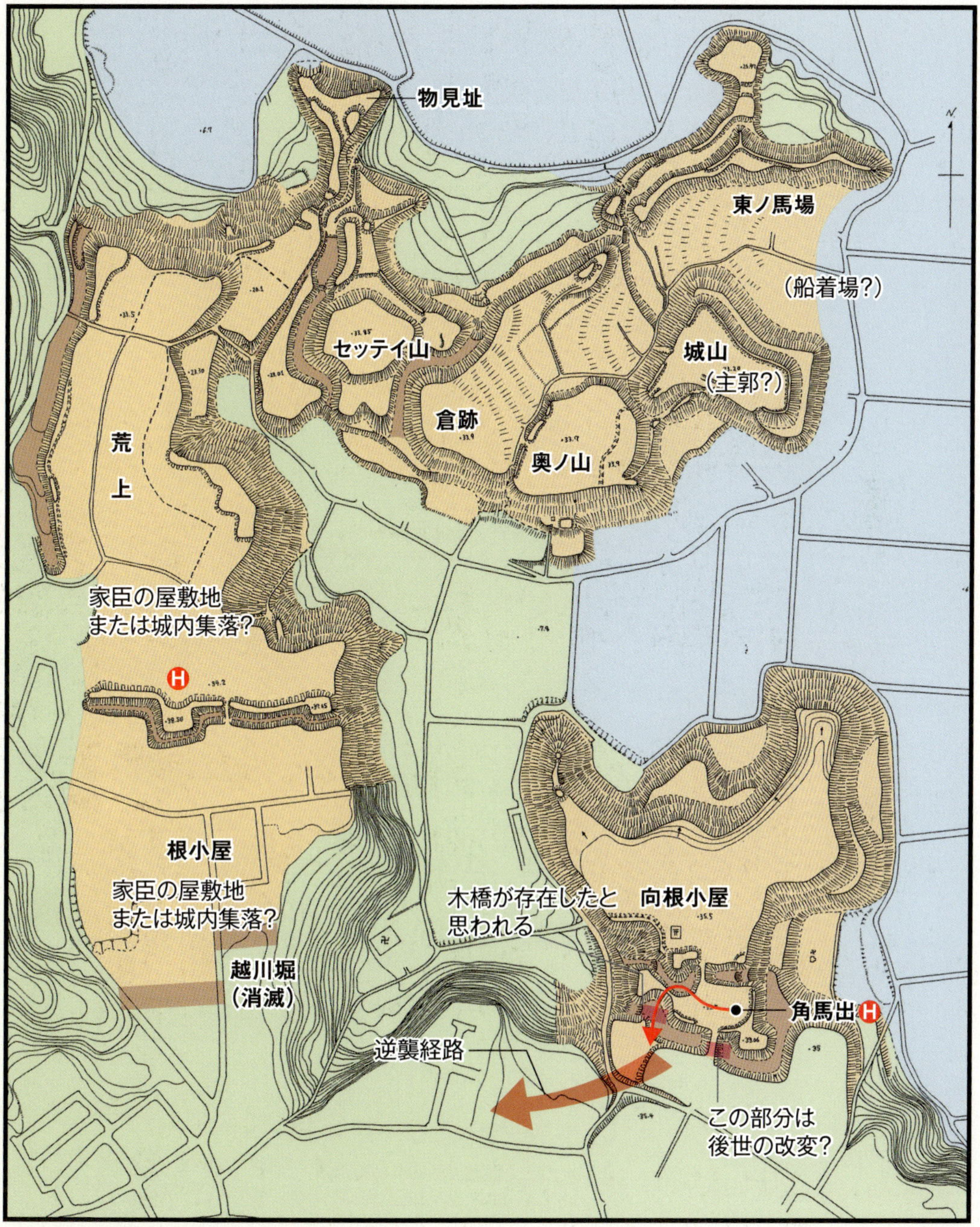

作図：樋口隆晴（酒々井町教育委員会作成測量図をベースに使用）

上図は、戦国期の下総《しもうさ》千葉氏（後期千葉氏）が本拠とした本佐倉《もとさくら》城の縄張（現況）である。背後を低湿地に囲まれ、守り易い地形にある。また一見すると主郭がわからないが、これは当主の権力が弱いことに理由があると思われる。天正期（1573〜92）になると千葉氏は北条氏の傘下に入るが、城の構造にもそれが現れる。図中Hの部分がそれで、直線状のラインや四角い馬出《うまだし》（角馬出）は北条氏末期の築城の特徴である。

イラストは、北条勢の籠もる韮山城と豊臣勢の攻囲陣。❶韮山本城 ❷土手和田砦 ❸天ヶ岳 ❹木戸稲荷陣城 ❺追越山陣城 ❻本立寺陣城 ❼上山田陣城 ❽昌渓院陣城 ❾土塁

【知られざる戦国の常識】

4 攻城戦

陣城・包囲・強襲の実態

戦国時代の合戦のほとんどが城を中心にして起きた。これは武士の統治原理が背景となっている。領主が大名に仕えるのは大名が自分の領地を守ってくれるからだ。つまり、配下の城が敵に攻められれば、大名は是が非でも助ける（これを「後詰《ごづ》め」「後ろ巻き」と称した）必要があるのだ。ここに城を中心に合戦が起きる理由がある。

さらに、この統治原理を利用すれば、任意の城を攻撃して、敵主力を誘《おび》き出すことも、逆に味方の城を囮《おとり》に、敵を誘き寄せることもできる。

城を攻めるには時間がかかる。このため、攻城側は自軍の後方連絡線を守ることができ、かつ城攻めの足掛かりとなる場所に陣城《じんじろ》を築く（第Ⅰ段階）。この陣城は「向城《むかいのしろ》」または「付城《つけじろ》」とも称す。

こうした付城は必要に応じていくつか築くが、敵の突出を防げる程度に築けたら、それと並行して調略《ちょうりゃく》による誘降《ゆうこう》や、籠城軍を引きずり出すために城下を焼き討ちし、略奪も行う。略奪は自軍の補給にもなる。

籠城軍が調略にも誘き寄せにも応じなければ、攻囲による兵糧《ひょうろう》攻めか、強襲となる。これとともに攻城側は、後詰めに現れるであろう敵主力を有利な態勢で迎撃できるよう、さらに城を築く。

　戦国も末期になり、土木技術が向上すると、付城を敵城の四周に築き、さらにその間を土塁《どるい》や堀で繋《つな》ぎ、完全に包囲することも行われた（第Ⅱ段階）。

　いよいよ強襲せざるをえない際には「仕寄《しよ》り」と呼ばれる攻撃陣地を複数作り、敵の弓・鉄炮から味方を遮蔽《しゃへい》するとともに、仕寄りの先端から敵を射撃する（なお強襲と並行して調略も行われた）。

　この仕寄りを逐次《ちくじ》前進させながら、強襲部隊は突撃可能な距離まで接近するのだ。そしてそこまで仕寄りが接近したら、鉄炮や火矢等の掩護《えんご》のもとに突撃し、曲輪《くるわ》ごとに奪取していく。

　当初、楯《たて》や竹束《たけたば》で作られた仕寄りは、大坂の陣の頃になると射撃台となる築山を築いたり、同時期のヨーロッパと同じように稲妻形の塹壕《ざんごう》（仕寄り道）も使われたりするようになる。これは近代には「対壕《たいごう》」と称した。要塞や陣地攻略のため、じつに第二次大戦時まで使用された。

（文＝樋口隆晴）

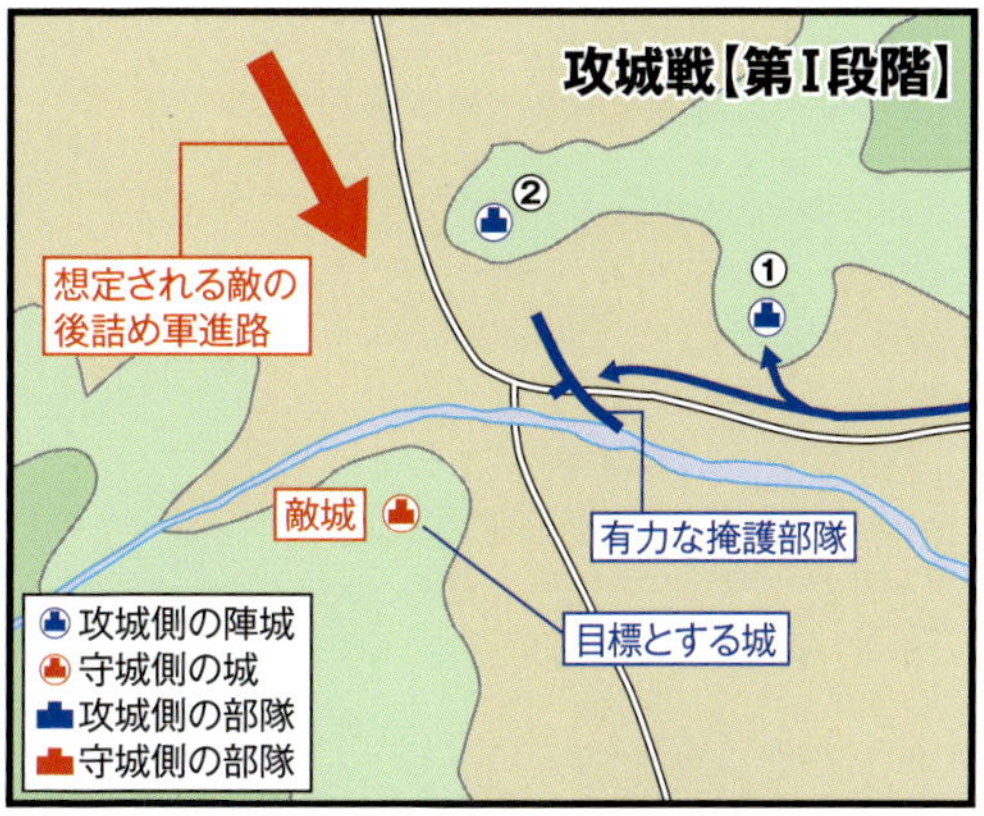

目的とした城に接近したら、有力な部隊を展開させる。守城側が野戦を求めてこなければ、この部隊の掩護下に、自軍の後方連絡線を守ることができる位置①に付城を築き、ついで敵の後詰め軍との戦いが有利となる位置②(図では想定される敵の接近経路を見下ろせる位置)にも付城を築く。

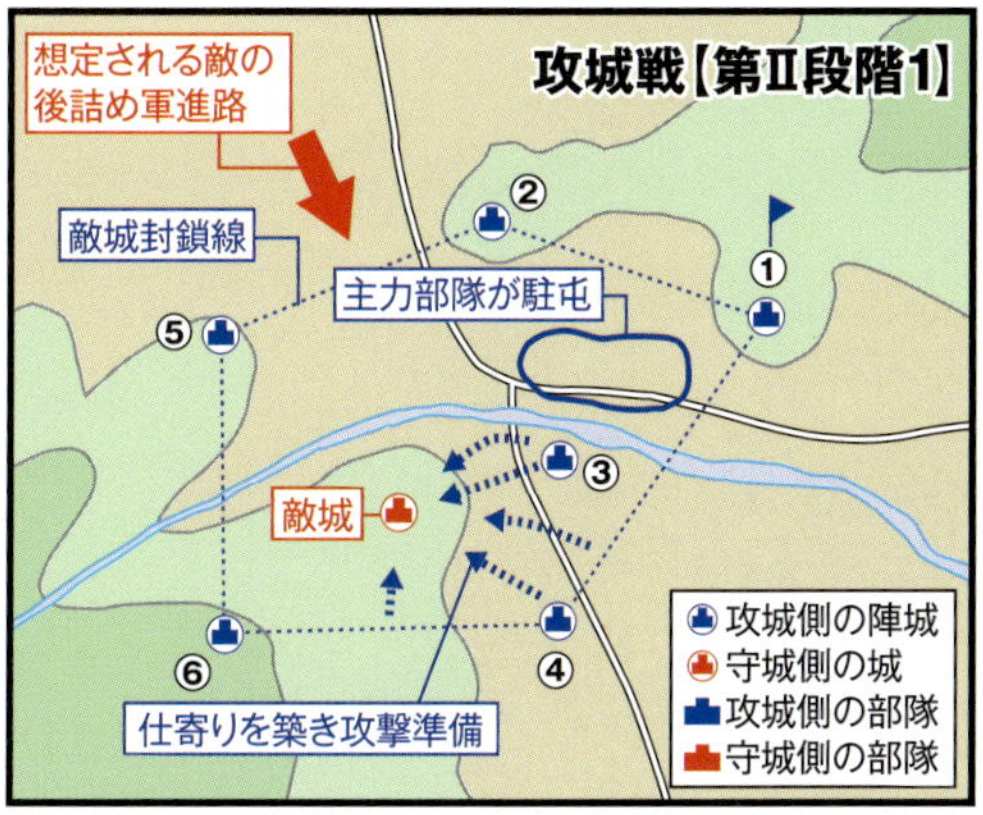

本格的な攻城戦のため、川の対岸③に陣城を構築。仕寄りを築いて本格的な強襲の準備を行いながら、番号の順に付城を築き、さらにその間を柵や土塁などで繋いで完全に封鎖。この封鎖線は攻囲されている守城側の突出に備えるだけでなく、来寇するであろう後詰め軍の突破にも備える。

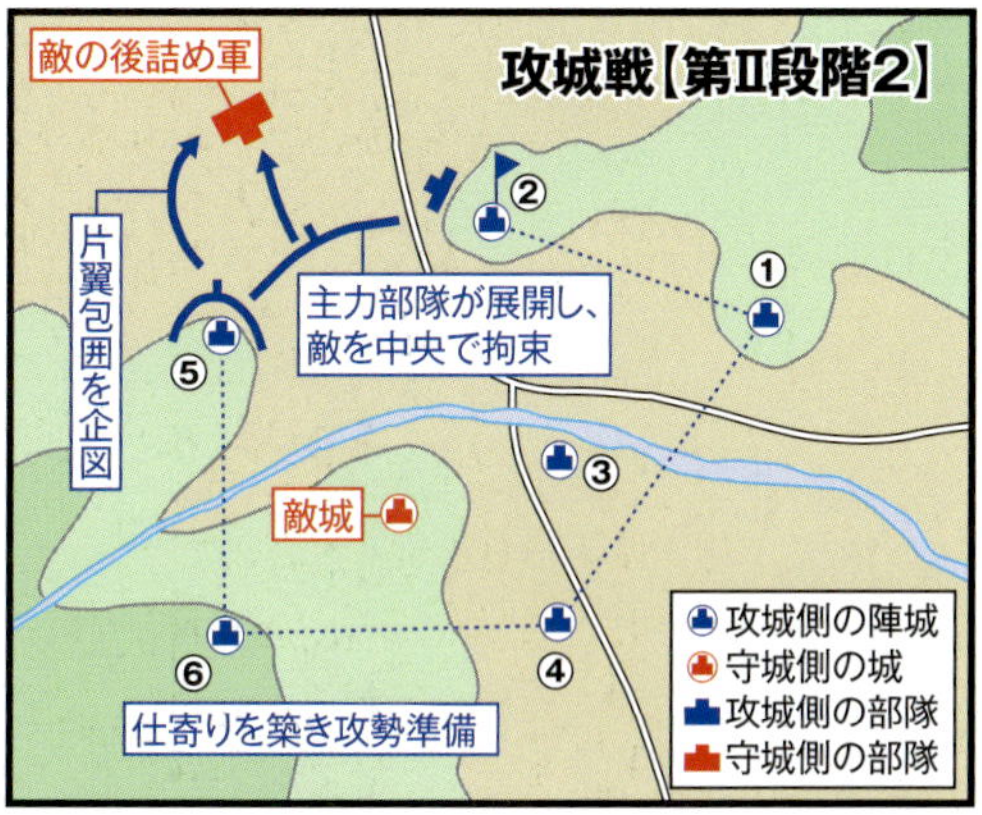

敵の後詰め軍が来寇してくれば、いち早く野戦に移行する。野戦であってもこの場合は、付城を有効に活用する。図では、⑤の付城に有力な部隊を籠もらせ、敵を中央部で拘束し、側面からの打撃や片翼包囲を企図している。この包囲運動では、本陣となる付城②は全軍の旋廻軸の役割を果たす。

【韮山城】

監修／中井 均
ILLUSTRATION／香川元太郎

天正18年（1590）3月29日、豊臣勢4万4000余は北条氏規ら700余が籠もる韮山城（❶～❸）を包囲した。豊臣勢は平野部のみならず、韮山城の背後の山々にも付城群（❺～❽）を築き、封鎖した。もっとも、城兵の抵抗は激しく、攻囲部隊の一部を残して攻囲を続けたこの攻城戦は、約3か月後の6月24日の和睦によって終結した。※（❶～❸）韮山城の主要な曲輪、（❹～❾）豊臣方の攻城陣地。

【築山と仕寄り】

攻城側は、高所にある城内を効果的に射撃するため、築山《つきやま》と呼ばれる射撃陣地を構築した。盛り土で作った築山の上には城兵の射撃を防ぐため、土の入った俵などを積み上げたり、竹束を立てて遮蔽物とした。築山を作るための土は、画面手前に見える仕寄り道を掘った際の土が使用された。仕寄り道は現在でいう対壕で、城方の射撃を避ける上で有効だった。戦国期最大の攻城戦、大坂冬の陣(慶長19年・1614)では、真田丸の南方に陣した藤堂高虎隊は「高さ三間余り、東西へ二、三十間ばかり」(『高山公実録』)の築山を築いた。現代の数値に直せば、藤堂隊の築山は高さ約5.4×左右36〜54mという巨大なものだった。

ILLUSTRATION／伊藤展安

【繋仕掛の竹束と鉄楯】

鉄炮の出現後、板製の楯に比べて弾丸を通しにくく、材料の竹を現地で調達できて簡単に作ることができたため、戦場では竹束が多く用いられた。また火力戦の側面をもつ戦国末期の攻城戦(例えば大坂の陣)では幅4尺、高さ5尺(約1.2×1.5m)、厚さ5寸(約15cm)の板に厚さ1寸(約3cm)の鉄板を張り付けた鉄楯が使用された(『大坂記』)という。こうした鉄楯のなかには、移動する際の工夫として、車が付けられたものもあった。

ILLUSTRATION／伊藤展安

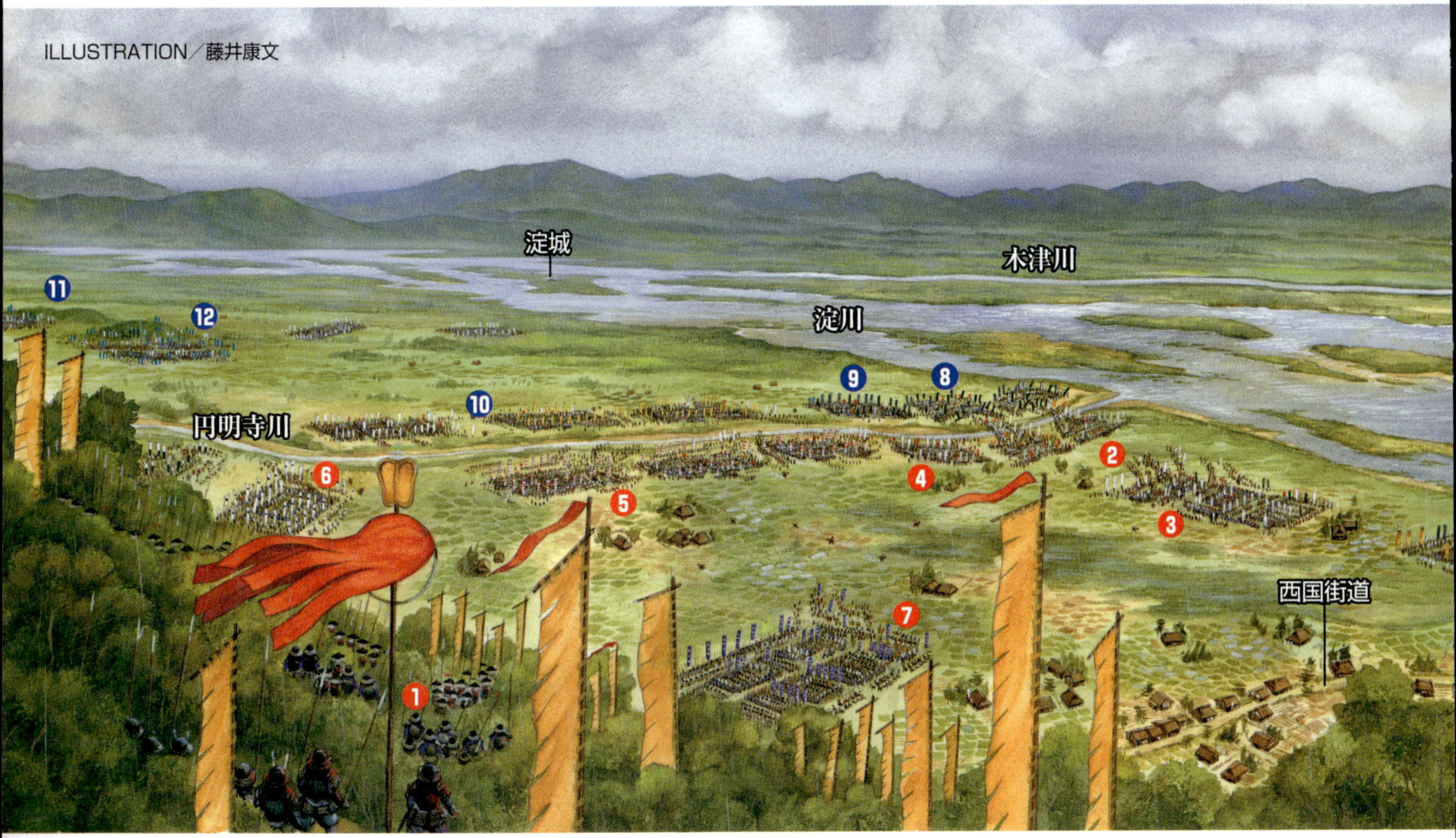

イラストは、天正10年（1582）6月13日昼過ぎ、京と摂津の境に位置する山崎で羽柴秀吉軍と明智光秀軍が対峙するさまを描く。羽柴軍は、❶天王山に陣した羽柴秀長・黒田孝高《よしたか》（如水）らの隊　❷加藤光泰隊　❸池田恒興隊　❹木村重茲《しげこれ》隊　❺高山重友（右近）隊　❻中川清秀隊　❼堀秀政隊が円明寺川南岸（画面下方）に布陣。一方の明智軍は、❽津田信春隊　❾斎藤利三隊　❿阿閉貞征《あつじさだゆき》・明智茂朝・伊勢貞興らの隊が同北岸に展開、光秀自身は、⓫勝龍寺城の南、⓬御坊塚に本陣を置いた。この山崎の戦いは典型的な会戦であり、❷加藤隊や❸池田隊が円明寺《えんみょうじ》川を渡河して明智軍の❽津田隊を敗走させたことを発端に、中央でも、❺高山隊や❻中川隊らが戦線を突破していき、ついに明智軍は総崩れとなった。

【山崎の戦い】

【知られざる戦国の常識】

5 野戦

陣形・展開・攻撃の実態

攻城戦のさなか、敵の後詰《ごづ》め軍が出現すれば、戦いは野戦へと移行する。近代の軍事用語では、野戦とは攻城戦に対置《たいち》される言葉である。

予定戦場で主力同士が戦うことを「会戦《かいせん》」と呼ぶ。その一例として山崎の戦いがある（イラスト参照）。また、敵味方の相《そう》互が機動中に衝突するのを「遭《そう》遇戦《ぐうせん》」、とくに予期しない状況で衝突するのを「不期《ふき》遭遇戦」と

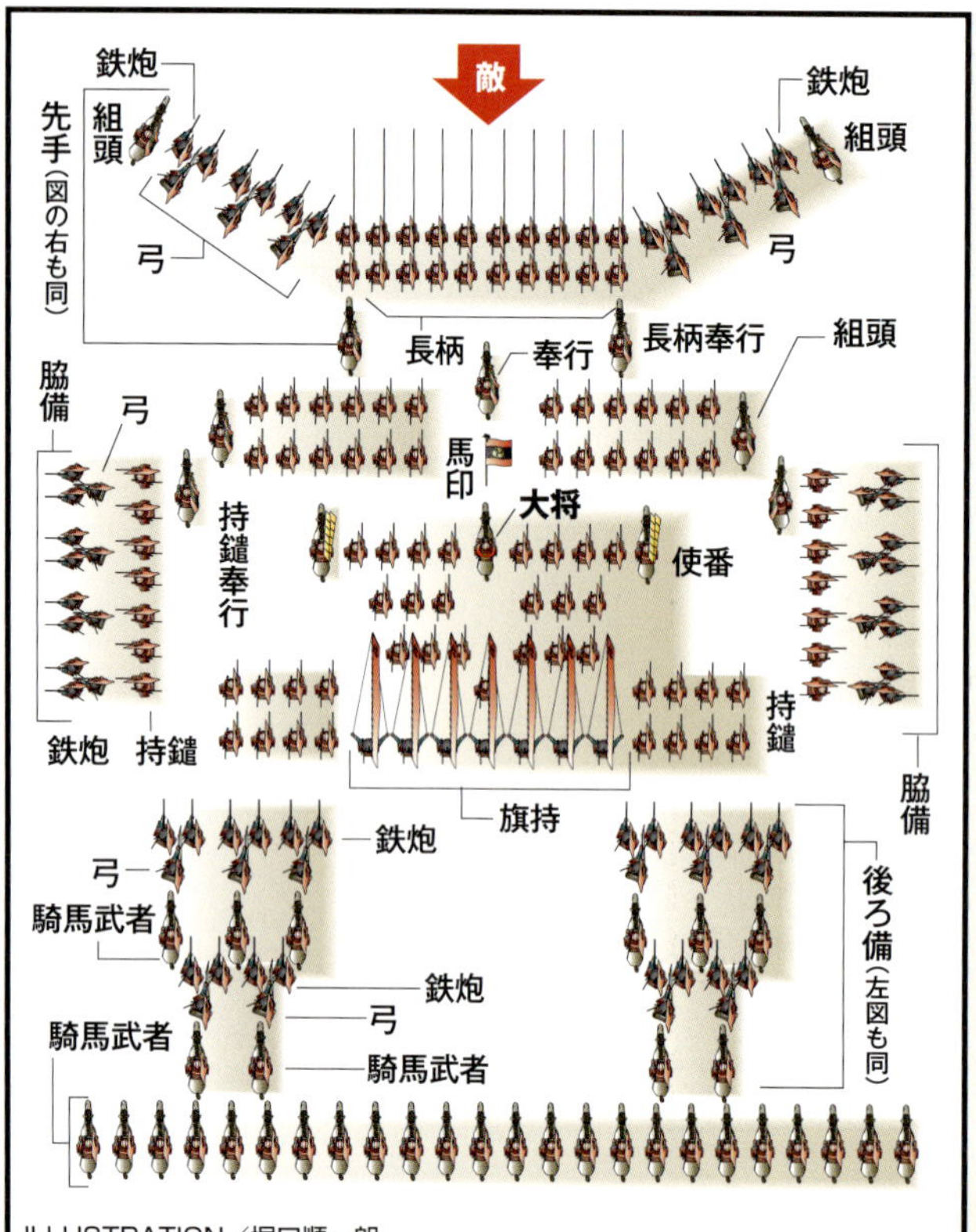

ILLUSTRATION／堀口順一朗

【陣形の見本】

イラストは、江戸初期に描かれた『川中島合戦図屏風』（岩国歴史美術館蔵）の山県昌景《やまがたまさかげ》の陣を元にした陣形の模式図である。先手（前衛）に拘束任務を持つ、鉄炮や弓などの遠戦兵器を配し、後方に機動打撃兵種の騎馬武者隊を控えさせている。また両脇備《わきぞなえ》の槍隊は、側面から見れば防御に適した横隊、正面から見れば移動に便利な縦隊で、側面防御とともに迅速に前衛の支援に駆けつけることができる。戦術の基本をおさえ、なおかつ集団訓練を必要としない実戦的な陣形だ。

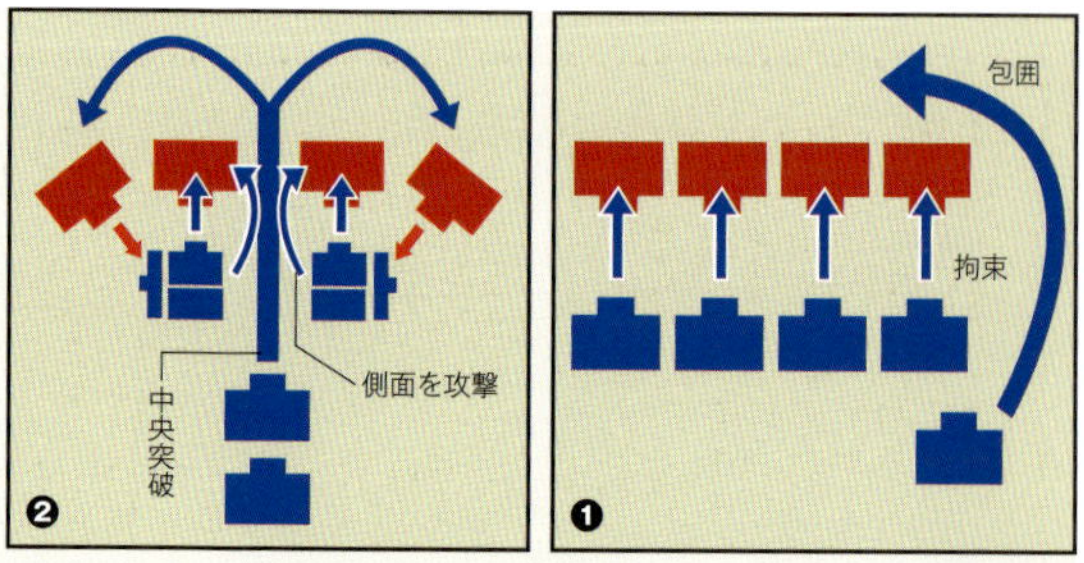

上図は典型的な攻撃方法を図化したものである。❶は、左右に展開した敵の備を拘束し、予備の備1個を用いて包囲攻撃を行う状況を描いたもの。❷は左右に展開した敵の備を前衛2個備で押さえつつ、前衛の備が、敵備の間隙からその側面を攻撃。これにより開いた穴を後続の備が中央突破。

①開けた場所を行軍する際には、側面を掩護する側衛を出す。②敵との接触が予想される場合は、各備の荷駄《にだ》を集約する。戦闘隊形に移行する際は、強力な部隊（通常は先手備）の掩護のもとに陣形を変換する。

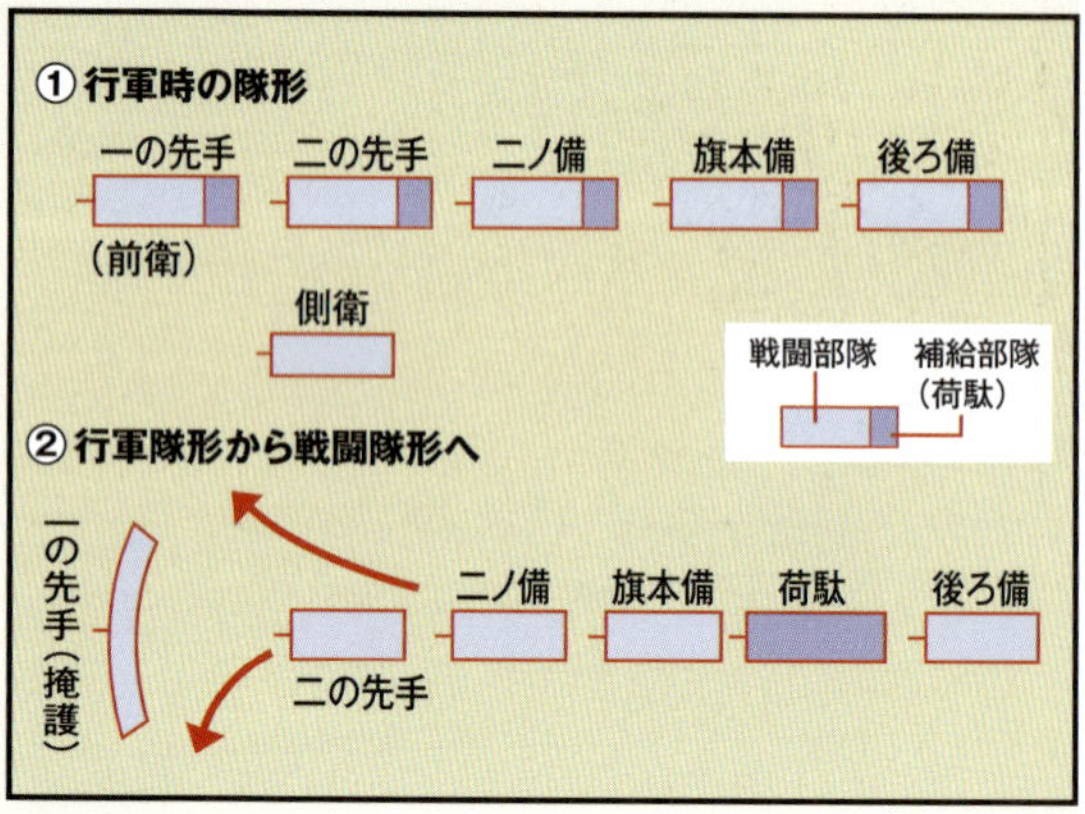

いう。これは第四次川中島合戦が有名だ。

戦国末期に土木技術が向上し、さらに火器の量が増大すると、戦術レベルでは防御側が有利となって、陣地戦がしばしば発生した。賤《しず》ヶ岳《がたけ》の戦いや小牧《こまき》・長《なが》久手《くて》の対陣が代表例といえよう。

野戦において重要なのは、行軍隊形から戦闘隊形への速やかな展開と陣形である。

隊形の変換中は、軍隊がもっとも無防備な状態である。このため先手備《さきてぞなえ》（前衛《ぜんえい》）は、戦闘に大きな影響を及ぼす場所（緊要《きんよう》地形）をいち早く奪取するとともに、主力の展開を掩護《えんご》する。

ちなみに、主力の展開掩護のために必要な緊要地形にあらかじめ築城工事を施し、兵力を籠《こ》もらせておけば、より安全に主力は行動できる。これが戦場予定地域（多くは大名間の係争地《けいそうち》）に城が多数築かれる理由の一つだ。

兵器の威力が低く、密集した集団戦闘にならざるをえない当時の戦いで、陣形は戦闘力そのものであった。とはいえ、江戸

【戦国八陣図】

左図は江戸期の軍学による、いわゆる「戦国八陣」。陰陽五行《いんようごぎょう》説に基づく「八陣」は、中国式軍制とともに律令時代に日本に取り入れられたとされる。しかし大陸とは地形も違い、また恒常的な集団訓練を行わない戦国期の軍隊が、こうした整然とした陣形を作ることは不可能であった。ちなみにヨーロッパでは（古代ギリシア・ローマはともかく）、近代的な常備軍が創設されてはじめて陣形が形成できるようになった。そうした面でみれば、戦国八陣は、「実行の可能性」のない机上の空論か、軍記物での形容詞にすぎなかった。

方円（ほうえん）
円形に固めた陣形で、どこから攻められても対応できるとされる。奇襲や夜襲などに対し、比較的に対応しやすいという。

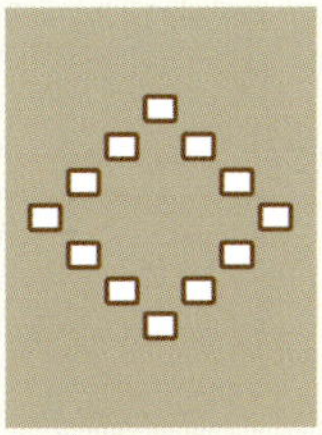

長蛇（ちょうだ）
前軍・中軍・後軍それぞれが、いつでも左右に展開できる利点がある。機動性も高いが、前後に長いため側面からの打撃に弱い。

衡軛（こうやく）
くびき（牛車《ぎっしゃ》の先端にある横木）を意味し、自陣に対して攻めてきた敵を抑え込む形。鋒矢の陣に対して有効とされる。

雁行（がんこう）
雁の群れが空を飛ぶさまに似て様々に変形できる利点がある。必要に応じて変化できるが、兵の熟練度が低いとまとまりを欠く。

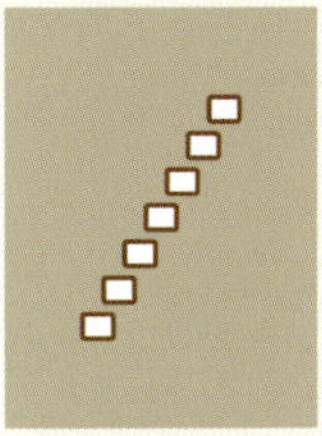

鋒矢（ほうし）
敵の中央に突入し、撹乱させる陣形。魚鱗の陣に似ているが陣形そのものの幅が狭く、小勢で攻撃する際に適するという。

鶴翼（かくよく）
鶴が翼を広げたように左右に展開した陣形。両翼が敵の側面及び背後から包囲する。通常、兵数で敵に勝るとき用いる陣形。

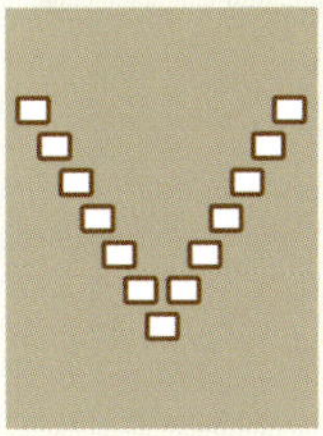

偃月（えんげつ）
偃月とは、弓張り月のこと。敵が鋒矢の陣で突入してきたとき、中央を後退させ、両翼から包み込むようにして撃破する。

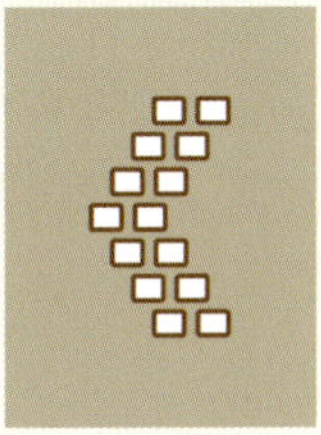

魚鱗（ぎょりん）
全体が魚の鱗に似た陣形。敵兵力が薄弱なところに対し、中央を分厚くしたこの陣形で突撃する。突破力に優れた陣形。

【知られざる戦国の常識】5 野戦

期の軍学書に記された複雑な陣形は必要ない。

基本は弓・鉄炮・長柄《ながえ》の威力発揮に有利な横隊《おうたい》と、機動と突撃に最適の縦隊（多くは複列の縦隊《じゅうたい》）である。これを戦況と地形に合わせ、かつ、組や備《そなえ》が相互に支援できるようにすればよい。スポーツにたとえれば、野球の守備陣形ではなく、流動的なサッカーのフォーメーションである。

こうした陣形は、戦闘・戦術の基本――「拘束《こうそく》と機動」――に一致している。つまり、相手を何らかの形で拘束し、その間に敵の弱点に機動し、打撃するのである。

備単位では弓・鉄炮・長柄の遠戦《えんせん》兵器を持つ前衛が敵を制圧（戦闘が困難な状態）して拘束、後方の侍集団が機動して打撃する（乗馬か徒歩《かち》かは状況次第）。そして、一つの備を撃破すれば、そこから後続の備を突入させ、相手を包囲するように機動する。このようにすれば、敵はその場で包囲殲滅《せんめつ》されるか、退却するしかなくなるのである。

（文＝樋口隆晴）

【知られざる戦国の常識】6

戦後処理

論功行賞と占領地支配

「大坂夏の陣図屏風」（大阪城天守閣蔵）。❶白地に葵紋の旗指物と徳川家の馬印である❷金扇の大馬印、さらに徳川秀忠の馬印❸銀の繰半月《くりはんげつ》に切裂《きりさき》の馬印が描かれ、ここが秀忠本陣であることがわかる。本陣では、❹近習《きんじゅう》に囲まれた❺秀忠が、❻討ち取った兜首を持参した武士を引見しており、❼軍奉行付きの右《ゆう》筆《ひつ》が恩賞を書き留めるため手控えを広げている。図は追撃戦を含む戦闘直後の本陣ともいうべきもので、周囲に幔幕《まんまく》などは見当たらない。

【徳川秀忠本陣】

合戦（会戦）は、どちらかが物理的または心理的に戦闘不能となった段階で終わる。負けた側は戦場からいち早く退却しようとし、勝った側は追撃戦を行い、敵を完膚《かんぷ》なきまでに撃滅しようとする。実際、時代や地域を超えて、追撃戦時の戦果が最も大きいのだ。

とはいえ、徹底的な追撃で相手を滅ぼすまでに至った例は少ない。当時の軍事技術では戦略レベルの大追撃戦はほぼ不可能だったからだ。

戦いにおける勝利とは、当初定めた目的を、許容できる損害にとどめて達成できたかで判断する。

例えば、敵の城を落とすことが目的の戦いで、敵の後詰め軍を撃破しても、味方の損害が多くて目標とする城を落とす余力がなくなれば目的を達成したことにはならない。

一方、負けた側も、退却がうまくいき、損害が少なければ、捲土重来《けんどちょうらい》を期すことができる。

ともかく、合戦が終了した後、それを戦争の勝利にするためには、様様な仕事が必要であった。

まず勝利の儀式として首実検《くびじっけん》を行い、当座の論功行賞《ろんこうこうしょう》を行う。この時から、周囲に戦勝を喧伝《けんでん》するために、

つき合いのある大名・貴族・寺社・有力商人に書状を出す。敗北した方も、様々なプロパガンダを行っているから、合戦の終了は宣伝戦の開始でもあった。

ついで軍奉行《いくさぶぎょう》や目付《めつけ》からの報告をまとめ、感状《かんじょう》や恩賞の授与を行う。また戦死した家臣の家には、跡目相続を行わせる。

これは武士の首領として最も大事なことである。論功行賞の失敗が滅亡の原因となった大名や領主は数多く存在する。

同時に、占領地行政として一定の軍を駐屯させて、掃討《そうとう》戦を行いつつ、敵対勢力の土地や利権の没収を行う。農民に対しては、土地利権の再確認や年貢《ねんぐ》高の確定、戦争で荒廃した土地で農業を再開するための諸施策（勧農《かんのう》）が必要となる。

一方、新たに編入された家臣にも利権と跡目の確認を行い、自軍に編入するために軍役の賦課を行わなければならない。戦争に勝って得た領土は、占領地ということもあり、一般には検地や軍役の確定を行いやすいのだが、占領地ゆえに反乱も起こりやすかった。

以上のような内政と同時に、外交

ILLUSTRATION／伊藤展安

【知られざる戦国の常識】

6 戦後処理

【陣所】

イラストは「大坂冬の陣図屏風」などを参考にした、長期滞陣時における攻城側の陣所の一例である。冬の陣は約１か月にわたって継続され、大坂城周辺に滞陣した徳川方の兵は城の監視・攻撃のため、その期間中、イラストに見る簡易兵舎のような陣所を作り、激務の合間の休息をとった。これは、監視・警戒対象が動かない場合の陣所であり、機動性を重視して軽快さを旨とする野戦における陣とは作りが異なる。兵糧が備蓄された陣所では、飯時には炊き出しをする兵たちの姿が見られ、また夜には酒盛りをする連中もいたことだろう。

もまた重要であった。負けたときや目的が達成できなかった場合は、しかるべき仲介者を見つけて和議を結ぶ必要もあるし、勝った側は積極的な外交で敵を揺さぶり、調略を仕掛けて、敵を追い詰めるのである。

こうした合戦よりも骨が折れる仕事を処理し、次の年貢徴収時期に定められた年貢を徴収して、はじめてそこは新たな領地となる。

戦国大名にとって、戦争とは事業にほかならない。投資した分に見合うだけの収益を得てはじめて「戦争」に勝ったといえるのである。

そこに必要なのは、豪勇の士や野戦指揮官のみではなかった。行軍や兵糧《ひょうろう》を管理する「算勘《さんかん》に長《た》けた」軍事官僚、占領地支配のための辣腕《らつわん》の行政マン、そして軍事と政治を理解できる外交官が、単なるサムライたちよりも必要であった。

戦国大名の家臣団とは、現代国家の官僚団に匹敵《ひってき》する多様性をもつようになっていた。そして彼らは、一五〇年という長きにわたって続いた戦国時代も後半になって、大規模化した大名間戦争のなかで登場するのである。

（文＝樋口隆晴）

【知られざる戦国の常識】7

武器と防具

大量動員への対応と新兵器「鉄炮」の登場

弓

弓は鉄炮の普及で補助兵器となったが、鉄炮の発射速度の遅さを補い、上向きに射ることで敵の後方に頭上から矢の雨を降らせることができた。尺籐の弓は足軽が使用するもの。征矢は戦闘用である。空穂と矢箱はともに矢を入れる容器だが、空穂は個人用、矢箱は足軽組と共同で用いる。

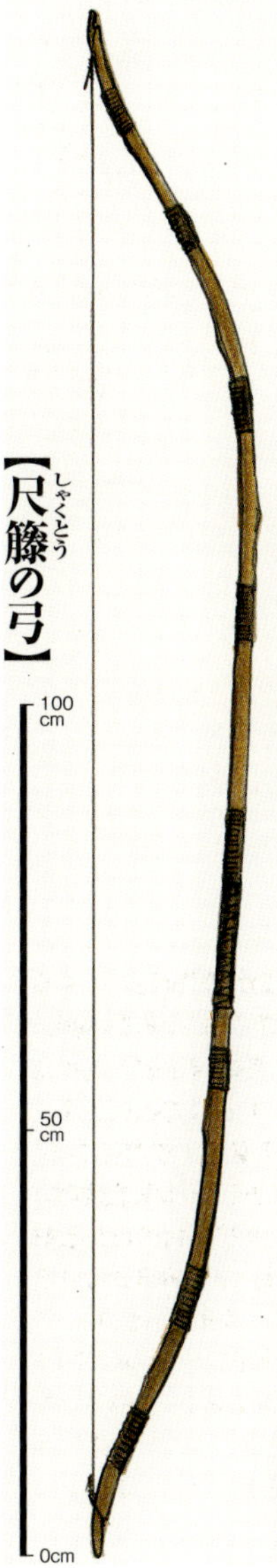

【尺籐《しゃくとう》の弓】

【征矢《そや》】
【鏑矢《かぶらや》】

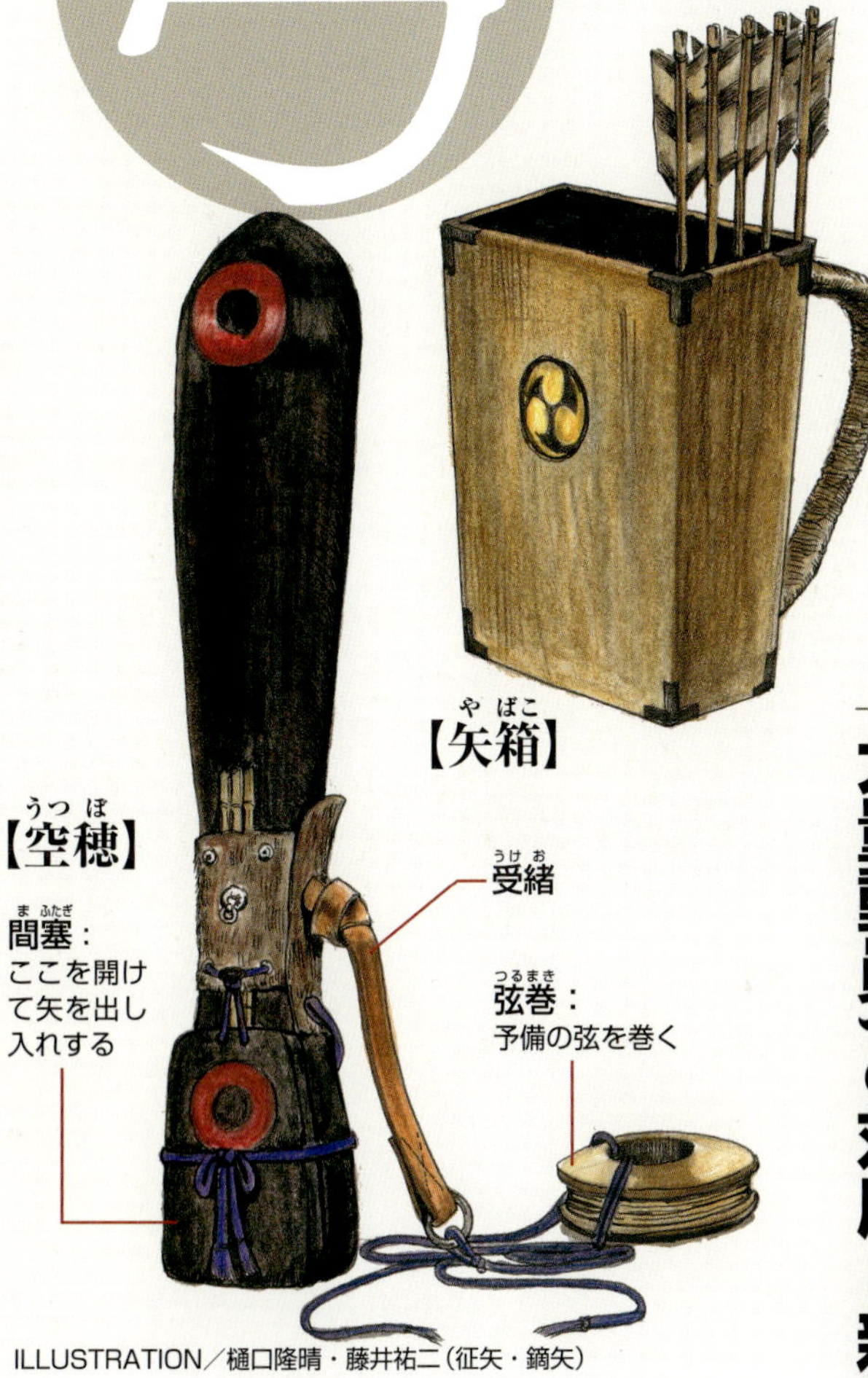

【空穂《うつぼ》】

【矢箱《やばこ》】

ILLUSTRATION／樋口隆晴・藤井祐二（征矢・鏑矢）

戦国時代の戦いと、それ以前の戦いとの大きな違いは、軍記物の記述はともかくとして、兵力の動員規模が大きくなったことであろう。さらに身分階層の崩壊によって、従来の基準に比べ、戦闘能力の低い将兵の割合が多くなった。

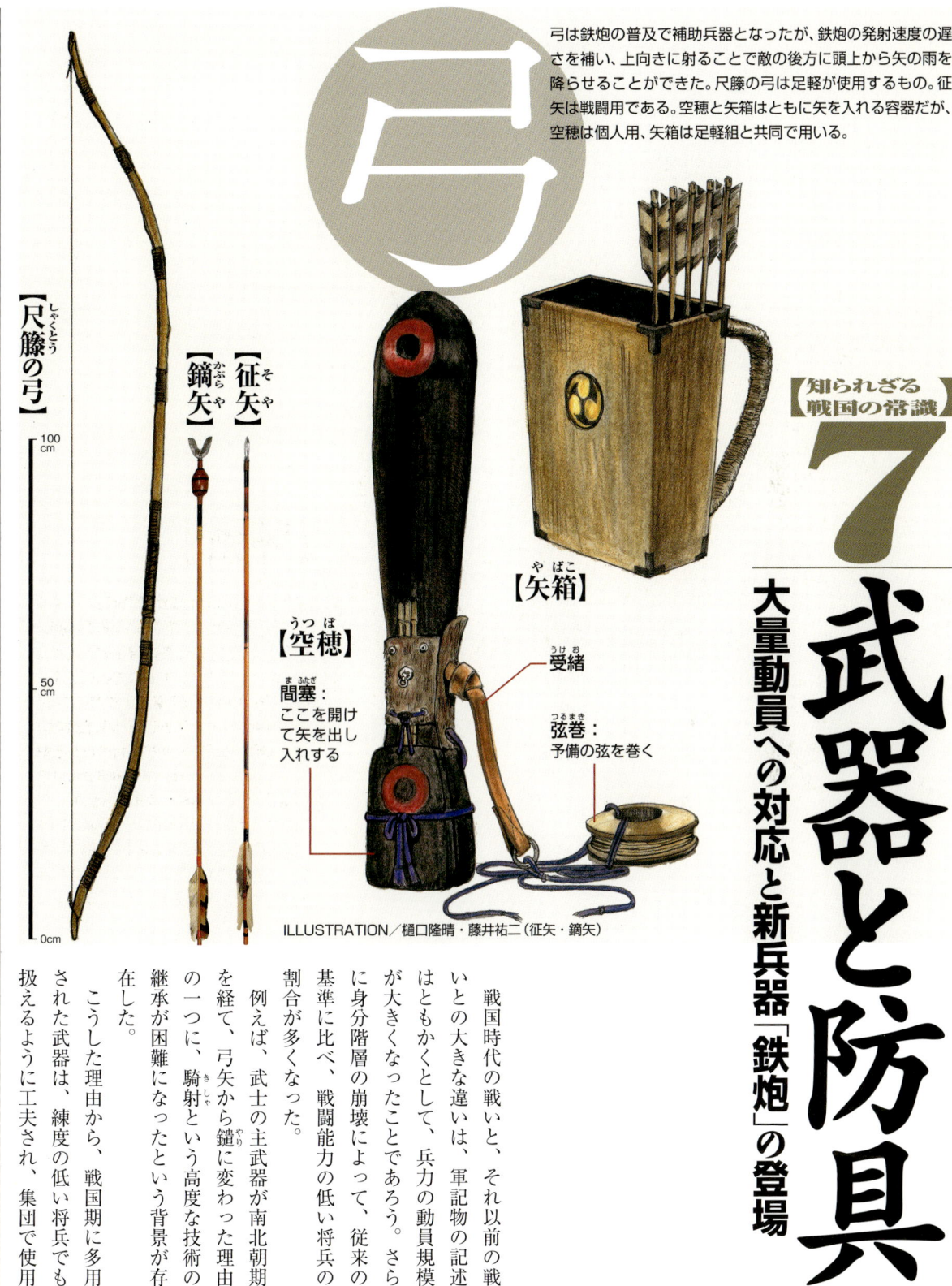

例えば、武士の主武器が南北朝期を経て、弓矢から鑓《やり》に変わった理由の一つに、騎射《きしゃ》という高度な技術の継承が困難になったという背景が存在した。

こうした理由から、戦国期に多用された武器は、練度の低い将兵でも扱えるように工夫され、集団で使用

石突《いしづき》：地面に直接触れる部分で柄を保護するとともに、この部分で打突も行う

刀

刀は、現代における拳銃のような護身用兵器だった。従来は馬上での使用が便利な太刀と、頸を切るための腰刀の組み合わせで使用されてきたが、徒歩兵が大量に動員されると、徒歩での戦闘に便利な打刀が普及する。

【太刀《たち》】

太刀緒《たちお》：この緒を腰に巻き、太刀を吊るす（太刀は「佩《は》く」という）

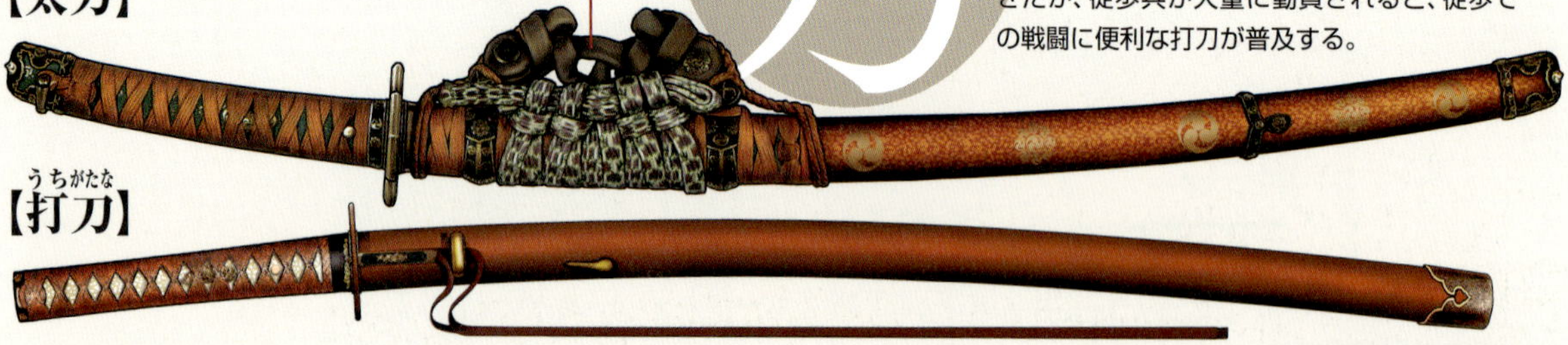

【打刀《うちがたな》】

ILLUSTRATION／藤井祐二
火縄銃（吉岡コレクション・国立歴史民俗博物館蔵）
玉入れ・玉・口薬入れ・上薬入れ（松本城管理事務所蔵）

火鋏《ひばさ》み　**火皿《ひざら》**　**元目当《もとめあて》（照門《しょうもん》）**　**先目当《さきめあて》（照星《しょうせい》）**

引金《ひきがね》　**カルカ（槊杖《さくじょう》）**　**巣口《すぐち》（銃口）**

【口薬入れ《くちぐすり》】　**【玉入れ《たまい》】**　**【玉】**　**【上薬入れ《うわぐすり》】**

鉄炮

写真は、鉄炮とその個人用付属具である。銃口から上薬（発射薬）と玉を入れ、カルカで突き固める。火縄の付いた火鋏みを上げ、火皿に口薬（伝火薬）を盛ると射撃可能となる。引金を引くと発射する。

すると威力が発揮でき、かつ大量生産に向いたものが重視されるようになった。

最も大量に使用された足軽《あしがる》の長柄《ながえ》（長鑓《ながやり》）の柄は、「打柄」という木の芯材を割竹で覆った構造を持ち、このため短い材料を繋いで作製することが可能だった。

また甲冑《かっちゅう》のうち、鎧の構造を見ると、従来、「小札《こざね》」という小片を綴《つづ》り合わせて板状のパーツを構成していたものが、板状の革や鉄板を使用することと、板と板を繋ぐ紐（威《おどし》糸《いと》）の本数を減らした「素懸威《すがけおどし》」の「当世具足《とうせいぐそく》」が登場し、兜《かぶと》は、鉄板を大きく湾曲させることでパーツ数を減らした「頭形《ずなり》兜」が登場。その生産性を向上させた。

そして戦国時代最大の新兵器が鉄《てっ》砲《ぽう》であった。鉄炮は製造コストのみならず、火薬原料の硝石《しょうせき》のほとんどが輸入品のため、運用コストも高く、また発射速度も遅かったが、集団で使用すれば、それを補って余りある威力と、弓に比べ訓練期間が短くて済むという利点があった。このため最強の投射《とうしゃ》兵器として、戦国期後半には爆発的に普及した。

（文＝樋口隆晴）

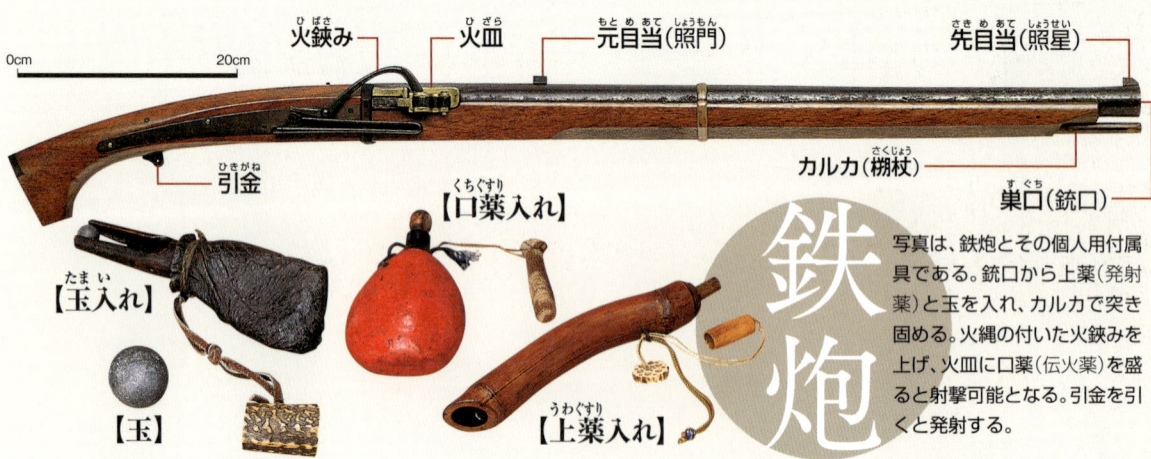

鑓

鑓は、戦国期の主要武器として使用された。足軽が使用する長柄は、集団で相手を叩いたり、移動する防御壁として鑓襖《やりぶすま》を形成したりする。

笹穂鑓（個人蔵・森健児撮影）
長柄と持鑓（上田市博物館蔵）

【長柄と持鑓】

写真は実際に長柄（右）と持鑓（左）を比べたところ。その長さがよく理解できる。長柄は藤井松平家が長篠の戦いで武田勢から奪ったものである。

甲冑（当世具足）

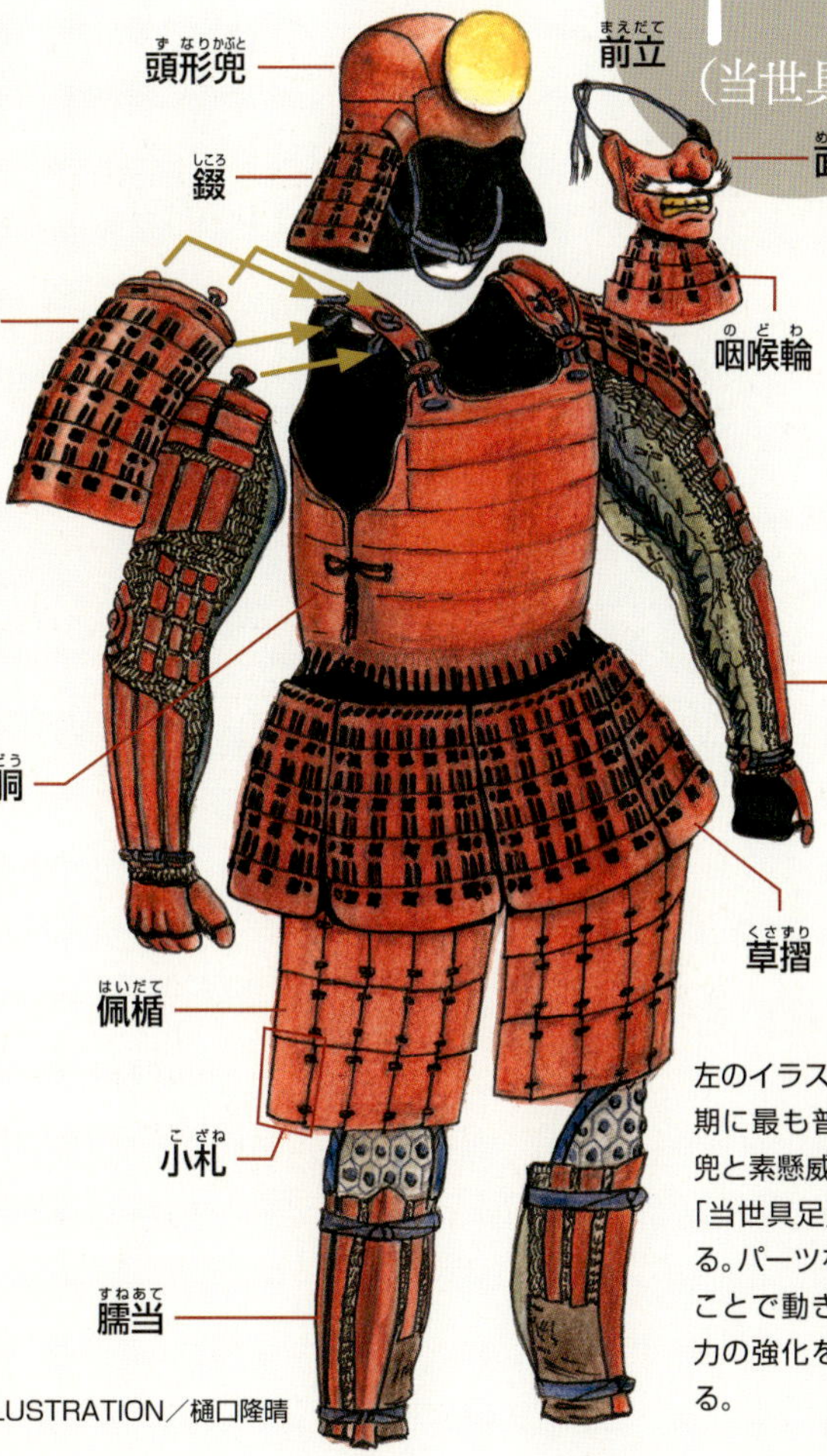

ILLUSTRATION／樋口隆晴

左のイラストは、戦国末期に最も普及した頭形兜と素懸威の桶側胴で、「当世具足」に分類される。パーツを細分化することで動き易さと防御力の強化を両立している。

【知られざる戦国の常識】

8 戦国の糧食

何をどれだけ食べたのか？

【糒（干飯）】

糒は、玄米（もしくは白米）を一度炊いてから天日《てんぴ》で干してつくる（写真右）。炊飯に比べ長期保存と軽量化という点で優れ、そのまま食べることができるため、調理の手間もかからない。水に浸して柔らかくして食べることもできる（写真上）。

戦国時代、兵士たちはどのようなモノを食べていたのだろうか？　というのは興味深い問題だが、実際のところ現在のような軍用の携帯糧食《けいたいりょうしょく》といったものは、十九世紀にフランスで瓶詰《びんづめ》が登場するまで一部の特殊な例を除き存在しない。

日本の戦国時代にかぎらず前近代の戦争は、兵士たちにとって「食べるための手段」という側面が強い。したがって、戦場での食べ物とは、日常の食材を戦場に運ぶか現地で調達（略奪か購入）していた。日常の食材とは、いうまでもなく米と味噌《みそ》、そして少量の野菜である。その量は一人当たり一日六合とされているが（＊1）、大坂冬の陣の諸記録を基にした計算では五合ほどだったという（＊2）。

もっとも、日常の食材をそのまま使用していたわけではなく。実際には戦時食ともいうべきものに切り替わる。飯は、雑穀《さっこく》混じりの玄米《げんまい》から消化の良い白米に（＊3）、味噌は糠《ぬか》味噌から豆味噌にといった具合だ。とくに豆味噌の原料である大豆は、乗馬の馬糧《ばりょう》にも使用されるから（＊4）、なかなか貴重品なのである。

ちなみに、米六合は、三〇一一キロカロリー。陸上自衛隊では一日三二〇〇キロカロリー分の食事が支給される。

この他、日常の食材から保存のきくものを糧食として使用する。餅《もち》、素麺《そうめん》、鰹節《かつぶし》、干し魚、梅干しといったところだが、梅干しは、どちらかというと薬に近い存在だった。また、あえて軍用携帯糧食と位置づけられるのが、蒸し米を乾燥（アルファ化）させた糒《ほしい》と、味噌で煮染めた里芋の茎である。

さて、主食である米は、粒食《りゅうしょく》（＊5）の場合は最も早く調理できる食材であり、これに味噌と少量の野菜を付ければ栄養的にほぼ完全食となる。戦国時代

●優れた戦闘糧食—米と味噌—

米は、麦類を原料とするパンよりも高カロリーでかつ栄養のバランスがとれており、軍用糧食に必要な保存性・携帯性をも備えた大変優れた食品である。さらに調味料である味噌(とくに豆味噌)は単に保存・防腐の役割だけでなく、白米飯では不足する栄養素を補う役割もあった。同時代の他国の軍隊が多品目を必要としたのに比較して、戦国時代の日本の軍隊は米と味噌さえあれば体力を維持できたといえる。

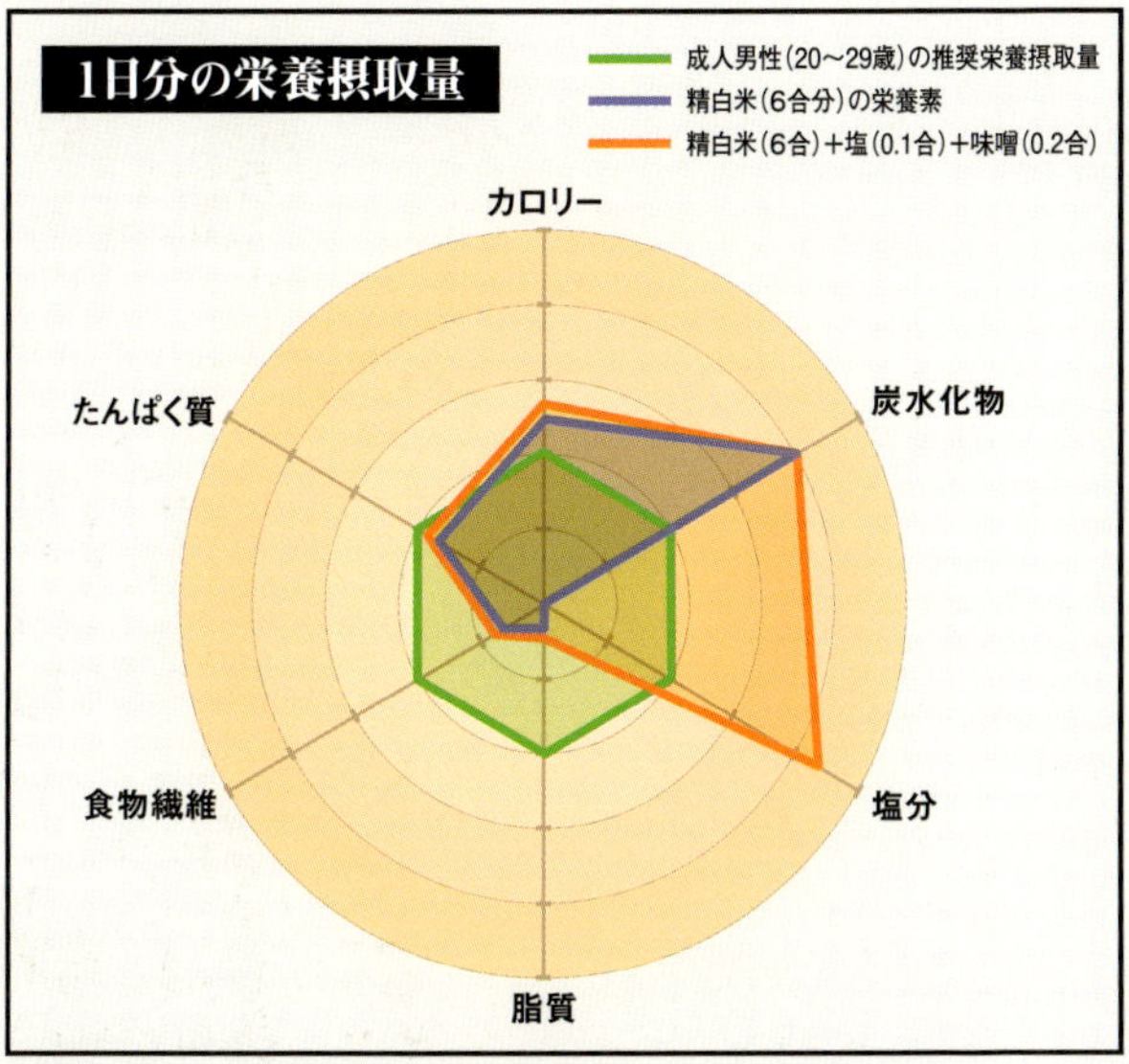

白米は高カロリーで炭水化物の量が多い。玄米のままでは食物繊維を多く含むため、消化に時間がかかるので、消化吸収を早くして運動エネルギーに変換しやすくするために白米飯を食した。さらに味噌の酵母菌の作用で消化吸収力はさらに高まった。また味噌に含まれるタンパク質や脂質は体に吸収されやすく、白米飯で不足がちな各種ミネラル、ビタミンも摂取できた(味噌には含まれていないビタミンもあるが、人体が一日に必要とする量は多くない)。塩分は発汗で体内から失われるため、多めに摂取された。

【芋の茎縄】

必要とする量をちぎって鍋に入れ加熱すると、染み込んでいた味噌が融け出し味噌汁になる。保存性と携帯性に優れている。

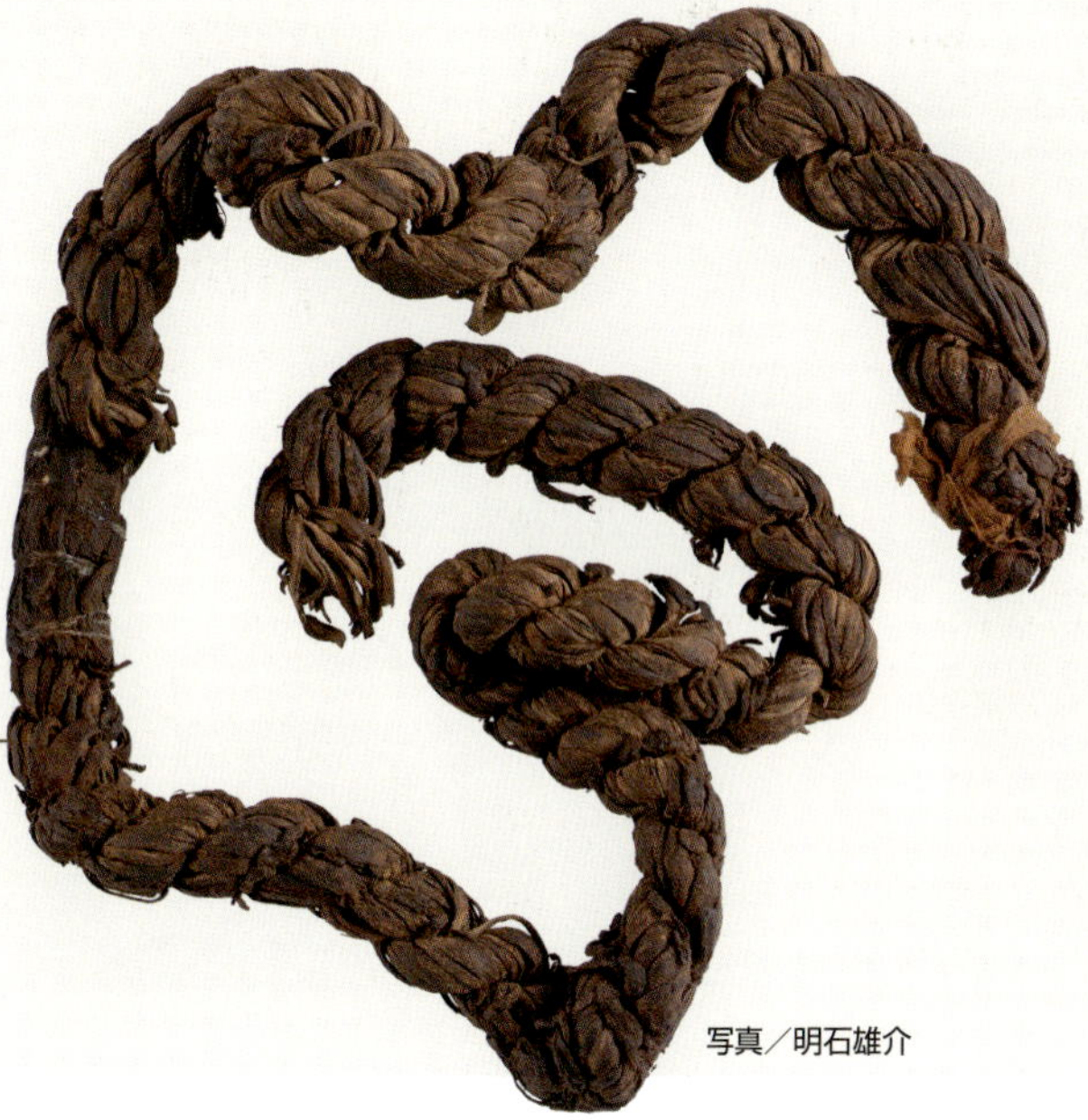

写真／明石雄介

よりやや下る三十年戦争期のヨーロッパでは、兵士一人当たりの一日の摂取量をパン〇・七五〜一キロ、肉五〇〇〜七五〇グラム、ビール一〜二リットルとしていた。

戦国時代とほぼ同時期のヨーロッパを比較すると、ずいぶん単純な糧食体系だといえる。そしてそれはそのまま輸送のコストを低減させることにつながり、戦国時代の軍隊は、補給への負担が低い軍隊だったといえるのである。

（文＝樋口隆晴）

＊1 『雑兵物語』。同書は、江戸時代初期に成立しているので、戦国時代の実態にそぐわない記述も多い。
＊2 谷口眞子「移行期戦争論　―大坂冬の陣の総合的検討―」『戦争と平和の中近世史』
＊3 したがってビタミンB１が欠乏するが、戦場といえども常に白米に豆味噌を食べていたわけではない。
＊4 乗馬には、通常の飼料のほかに茹でた大豆などを与える。武田氏館跡(躑躅ヶ崎館)から発掘された馬の全身骨格では歯が擦り減っておらず。この馬が柔らかい飼料を食べていたことが判明している。
＊5 穀物を食べる際、製粉してパンや麺にするのを粉食。そのままの形で食べるのを粒食という。

【知られざる戦国の常識】

9 家紋

武士が広めた「戦の識標」

【武家として有力な血筋を表した紋】

足利一族、または足利一族と深いつながりを示す紋であったのが二引両（❶丸に二引両）と桐（❷五七桐）の紋である。多くの武将に下賜されたが、勝手に使用する者もまた少なくなかった。このほか地方によって藤原長者近衛家の牡丹紋、関東管領上杉家の竹に雀紋などが武家の間で大きなステイタスとなっていた。

【旗専用に創設された紋】

今川氏は足利一門として、平時は五三桐や丸に二引両の紋を使用したが、馬印には❹赤鳥（垢取）と呼ばれる櫛を旗印に使用している。❸五輪塔は最上氏が馬印に使用した紋。最上氏もまた足利一門として五三桐と丸に二引両を使用している。同紋を使用する大名家が多いことから創設されたものか。どちらも旗印にのみ用いられた。

【名字に由来する旗紋】

本多氏の紋は立ち葵、鳥居氏の紋は笹であるが、どちらも複雑で量産には適さず、識別性も高くない。そこで旗印にはそれぞれ名字をもとに❺本の字❻鳥居を使用した。江戸時代にはどちらも替紋として幕府に届け出されており、幕末頃には本紋と同等に用いられるようになっている。

現在どの家もが持ち、風景の中に当たり前に存在している家紋は、かつて公家の専有物であり、ごく限られた用途でしか使われていなかった。それを広め、種類を増やしたのは武家であり、合戦である。

まず公家から戦勝の褒賞として下《か》賜《し》されたことで武家のステイタスとして定着。次いで主君から武功を挙げた武将へ下げ渡されたり、あるいは本家から分家が創設されるなどして使用者が増えていった。戦国期にはほぼすべての武将が何らかの「紋」を有していたと思われる。もちろん、武家として有力な血筋を示す家紋を用いることが誇りであった。

しかしながら武家にとって家紋とは、自らの地位を誇示するため以外にも重要な役割があった。戦場で陣幕や旗印に描き、彼《ひ》我《が》の部隊を区別したのである。

現在、家紋はほぼ正方形の中に収まる。これは戦場での使用がなくなり近距離で見るのが一般的になったからで、戦国時代の紋は縦長や横長や、隙間が多く遠目にも大まかに識別できる形状のものが多い。「家紋」より「幕紋」「旗紋」という呼称が一般的だったことからも、用途が合

【時代による形状の変化】

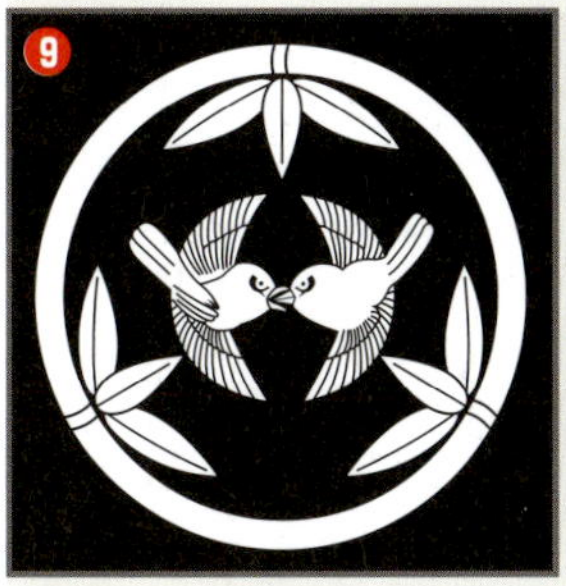

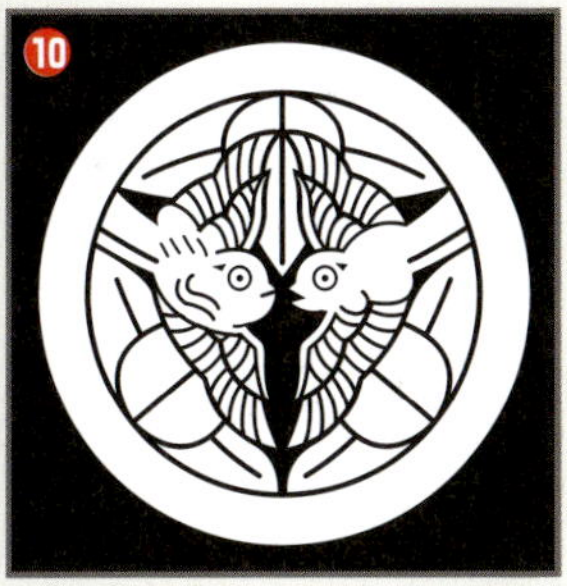

どちらも上杉家が使用した「上杉笹」である。❾は戦国期の遺品に残る形状で、❿は江戸期のもの。裃《かみしも》への使用が主な用途になるにつれて、座りがよく丸く余白のない洗練された形態に変わっていった。だが、遠目でより識別しやすいのはどちらであろうか。

【縦長、横長の紋】

芝山氏の❼縦三巴と二階堂氏の❽山形村濃。どちらも室町中期の記録に見える形状で、正方形の中では収まりが悪い。ただ、旗や幕の紋として使った場合には全体に特徴のあるプロポーションのため、逆に識別が容易となる。紋が旗ありき、で作られたことがわかる。

【独占紋への変更】

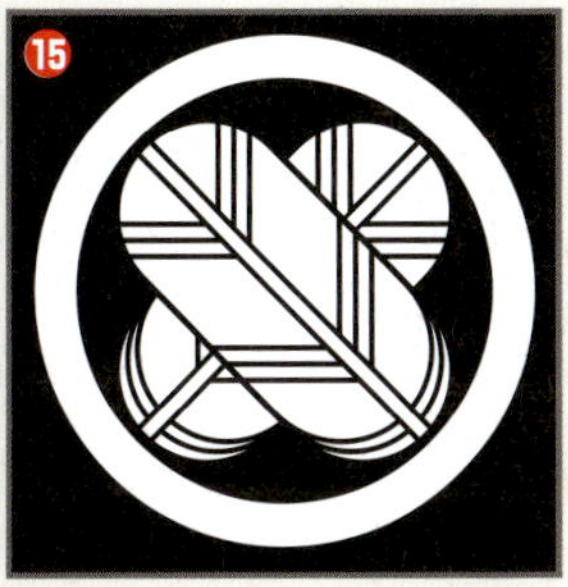

浅野氏は泰平の世となった江戸時代以降、⓮浅野違い鷹羽と呼ばれる紋を使用した。もとは通常の⓯違い鷹羽紋であったが、多くの家で使用されたために自分専用の紋を創出したのである。よく見ると渦の巻き数にも方向にも規則性がなく、きわめて複雑である。短期間に多くの複製を作る必要のない時代だからこそ生まれた紋である。

【敵と類似した紋を改める】

斎藤道三の⓫二頭立波紋は自身が考案したと伝わる。斎藤氏は本来⓬撫子《なでしこ》紋だが、道三は斎藤家を継いで以降も、撫子紋と形状が近い⓭桔梗《ききょう》紋の土岐《とき》氏と抗争を展開していた。戦場での敵味方の区別のために、まったく形の異なる新たな紋が必要だったのだろう。

戦重視だったことがわかる。

　同族間や親兄弟の相克、家中の内《ない》訌《こう》などが日常化した戦国時代にあって、同じ紋を持つ者同士の合戦は同士討ちの危険が伴う。また、違う紋であっても、敵の紋と遠目に見分けがつきにくいフォルムであっては困る。消耗の激しい旗に据えるには、描く手間も考えなければならない。

　そこで伝来の家紋とは別に、「戦場専用の紋」の制定が始まる。視認性に優れ、量産にも適した単純な意匠で、かつ敵にも味方にも混同されにくい部隊識標が創作されたのである。これらは基本的に合戦向けで、衣服や什器には用いられていない。

　江戸期まで存続した大名家は、こうした理由から数種の家紋を有する場合が多い。彼らはそのうちのいずれかを本紋（定紋・表紋）、残りを替紋（裏紋）と定め、かつ本家や大身の大名家と同じ紋を使うのを憚《はばか》って、細かく意匠を変更した。一方で大身の大名もまた、意匠に変更を加えて独占紋を創出したため、泰平の世になっても家紋の種類は増え続けた。

　こうして四万種ともいわれる膨大な数の家紋が生まれたのである。

（文・図版作成＝大野信長）

【知られざる戦国の常識】

10 花押・印判

乱世に必要とされた変化と発明

【武家様の花押】

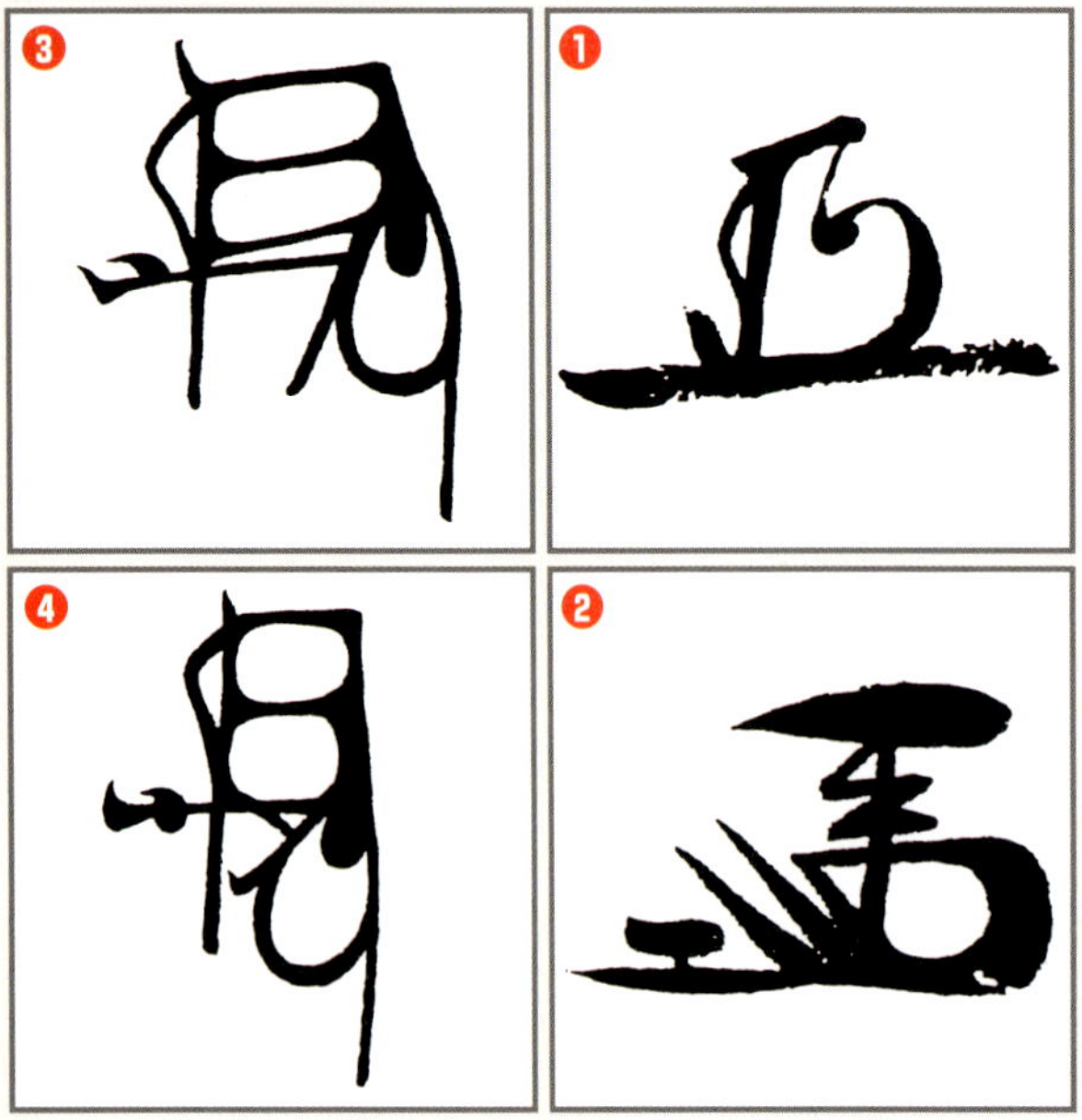

❶徳川家康❷福島正則❸武田信玄❹武田勝頼❺足利義昭❻今川義元❼豊臣秀吉「悉」❽伊達政宗「鶺鴒《せきれい》の図案化」❾〜⓰織田信長（変遷は数字の順）

室町時代に流行した「足利様《よう》」に代表される武家様の花押の特徴として、画数が少なく単純で力強いという点や、同族や主従が類似の形状を持つ点が挙げられる。一方、実名を崩して書く公家様は、細かく繊細で曲線を多用し、筆順が解りにくい。戦国末期にはそのいずれとも違い、武将個人の選定した一字や鳥の姿などを図案化したものが流行した。

花押

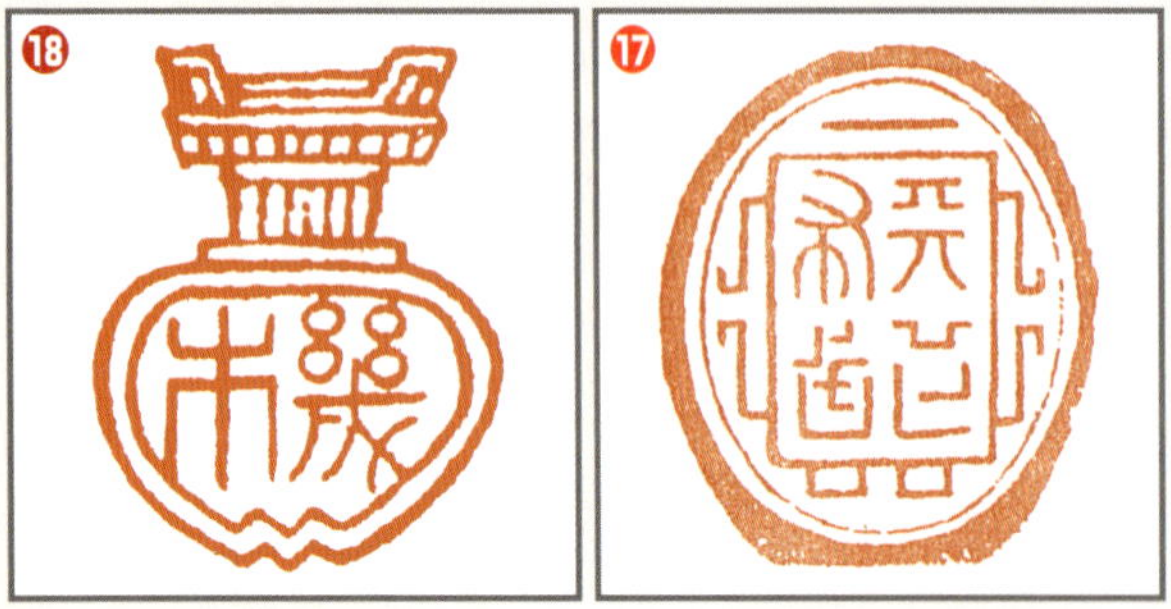

⓱織田信長「天下布武（馬蹄）」⓲北条氏康「機」⓳黒田孝高「Simeon Josui」⓴豊臣秀次「秀次正道」㉑伊達政宗㉒武田信玄

織田信長の「天下布武」印は楕円の外郭から⓱の馬蹄形へ、最終的には龍の外郭を伴うものへと変更された。

印判

位の高い武将が書状を発給する際、通常は本文を右筆《ゆうひつ》に書かせ、文末に（基本的には）発給者本人が偽造防止のための「サイン」を記した。これを花押《かおう》または書判《かきはん》と呼ぶ。家紋と同様、公家文化にその源流があるものの、武家の場合は実名と花押を併記するのが特徴である。

花押は個人によって特有の形状を持つ。戦国中期頃までは公家様と武家様に大別でき、主君や親の花押など、ある種定型のフォーマットに沿って自らの花押を制定したものが多く見られたが、戦国末期になると公家様とも武家様ともいい難い「より複雑で自由な形態」のものが現れ、親子間の類似点も薄れた。

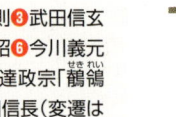

名前または任意の文字を裏書きし、それをさらに傾けたり組み合わせたりして作ったと考えられており、判読する研究者によって現在でも見解が分かれるものが多い。これは筆順をわからなくさせて偽造を困難にするためという。

また、一人の武将が花押の形状を変更する回数も増えた。織田信長は大まかに分類して八種類の花押を使っている。偽造防止が優先された結果であろうが、使用する文字の選定

【公家様の花押】

5

6

【自由型（戦国末期）】

7

8

【年代による変化（織田信長）】

9

10

11

12

13

14

15

16

19

20

21

22

も含めて武将の個性が明確に表れており、現在では書状の発給時期の特定にも役立っている。

　戦国中期以降、武家の間で急速に普及したものに印判《いんばん》がある。花押の代わりに書状に押されて用いられたもので、東国から中央へと伝播《でんぱ》していった。これにより短時間で大量の書状を、しかも武将本人や右筆の手を煩わせることなく作成することが可能になり、急を要する作戦行動や家臣の統制、領国経営の迅速化に役立った。朱墨で押印する朱印と、黒墨を用いた黒印とがあり、原則的には朱印の方がより重要性の高い書状に用いられている。

　発想自体は花押型（花押を印判化したもの）の延長にあると思われるが、様々な文言や図案などが多様な手法によって組み合わされている点で、実務的な側面のみならず、ここでも個々の武将の美学や主張を垣間《かいま》見ることができる。

　花押も印判も、地方の勢力が幕府や旧い権威から離れ、独自に領国を経営した時代の中で必要に応じて変化し、生まれ、発達を遂げたのである。

（文・図版作成＝大野信長）

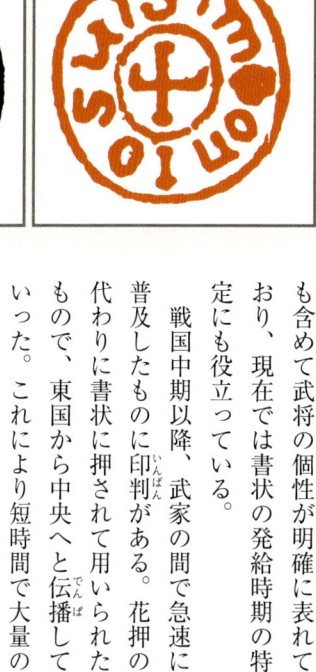

旗・馬印

個性豊かな戦場の識標

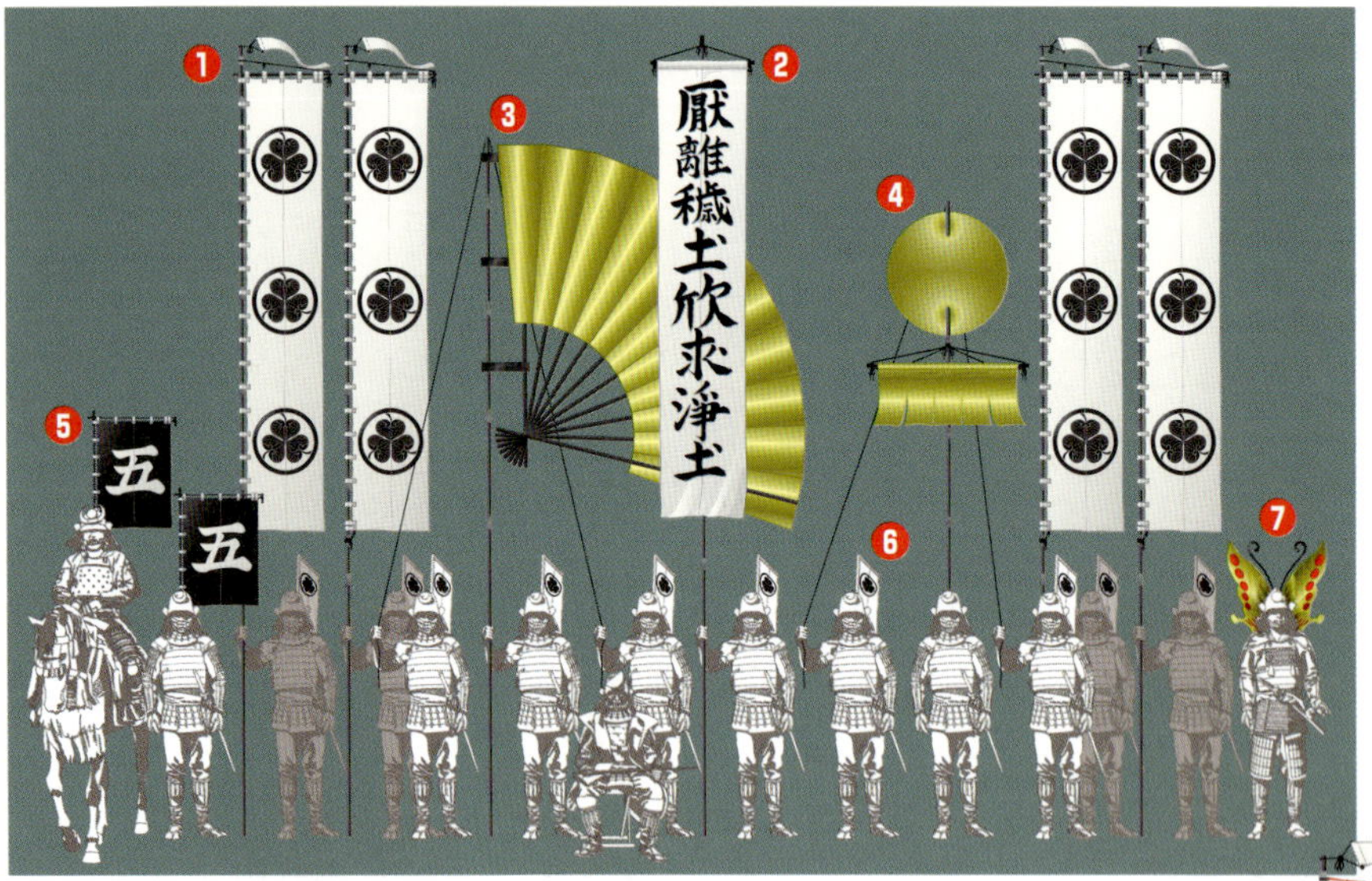

小牧・長久手の合戦当時の徳川家康本陣をモデルに再現した旗・馬印の運用例。❶抛旗「白地に三つ葉葵」❷馬印「厭離穢土欣求浄土《おんりえどごんぐじょうど》の流れ旗」❸大馬印「金の開扇《かいせん》」❹小馬印「金団子差し通し」❺使番指物「五文字」❻徳川家番指物❼大久保忠世自身指物「金の揚羽蝶」。

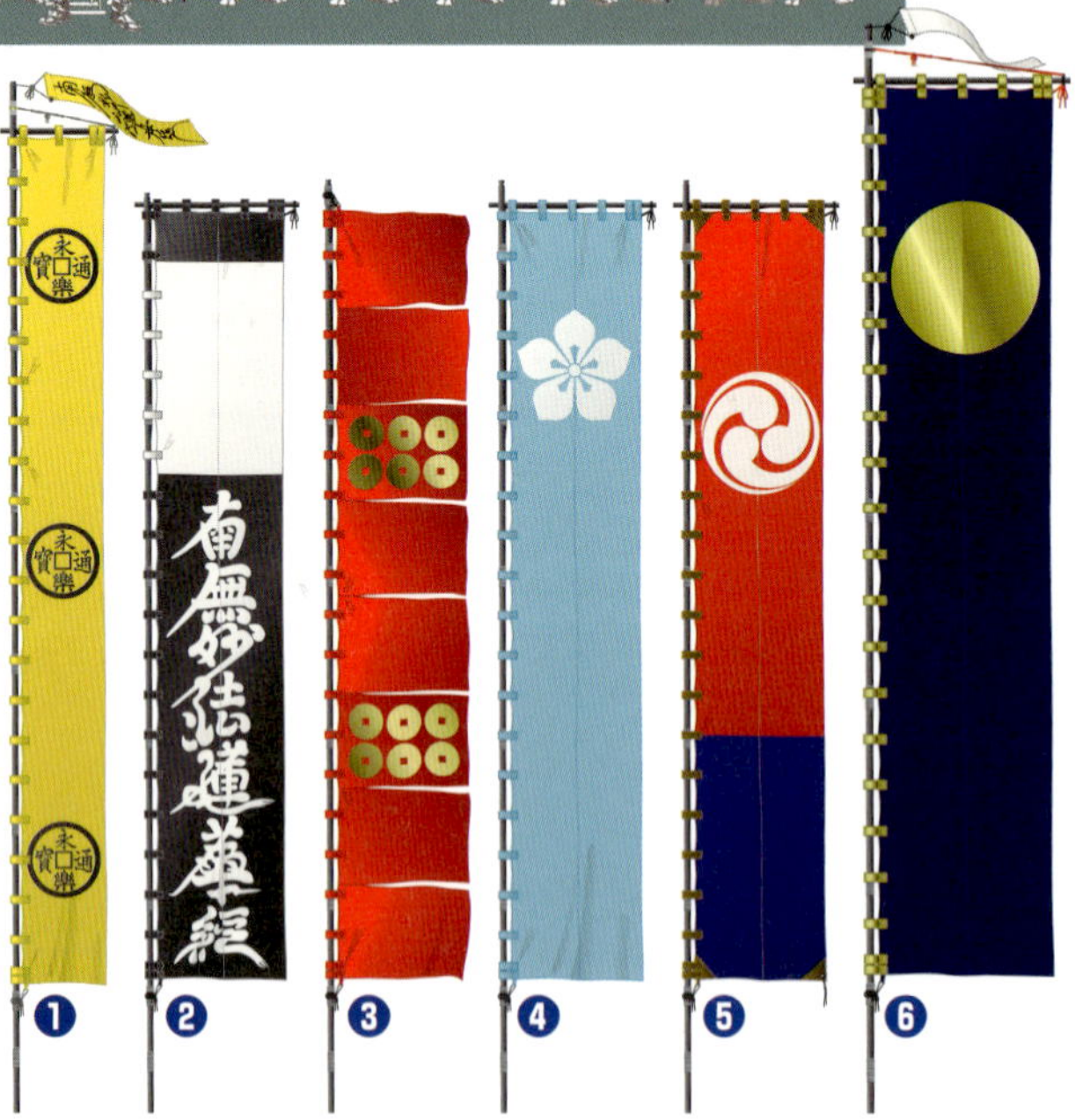

抛旗

❶織田信長「黄絹に永楽銭」
❷加藤清正「黒地頭白にはね題目」
❸真田信繁「赤の切裂《きりさき》に六連銭」
❹明智光秀「水色桔梗」
❺九鬼嘉隆「赤地裾紺に右巴」
❻伊達政宗「勝色に金の丸」

部隊や個人の識標《しきひょう》である旗《はた》・指物《さしもの》・馬印《うまじるし》は、戦国末期になって急速に発達した。無論その背景には、抗争が日常化し、対立の構図も複雑となり、混成部隊による大規模な合戦も行われはじめたことがある。部隊の無用な損害を減らし、また組織的に運用するためにも、以前にも増して明確な、そして瞬時に敵味方を区別できる「印」が必要となったのだ。

この時代のニーズに応えたのが幟《のぼり》旗《ばた》の登場であった。旗地の上部と側面を旗竿に固定する幟旗は、旗地の側面を固定しない従来の流れ旗に比べて風の影響を受けにくく、死角も少なく、同一面積でより多くの、より見やすい旗の運用を可能にした。こうして様々な文様や色彩、大きさや形状をもつ旗が作られ、旗形式以外の識標が生まれるに至った。

これらの識標は役割面から二種類に大別できる。統一の意匠《いしょう》で部隊を示す識標と、「一点もの」の意匠で特定の個人を示すものである。それぞれ旗の体裁《ていさい》をとるものと、木や紙を用いて立体に成形《せいけい》されたもの(作物《つくりもの》)があった。作物の方が旗より成立時期が新しく、高位の者が所有する傾向が見られる。

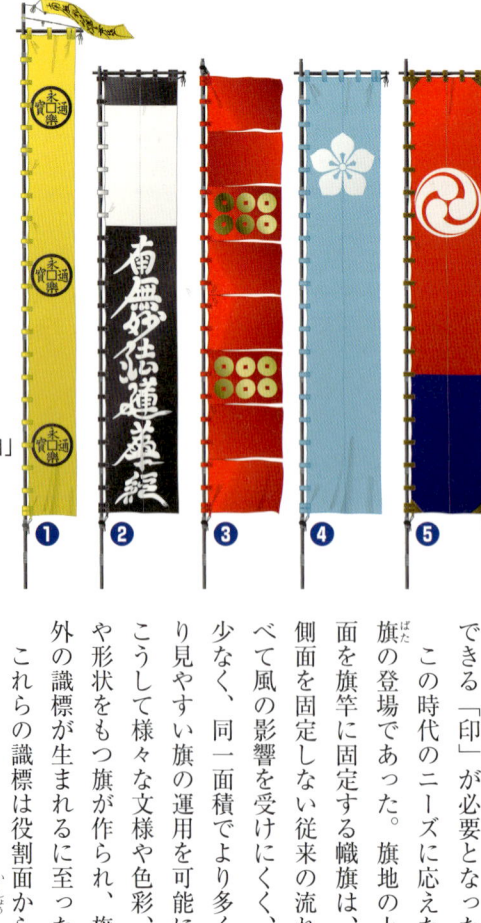

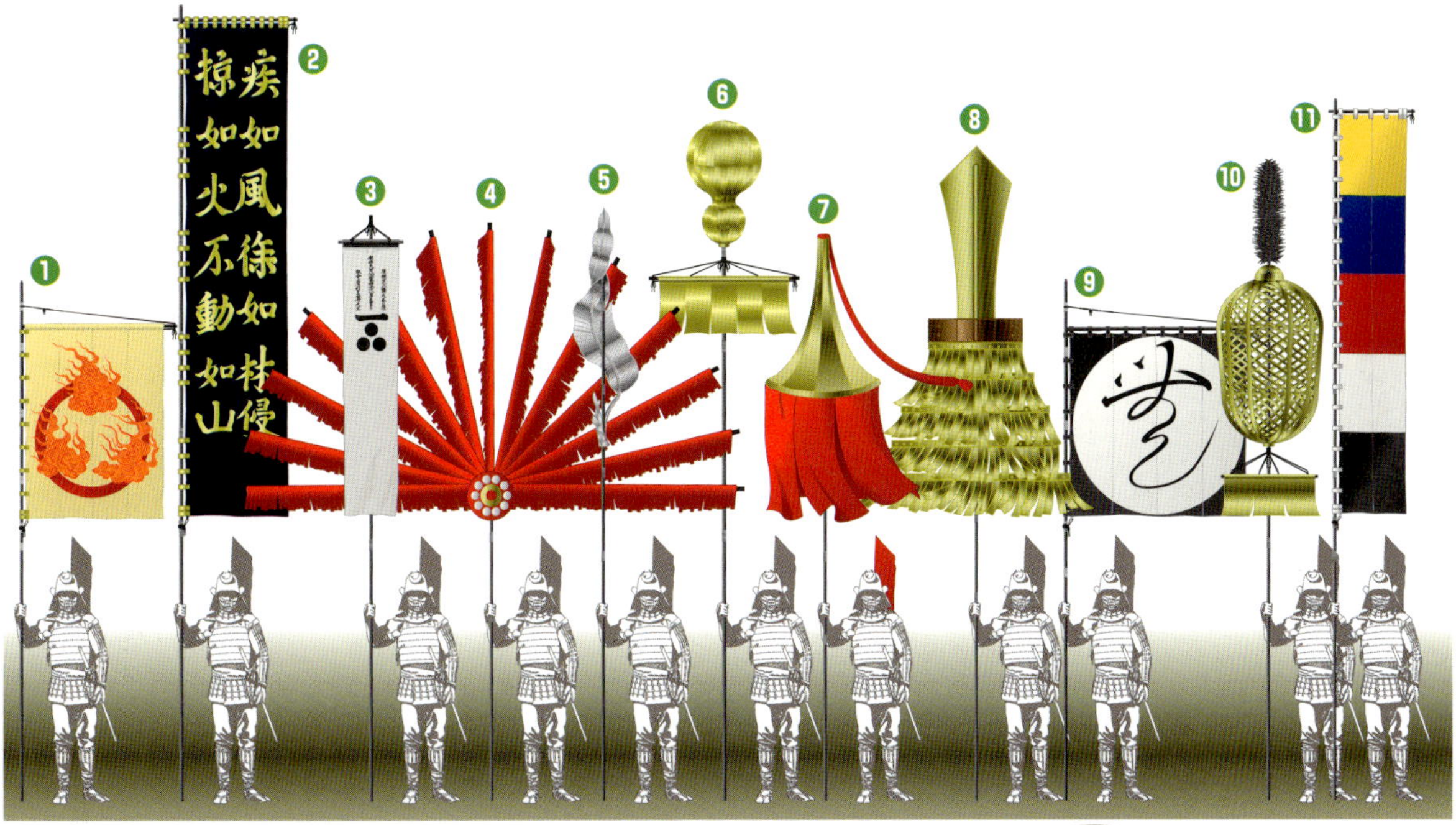

ILLUISTLATION／大野信長

馬印

❶相馬義胤「火車」
❷武田信玄「孫子《そんし》の旗」
❸毛利元就「摩利支天《まりしてん》の旗」
❹吉川元春「婆々羅印《ばばらいん》」
❺福島正則「銀の捩《ねじ》り芭蕉」
❻豊臣秀吉「金の瓢簞」
❼井伊直政「金の蝿取」
❽柴田勝家「金の御幣《ごへい》」
❾山内一豊「無文字の四方旗」
❿酒井忠次「金餌ふご」
⓫北条氏康「五色段々《ごしきだんだん》」

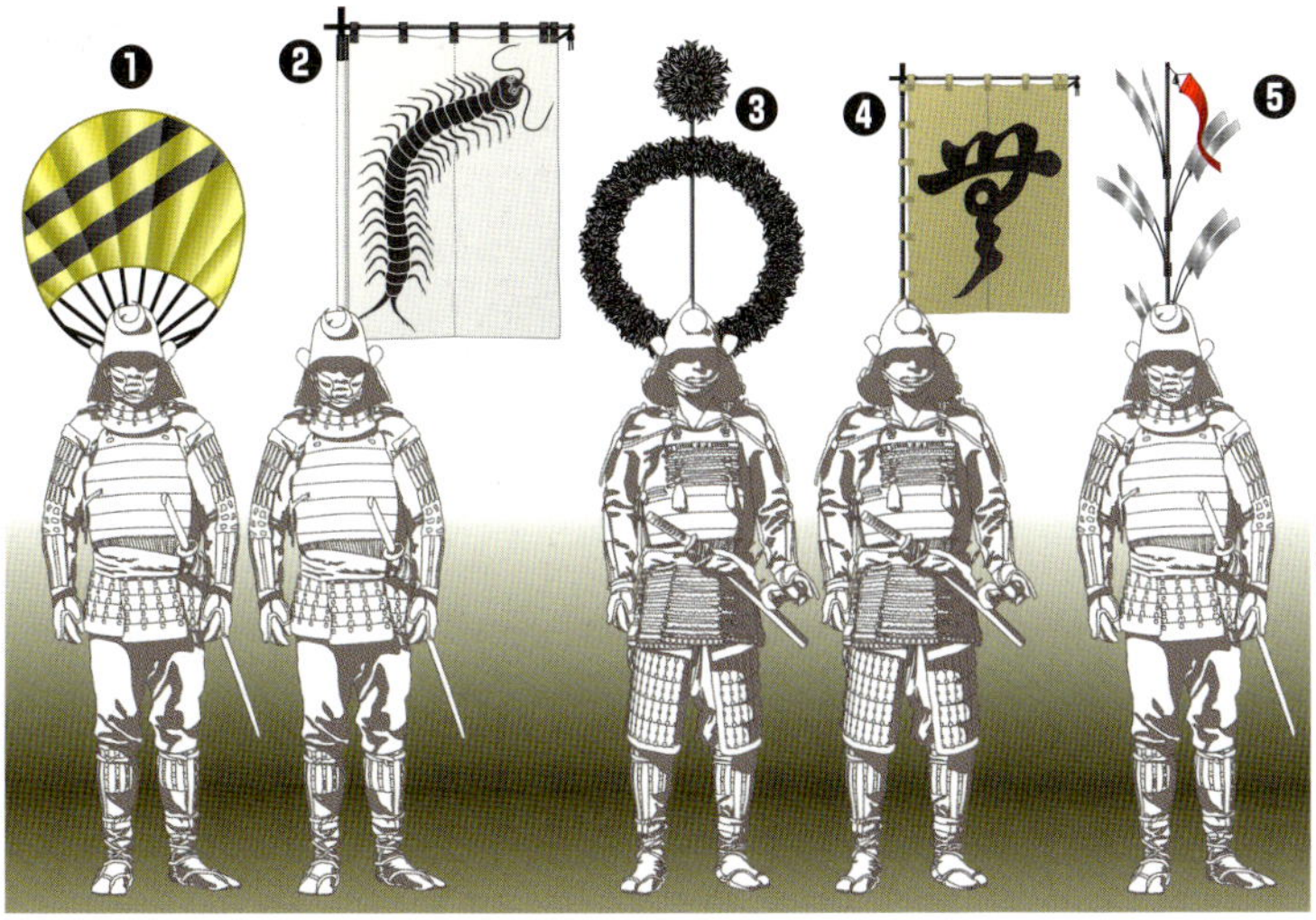

指物

❶徳川秀忠隊番指物「金の団扇」
❷武田家使番指物「百足《むかで》」
❸蜂須賀家政自身指物「鳥毛の輪貫」
❹片倉景綱自身指物「朽葉に無文字」
❺片桐且元自身指物「銀の柄弦」

前線の足軽や徒歩《かち》武者・騎馬武者らが背に差す小型の識標は、「指物」と総称した。原則的に足軽など身分の低い者は合印《あいじるし》として統一の意匠が用いられ、これを番指物と呼ぶ。一方、固有の印を許された者が背負うものは自身指物と呼ばれる。

複数名で支える大型の識標には拠旗と馬印（＝馬標《うまじるし》・馬験《うまじるし》）がある。同一意匠の旗を複数本並べて部隊の所在を示すものが拠旗《こばた》で、部隊指揮官の傍に置かれる個人識標が馬印である。拠旗は旗形式に限られるが、馬印は旗形式の場合、作物形式の場合、旗と作物を両有する場合など様様で、大身の武将は大馬印・小馬印など数種類の馬印を持つ例もある。

成立背景も含めて観察すれば、これらの様々な識標は、同士討ちの回避や働きの誇示、または部隊間の連携補助など、味方との意思の疎通《コミュニケーション》が主目的だったことは明らかである。だが一方で、顔も見えぬ、声も届かぬ合戦相手に対し、自らの信念や決意、美学のようなものを何よりも端的に、そして雄弁に語りうる唯一のツールであったこともまた、確かだったように思う。

（文・図版作成＝大野信長）

【知られざる戦国の常識】

12 旗の役割

なぜ多くの旗が必要だったのか？

日本の合戦を彩る旗は、戦国時代も後半になって急速にその種類や紋《もん》様《よう》を増した。

その理由は、一大動乱期ゆえの価値観の大きな変化として考えられている。

とくに戦国時代以前は、貴人はその姿を見せないようにするという文化もあったから、武将自身のパーソナル・マークともいえる馬標《うまじるし》の存在は、価値観が大きく変わったことの象徴にも思われる。

しかし、旗の種類が増えたのは、そうした文化的な側面のみであろうか。まず、――東国大名が中心になってしまうが――、文書を中心にみていこう。

後北条氏では、元亀《げんき》年間に弓・鉄炮足軽の旗指物《はたさしもの》を統一することを命じており（＊1 侍は自由）、武田氏では、永禄《えいろく》年間の文書で、備《そなえ》（戦国時代の基本的な部隊単位。8頁参照）ごとに旗指物と兜《かぶと》の前立《まえだて》を統一することを命じている（＊2）。

一方、よく知られた例としては、旗ではなく母衣《ほろ》だが、織田信長が馬《うま》廻《まわり》から選抜した赤母衣《あかほろ》衆と黒母衣《くろほろ》衆、豊臣秀吉の馬廻の黄母衣《きほろ》衆がいる。これも部隊単位で標章を統一した例であろう。

さらに、使番《つかいばん》と呼ばれる、現在なら連絡将校の役目をもつ武者も、よく目立つ統一された旗指物を用いていた。武田氏の「ムカデ」、徳川氏の「五《ご》の字」がよく知られている。

こうした役職を表す旗は番指物《ばんさしもの》と呼ばれているが、戦国時代の軍事システムが完成した江戸初期には、目《め》付《つけ》（検使）や組頭《くみがしら》等の番指物も登場する。こうした番指物は、例えば、現在、「相馬《そうま》野《の》馬追《うまおい》」で目にすることができる。

ところで後北条氏をはじめ、武田氏、上杉氏の文書では、旗（おそらく幟旗《のぼりばた》）を制式な装備としてその数を規定しているが、軍勢に占める旗の数は、おおむね七パーセント前後になる（＊3）。

以上のように、文書や実例から旗の役目を考えると、戦場に翻《ひるがえ》る各種の旗は、本陣の位置や陣形、さらに役職を明らかにし、大将を筆頭に各クラスの指揮官が部隊の動きを掌握するためのものだったといえよう。いわば広義の意味での通信機材《コミュニケーションツール》だったのである。

（文＝樋口隆晴）

＊1 元亀3年正月9日付・宮城四郎兵衛宛着到状
＊2 永禄10年10月3日付・軍役条目（武田信玄条目写）
＊3 武田氏は永禄4～天正6年（1561～1578）までの軍役定書を集計。上杉氏は天正3年（1575）着到状。後北条氏は天正5年（1577）の岩付衆の軍役を基にしている。

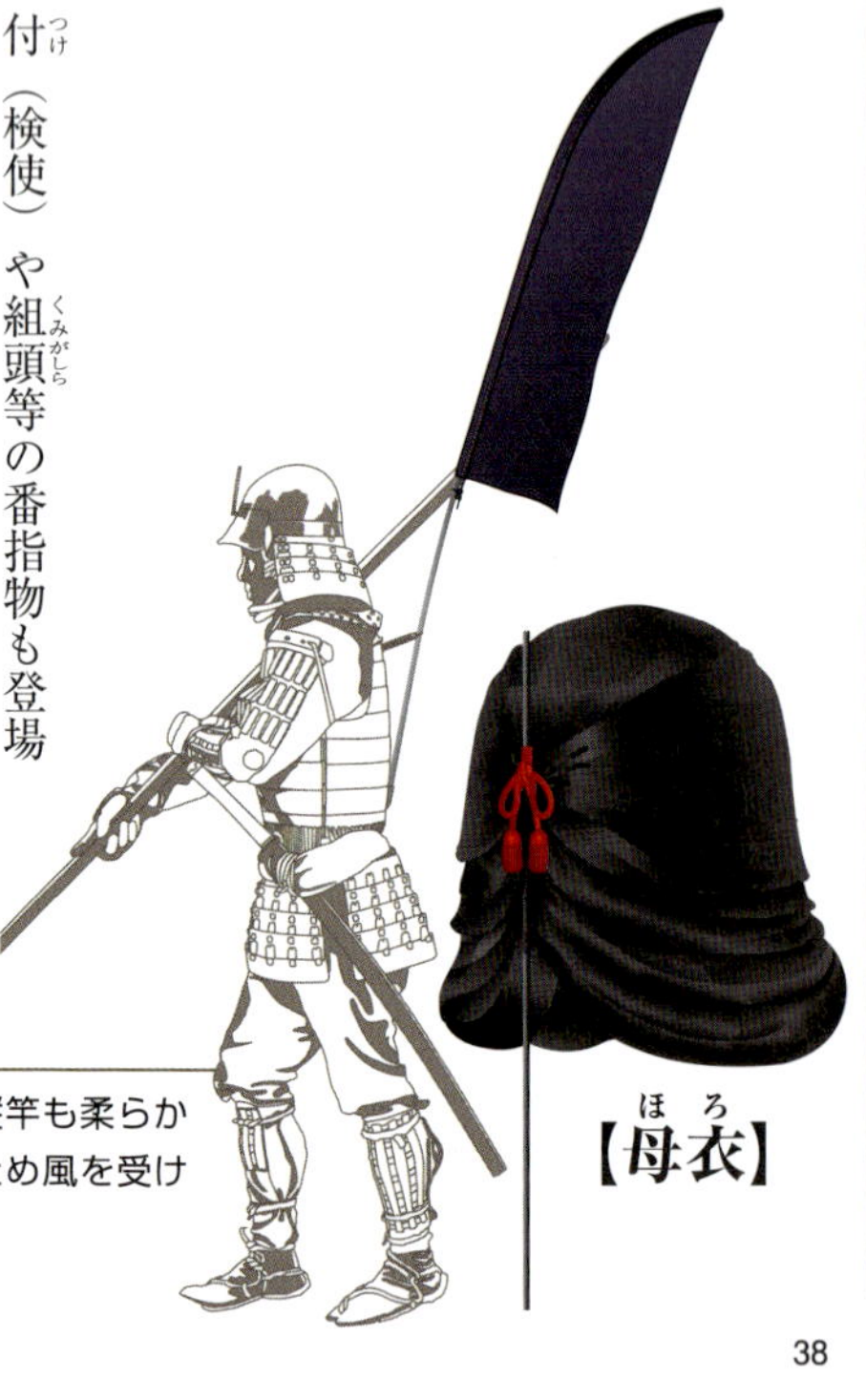

【撓旗《しないばた》】

上部の横竿を廃し、また縦竿も柔らかな竹材を用いた旗。そのため風を受けても撓《しな》って、折れにくい。

【母衣《ほろ》】

ILLUSTRATION／大野信長

真田丸①を攻める越前松平隊②と井伊隊③および前田隊④。「狩俣の矢」が越前松平隊で、赤い旗が井伊隊。両隊の将兵はそれぞれ揃いの旗なので、井伊隊の左翼から越前松平隊が強引に割り込んでいるという、部隊の動きがわかる。また井伊隊には母衣を付けた武者が数人見える。
(『大坂冬の陣図屛風』右隻より／東京国立博物館蔵)
Image:TNM Image Archives

血縁を超えた戦略が生んだ奥州の王

●文＝河合秀郎

戦国の名門大名11家

001. 伊達家

ILLUSTRATION／諏訪原寛幸

伊達政宗 MASAMUNE DATE

永禄十年（一五六七）～寛永十三年（一六三六）。初代仙台藩主。幼名・梵天丸。幼少時に右目を患い隻眼となったことから「独眼竜」と呼ばれる。天正十二年（一五八四）、家督を相続。関ヶ原、大坂の陣ともに東軍として参戦。江戸屋敷にて死去。享年七十。

001.伊達家

血縁外交戦略の功罪

十七代政宗《まさむね》までの伊達《だて》家は、田村家、結城《ゆうき》家、大崎家、越後《えちご》守護上杉家、蘆名《あしな》家、岩城《いわき》家、出羽《でわ》最上《もがみ》家の血を入れ、当主の娘を蘆名家、二階堂家、田村家、相馬《そうま》家、最上家、常陸《ひたち》佐竹《さたけ》家に嫁がせ、周辺の有力領主に血縁外交の網をかぶせることに成功していた。このような血縁関係を重視した戦略は、伊達家の勢力が相手を上回っている場合、擬制的《ぎせいてき》主従関係を期待できたからである。

十四代稙宗《たねむね》の三男時宗丸《ときむねまる》（伊達藤五郎実元《とうごろうさねもと》）の越後上杉家入《にゅう》嗣《し》を巡って、稙宗が嫡男《ちゃくなん》晴宗《はるむね》や譜代家臣団と対立したときにも、この近隣領主との関係が情勢を大きく左右した。

天文《てんぶん》十一年（一五四二）に「洞《うつろ》の乱」と呼ばれることになる内《ない》訌《こう》が勃発すると、一門家の一部と譜代家臣団を掌握していた晴宗に対し、稙宗は近隣の姻戚《いんせき》領主を味方につけ、圧倒的な数の戦略的包囲環形成に成功した。

そのため、父子の争いは稙宗方の優位で推移し、晴宗は天文十六年まで戦局を覆《くつがえ》すことができなかった。この年、蘆名家と二階堂家を寝返らせ、二本松畠《はたけ》山《やま》家庶流の新城《しんじょう》家に惣領《そうりょう》家を打倒させたことで、晴宗はようやく包囲環の一角を崩し、姻戚領主の大半を中立に転じさせて、ついに情勢を一変させることに成功したのである。

数的優位を失った稙宗は、翌天文十七年に各方面からの調停を受け入れ、晴宗に家督を譲って伊具《いぐ》郡丸森《まるもり》城に隠居した。

大乱の余波と晴宗期の戦略

足掛け七年にも及んだ大乱の結果、十五代当主となった晴宗は、伊達郡からの退去を余儀《よぎ》なくされ、出羽《でわ》置賜《おいたま》郡米沢へと居城を移した。伊達郡は稙宗に与《くみ》した一門家や姻戚領主の本拠が集中していただけでなく、依然

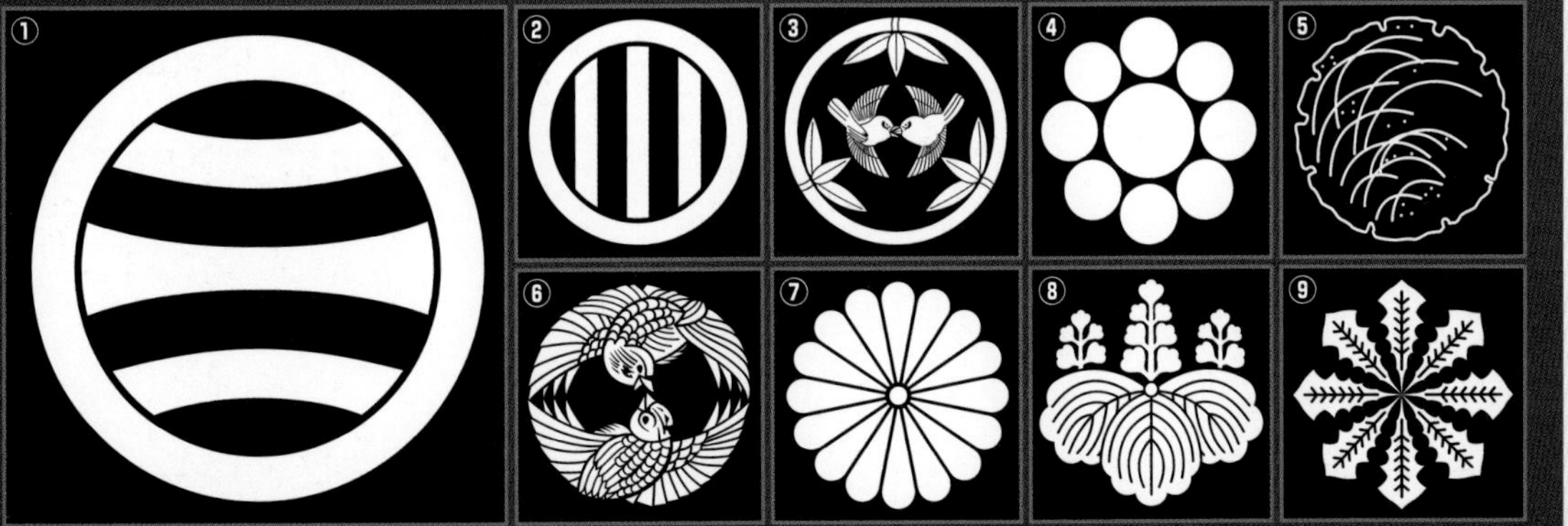

伊達家の紋

伊達家といえば「仙台笹」と呼ばれる竹に飛び雀紋が有名だが、あれはもともと14代植宗の三男・実元の上杉氏入嗣が計画された際に受領した上杉家の紋であり、実元系伊達家の独占使用紋であった。「本家といえども勝手に使わないよう」取り決めが交わされている。政宗の死後、正室の愛姫《めごひめ》が「生前の姿に忠実に」作らせた政宗木像には、①丸にしない横三引両《よこさんひきりょう》と、未だ上杉家の紋に近い形状を残す③竹に飛び雀が残されているので、この２つの紋を政宗が使用していたのは明らかである。このほか江戸時代の公式記録から政宗時代の伊達家使用紋を挙げると、②丸に竪三《たてさん》引両、④九曜《くよう》、⑤雪輪《せつわ》に薄《すすき》、⑥鴛鴦《おし》の丸、⑦十六葉菊《ようぎく》、⑧五七桐、⑨八《や》つ薺《なずな》があった。⑦⑧は政宗が秀吉から拝領したものである。　（文・家紋作成／大野信長）

[redacted]

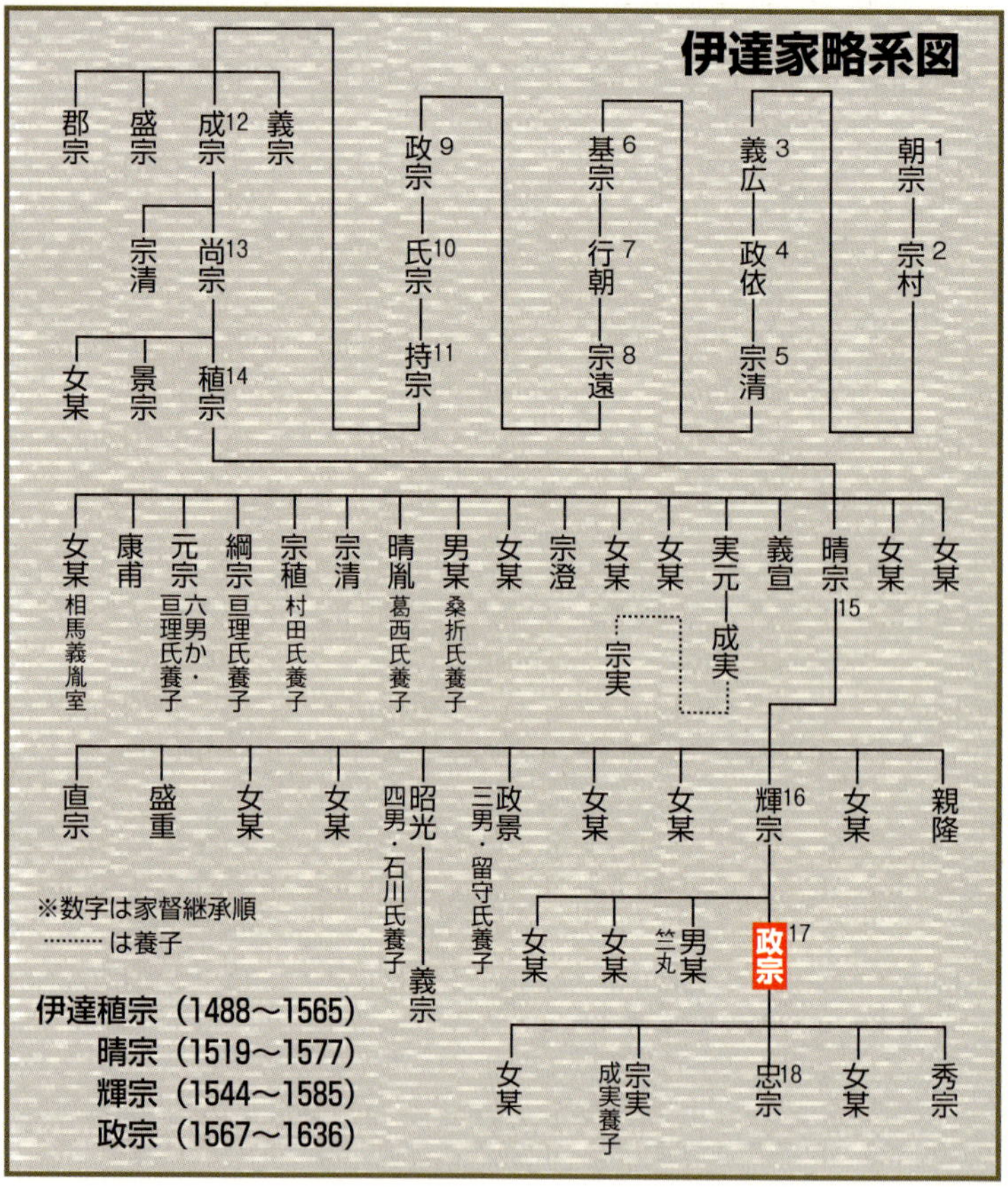

として敵対行動を続ける相馬家の脅威に晒《さら》されていたからである。

実際、晴宗は天文二十二年に再挙した伊達郡の懸田《かけた》家を滅ぼしている。伊達、伊具の両郡に対する相馬家の攻勢も衰えを見せず、晴宗は対相馬戦線で守勢に徹する一方、積極的な入嗣入《にゅう》嫁《か》外交を推し進めた。

相手方を経済的、軍事的に縛るために随臣《ずいしん》や化粧領《けしょうりょう》を椀飯振舞《おうばんぶるまい》し、棟別銭《むねべちせん》や段銭《たんせん》などの臨時税増徴という安易な財政補塡《ほてん》策に走った稙宗と、資産の持ち出しによる伊達本宗家の空洞化を危惧《きぐ》し、譜代家臣団の整備拡大を目指した晴宗との差は、実のところ分国法制定で強化された統制力の運用を巡る技術的方法論の相違でしかなく、外交の方向性自体には大差なかったのである。

しかし、晴宗の譜代家臣に対する妥協的政策は、伊達家の勢力回復だけでなく、権勢を増大させた重臣の専横《せんおう》という弊害《へいがい》をもたらした。なかでも晴宗期随一の功臣中野常陸介《ひたちのすけ》とその次男牧野弾正忠《だんじょうのじょう》は、幕府との折衝《せっしょう》を担当して強大な力を保持する一方、晴宗が濫発《らんぱつ》した判物《はんもつ》を整理して財政再建に努め、その寵《ちょう》を独占していた。下剋上《げこくじょう》にこそいたらなかったが、中野父子は世子輝宗《てるむね》とも対立し、家中に深刻な亀裂を生じさせたのである。

輝宗・政宗期の戦略転換

永禄《えいろく》六年（一五六三）に家督を継いだ十六代輝宗は、元亀《げんき》元年（一五七〇）に中野父子とその一族与党の粛清《しゅくせい》を断行、政権中枢からの重臣の排除に成功した。

これは永禄八年の将軍足利義《よし》輝《てる》暗殺事件で中央政界が混乱し、対幕交渉の利権を失った中野父子の権勢に陰りが見えたことに起因するようだが、輝宗はこれを梃子《てこ》に宿老《しゅくろう》や奉行を譜代や新参の近臣に限定した。

実務権限を集中することで役割分担を明確化し、従来は忠誠功績を基準とした席次にすぎなかった一家、一族、宿老の家格制度を、功臣の専横を抑制する仕組みに作り変えたのである。

奥羽の軍事バランスの面でも、輝宗の出現は一大転換の画期となり、大規模な合戦こそ惹起《じゃっき》していないものの、軍事行動は漸《ぜん》

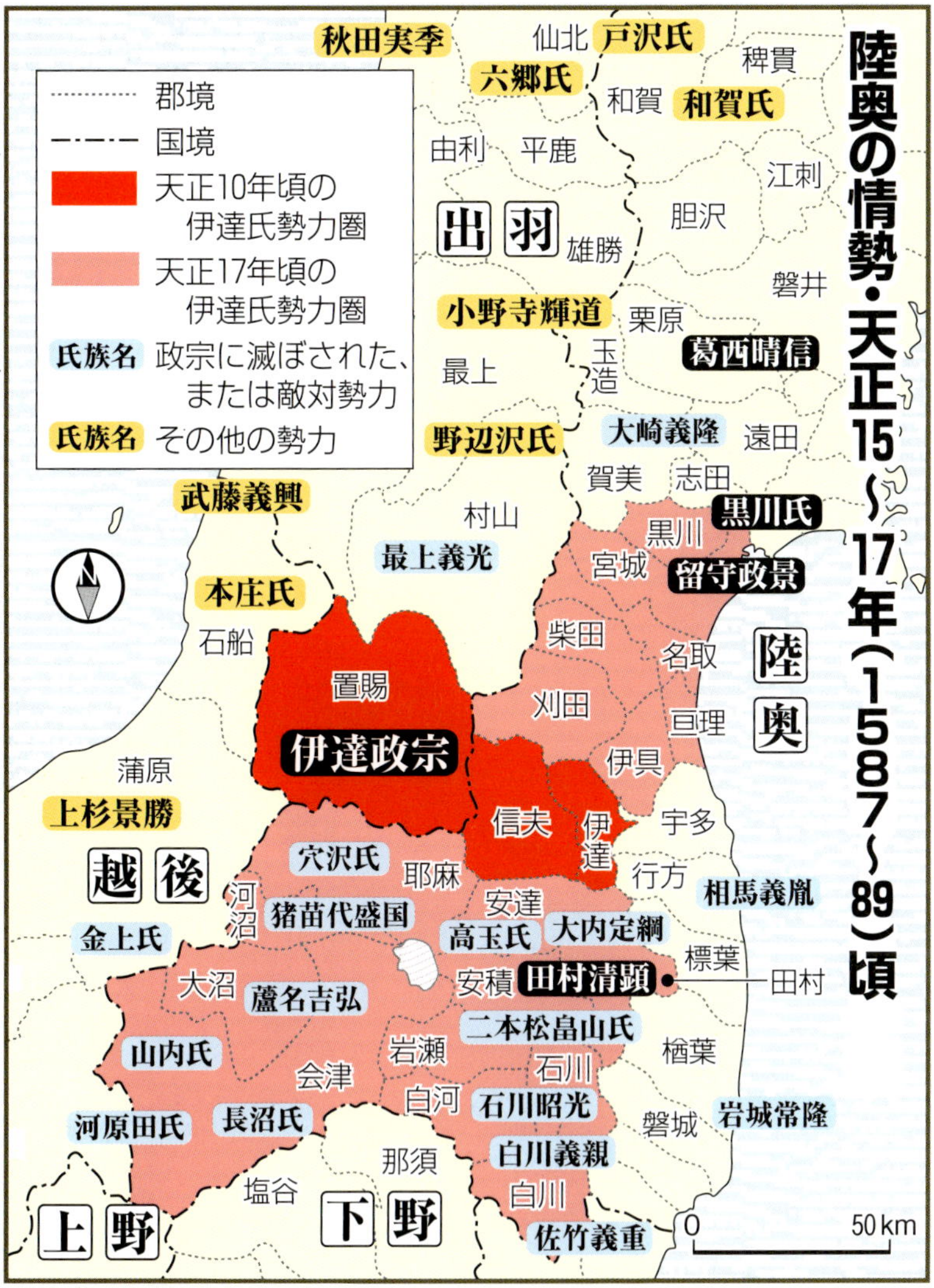

陸奥の情勢・天正15～17年(1587～89)頃

次《じ》大規模化した。輝宗は対話と圧力を組み合わせた外交に辣腕《らつわん》を発揮、巧みに軸足を移すことで晴宗期に再建された軍事資産の濫費《らんぴ》を回避しつつ、周辺の敵性大名に対する優位を確立した。

とくに相馬家との軍事バランスは劇的に変化し、天正十年から翌十一年にかけて反復された攻勢により、輝宗はついに相馬家に押領《おうりょう》されていた伊具郡北部を奪回、晴宗以来の宿敵相馬家を守勢に追い込むことに成功した。

こうした一連の改革は、天正十二年に家督を相続した十七代政宗にも引き継がれた。

天正十三年に輝宗が横死《おうし》すると、政宗は二本松畠山家への報復攻撃を開始、佐竹家と南奥の諸領主からなる後詰《ごづめ》勢を撃退して、翌十四年に二本松家を滅ぼした。天正十六年の大崎合戦では投入した軍勢が敗退したものの、機動的な兵力運用で局所優勢を確立、翌十七年の摺上原《すりあげはら》合戦で蘆名勢に大勝して会津と須《す》賀《が》川を制圧し、白河《しらかわ》結城、石川、岩城の三家を相次いで屈服させ、足掛け五年で勢力圏を陸奥南半国のほぼ全域に拡大した。

その後は、外交的な判断ミスで度々窮地《きゅうち》に陥りながらも、独特のパフォーマンスと機転でその都度《つど》乗り切り、奥羽最大の大名として存続することに成功した。

北越に君臨した“軍神”の眷属と内憂

●文＝河合秀郎

戦国の名門大名11家

002. 上杉家

ILLUSTRATION／諏訪原寛幸

上杉謙信 KENSHIN UESUGI

享禄三年（一五三〇）～天正六年（一五七八）。幼名・虎千代、元服して景虎、政虎、輝虎と改名。天文十七年（一五四八）、兄と争い家督を相続。天正元年（一五七三）、越中を平定し、翌天正二年（一五七四）、謙信を名乗る。脳溢血にて死去。享年五十。

002.上杉家

義将伝説の虚構

関東管領《かんれいやまのうち》山内上杉家の最も血の濃い分家として、戦国時代前半まで山内、扇谷《おうぎがやつ》の両家に次ぐ強大な軍事力を保持していた越《えち》後《ご》守護家は、天文《てんぶん》十九年（一五五〇）、守護代府中長尾家当主の弾正少弼《だんじょうのしょうひつ》景虎《かげとら》、のちの謙信《けんしん》に国主の座を禅譲《ぜんじょう》し、断絶した。

そして永禄《えいろく》四年（一五六一）、山内上杉憲政《のりまさ》が謙信に家督を譲り、今日一般に越後上杉家と呼ばれている家系が誕生した。

家督継承とともに関東管領に就任した謙信は、このような経緯ゆえに、一般に旧権威の守護者とみなされている。しかし、そうした見方は、必ずしも正しいわけではない。

確かに謙信は、朝廷や幕府との関係を深めることで*綸旨《りんじ》や御《ご》内書《ないしょ》を授けられ、山内家継承と関東管領就任についても事前に幕府の承認を取り付けている。

また、山内家継承時に憲政の*偏諱《へんき》を受けて諱《いみな》を政虎《まさとら》と改め、その年の暮れには十三代将軍足利義輝《よしてる》の偏諱を賜《たまわ》って輝虎《てるとら》と名乗ってもいる。

しかし、そうした旧権威の尊重は、守護代家が守護や関東管領の政治的権威に対抗し、実質的な国主の体裁を整えるための手段でしかなかった。謙信個人の性格や趣味以前の問題だったのである。

また、謙信は国内統一を一応完了した直後から、周辺勢力の求めに応じて支援行動を繰り返しているが、これらも見返りなしに行っていたわけではない。

天文二十二年（一五五三）に始まった北信濃《きたしなの》国衆の旧領還住《かんじゅう》支援は、そのうちの高梨《たかなし》家が謙信の祖母の実家という関係にあり、しかも信越国境の安全保障という大きな見返りが期待できた。

永禄三年（一五六〇）春の越《えっ》中《ちゅう》椎名《しいな》一族の加勢などは、そもそも府中長尾家が越中新川《しんかわ》郡の守護代であり、椎名家がその又

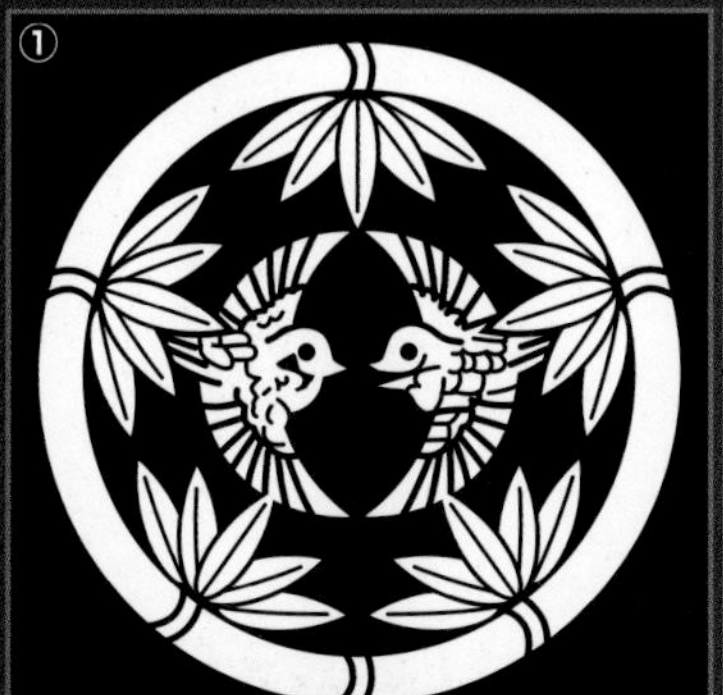

上杉家の紋

関東管領上杉家は藤原北家・勧修寺《かじゅうじ》家の一族であることから、勧修寺流の竹に雀紋を用いていた。上杉家の「竹に飛び雀」は現在、上杉笹と呼ばれる③の形状で知られているが、室町時代中期頃は①のように葉の数が多く、写実的に描かれていた。簡略化が進んだ②を経てデザイン的に洗練された③に落ち着いたのは早くとも江戸初期ではないかと推測する。なお、家紋においては竹と笹は同義として扱われているので、呼称に竹と笹が混在していても誤りではない。④五七桐と⑤十六葉菊は謙信の代に使用が認められたもので、五七桐については他家の桐紋と混同しないよう細部を変更しており、特に上杉桐と呼ばれる。⑥九曜巴は上杉家の紋ではなく長尾家の紋であるが、謙信および景勝が長尾姓時代に使用していた紋として紹介してある。

（文・家紋作成／大野信長）

＊綸旨＝蔵人（くらんど）が天皇の言を奉じて出す、奉書形式の文書。御内書＝将軍及びそれに準ずる武家が内々に出す公的文書。
＊偏諱＝貴人や親の名が２字のとき、一方の文字を憚（はばか）って使わないこと。使用を許されたり、与えられることは名誉とされた。

[redacted]

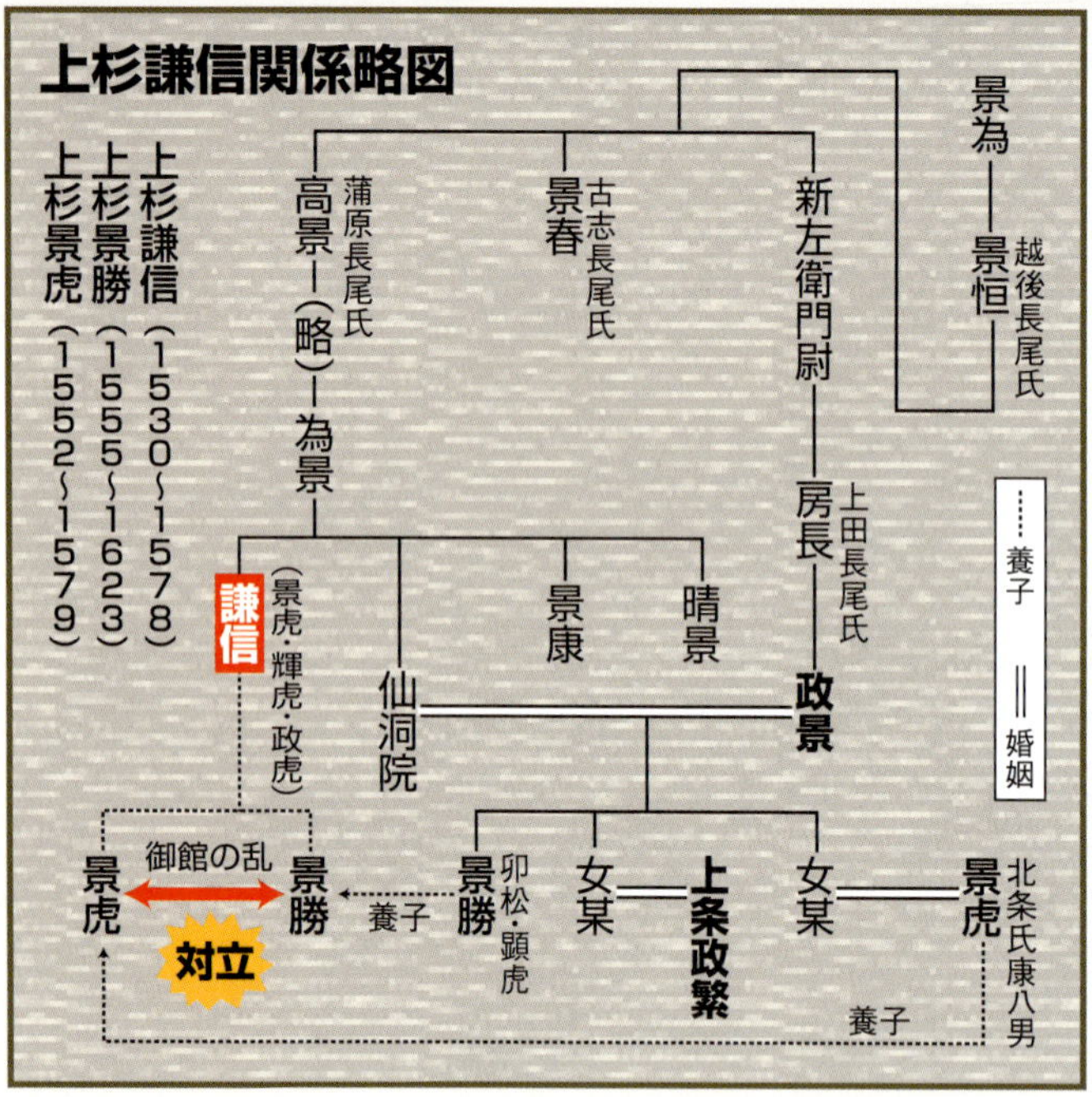

守護代（守護代の代理。又代《まただい》とも）という関係であるため、自領防衛以外のなにものでもなかった。同年秋の山内上杉家の関東支配回復にしても、謙信が同家を継ぐ予定である以上、やはり自領の回復でしかない。

永禄九年には、追放された能《の》登《と》守護畠山匠作家《はたけやましょうさく》当主の帰国支援が始まるが、同家は長尾家を新川郡守護代に任じた越中守護家の分家であり、ここにもしっかりと利害が絡んでいる。

永禄三年以降の謙信は、二正面以上での作戦を並行処理せねばならず、それが占領地支配の時間的余裕を奪ったことは間違いないが、そうした状況を生み出した最大の原因は謙信自身が戦域を拡大し続けたこと自体にあった。

したがって、分国化の失敗も義のためや無欲のためではなく、純粋に軍事戦略の誤りによるものだったと考えるしかないのである。

軍管区制の功罪と景勝政権

もっとも、謙信も自ら招いた多正面作戦の愚《ぐ》を自覚していなかったわけではなく、関東、北陸、信濃、出羽の四方面管区に作戦正面を分割し、旗本管区の越後との組み合わせで軍役を賦《ふ》課《か》していたと考えられる。

天正《てんしょう》三年（一五七五）二月十六日作成の「上杉家軍役帳《ぐんやく》」は越後衆ばかりで他国衆や関東管領被官を含まず、天正五年十二月二十三日の奥書《おくがき》をもつ「上杉家家中名字尽《みょうじづくし》」でも信濃衆や元《げん》亀《き》元年（一五七〇）頃から出羽大宝寺《だいほうじ》武藤家の取次を務めた本《ほん》庄越前守繁長《じょうえちぜんのかみしげなが》の名が見えないからである。

しかし、越後国主と関東管領の微妙で曖昧な役割分担を象徴するこの動員体制は、あくまでも謙信が両者を兼ねることを前提にしていた。謙信が後北条家から養子に迎えた三郎景虎《かげとら》に関東管領を譲り、甥で府中長尾家継嗣《けいし》の弾正少弼《だんじょうしょうひつ》景勝《かげかつ》に越後国主を譲るつもりであったことは、両者の待遇から見てほぼ間違いないが、動員体制に象徴される上杉家臣団の組織構造は、そうした二重政権の共存をまったく想定していなかった。

それゆえ、謙信が天正六年三月十三日に死去すると、上杉家臣団は、関東軍役衆と上杉家一門などが景虎を、北陸、信濃、出羽の軍役衆と越後衆の大半が景勝を担いで分裂、内戦状態に突入した。いわゆる御館《おたて》の乱の勃発である。

謙信の死から二日後の十五日、景勝は春日山《かすがやま》を占拠して遺産およそ三万両を押収、二十四日には謙信の後継者たることを内外に宣したが、景虎も管領府である御館に軍勢を集めたため、春日山城下から府内にかけて激戦が繰り返された。

景勝は一年後の三月十七日に御館を攻略、逃亡した景虎を追い詰めて自害させ、狭義《きょうぎ》にいう御館の乱は終結するが、その後も栃尾《とちお》、三条、北条《きたじょう》で景虎派残党の抵抗が続き、天正九年二月になってようやく越後全土の制圧を完了している。

　この間、景勝は謙信の側近や一門衆を軸に、中城様《ちゅうじょう》時代からの側近団である旧上田衆や、乱の序盤から景勝方に与《くみ》した国衆《くにしゅう》を新規に登用して、自身の執政《しっせい》府《ふ》を開設していた。大雑把《おおざっぱ》に分ければ、樋口与六《よろく》（直江《なおえ》山城守《やましろのかみ》兼続《かねつぐ》）に代表される上田衆が身辺警護と秘書業務、直江与《よ》兵衛《ひょうえの》尉《じょう》信綱《のぶつな》に代表される馬廻年寄《うままわりとしより》分《ぶん》之《の》衆《しゅう》が内務行政全般、上条《じょうじょう》宜順《ぎじゅん》斎《さい》に代表される一門衆が対外戦略補佐と外交、安田掃部助《かもんのすけ》顕元《あきもと》らからなる譜代国衆が家中の取次の役割を担うことになったのである。

　もっとも、後北条勢を上越国境まで押し戻すのが精一杯だったため、関東の諸城砦《じょうさい》は放棄されて武田家に吸収され、北陸では織田家の攻勢が始まり、景勝政権は乱の終息後も各地で苦戦を強いられた。

　執政府の陣容も、天正九年から同十五年までの豊臣政権に屈服する過程でさらに入れ替わり、最終的には譜代、外様《とざま》、他国の区別なく人材を登用する形に変化している。

　そして、慶長《けいちょう》三年（一五九八）一月十日、景勝は会津《あいづ》一二〇万余石への加増転封《てんぽう》となり、執政府の要職にある者は、直江兼続の米沢《よねざわ》六万余石を筆頭に、新参衆を含む計十一人が万石取りとなった。

　しかし、この新体制は長くは続かなかった。慶長五年、徳川家康による会津征伐《せいばつ》が発端となって、豊臣諸侯は東西両陣営に分かれて各地で激突、関ヶ原の戦いで家康率いる東軍主力が大勝し、景勝は一転して米沢三〇万余石に減封される。

　以後、執政府は歳出削減と対幕府交渉に神経をすり減らしながら、幕末まで財政難に苦しみ続けることになる。

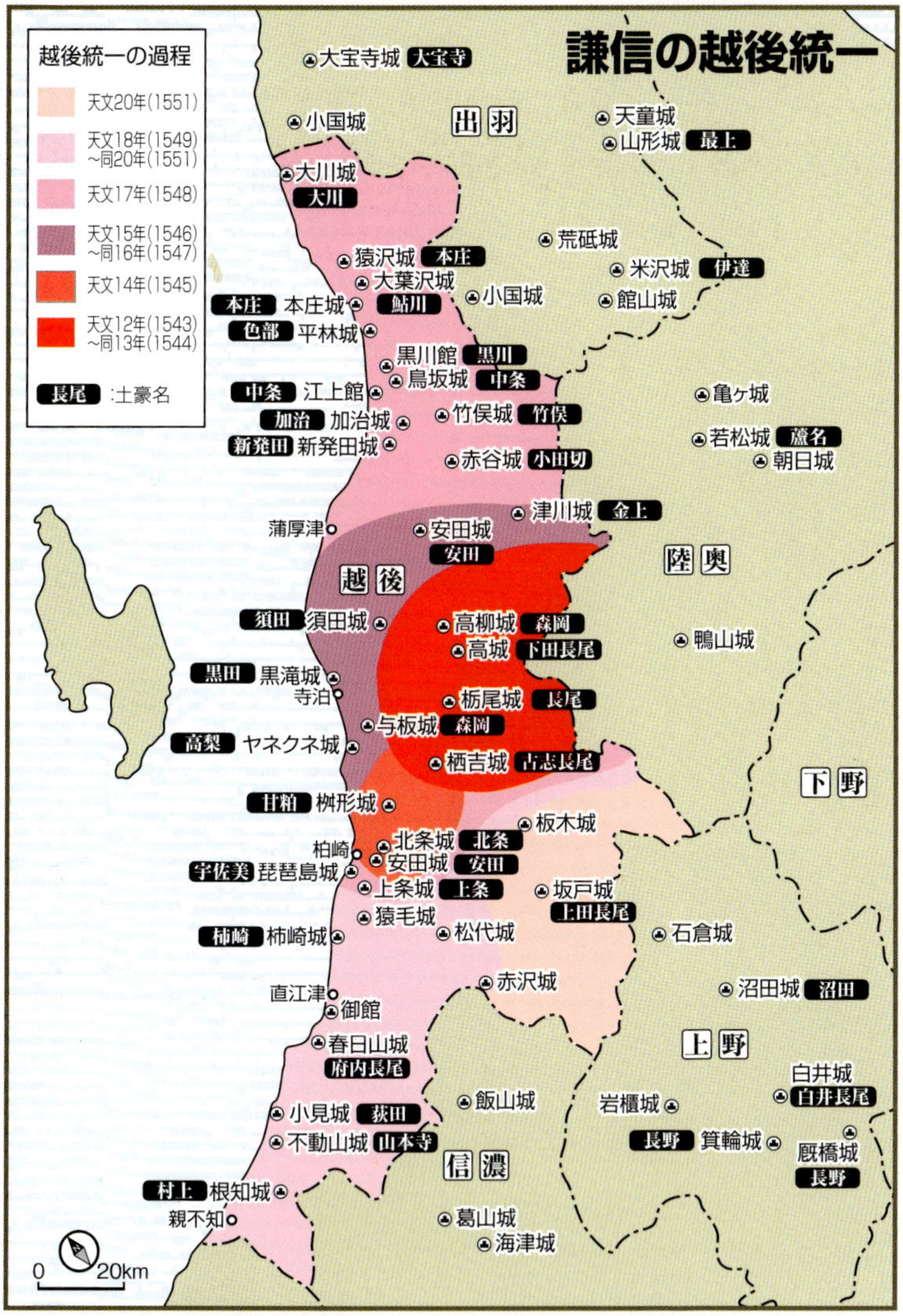

苦心の末、越後を平定した謙信は、しかしその後も多方面作戦を余儀なくされる。のち導入した国内動員システムは、謙信にしか統制できないものだった。

最大120万石を領有した甲斐源氏の名族

●文＝平山　優

003. 武田家

ILLUSTRATION／諏訪原寛幸

武田信玄 SHINGEN TAKEDA

大永元年（一五二一）～元亀四年（一五七三）。幼名・太郎、元服して晴信。出家して信玄。天文十年（一五四一）、父・信虎を駿河に追放し自立。元亀三年（一五七二）、三方ヶ原で家康を撃破して三河に入るも、翌四年、病気療養のための帰途、駒場にて死去。享年五十二。

003.武田家

戦国武田三代は、中部地方を中心に強大な領国を形成し、西は近畿地方、東は関東一円、北は北陸地方の戦国争乱に大きな影響を与えた。その盛衰を、かいつまんで紹介しよう。

信虎――甲斐統一戦

戦国武田三代は、武田信虎《のぶとら》をもって初代とするのが通例である。信虎は、父祖が引き起こした骨肉《こつにく》の内戦が、解決の目途《めど》のたたぬまま続くただ中の永正《えいしょう》四年（一五〇七）に家督を相続した。

それ以前の甲斐《かい》は、傾きかけた武田氏を見事に立て直した中興の人物信昌《のぶまさ》が、二人の息子信縄《のぶつな》（信虎の父）・信恵《のぶよし》のうち、信恵を寵愛し、彼に家督を譲ろうとしており、そのため、惣領《そうりょう》信縄がクーデターを起こし、信昌・信恵派と信縄派（惣領派）との国を二分した内戦に突入していた。

この争乱は、決着がつかぬまま、明応《めいおう》七年（一四九八）に一時和睦したが、余燼《よじん》はくすぶり続けていた。やがて、当事者の信昌が永正二年（一五〇五）に、信縄がその翌年に相次いで死去したことから、信恵が家督を継いだばかりの信虎に対抗し、内戦が再発した（永正五年・一五〇八）。

信虎はこの挑戦を退け、叔父信恵を敗死させたが、これが天文《てんぶん》元年（一五三二）に内戦を終息させるまでの二十五年間にも及ぶ、甲斐統一戦の幕開けとなった。

信虎は、栗原・大井・穴山《あなやま》・小山田《おやまだ》・今井氏らの甲斐国衆《くにしゅう》や、これらと結んで甲斐に侵攻してきた、信濃《しなの》国衆諏訪《すわ》・大井氏、駿河《するが》今川氏、相模《さがみ》北条氏らと戦い、遂に甲斐統一をなしとげる。永正《えいしょう》十六年（一五一九）には、新たな本拠地甲府の建設をも行った。

信虎は国内統一と、駿河今川氏・信濃諏訪氏との同盟を成立させ、関東の上杉氏とも友好を

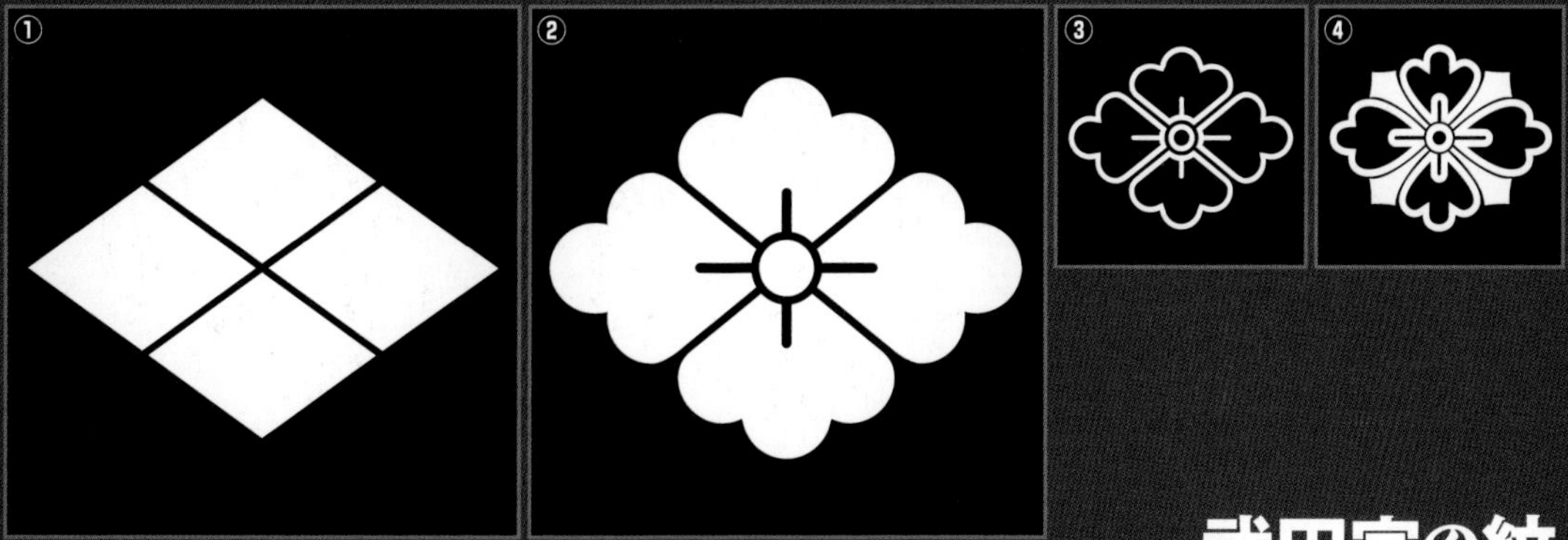

武田家の紋

武田家の紋といえば①武田菱《びし》と②花菱が挙げられる。武具など戦場で用いる紋が武田菱で、衣服や調度品など平時に用いるのが花菱という説もあるが、必ずしもそうではないようだ。本紋・替紋のような順位付けもなく、「同等のもの」として扱われていたように感じられる。 武田菱は菱形を線で区切って４つの小さな菱形を作る、いわゆる「割菱《わりびし》」で、通常の割菱紋に比べて中央で交わる線が細く描かれる傾向があるものの、同じ紋と捉えてよいのだろう。信玄の肖像画には③陰花菱《かげはなびし》、勝頼の肖像画には④陰剣花菱《かげけんはなびし》の紋が見えるが、これらもまとめて「菱《ひし》」という位置づけだったのではないか。戦国期の武家は足利氏や有力な公家と同じ紋を推し戴いたが、武田家は例外的に伝統の菱紋のみを用いた。それは自らの血統に対する強い誇りの証《あかし》だったように思えてならない。

（文・家紋作成／大野信長）

[redacted]

清和源氏の新羅三郎（しんらさぶろう）の三男義清（よしきよ）が武田郷に住んだのが武田氏の起こりで、鎌倉時代には甲斐守護となった。天文元年（1532）ころ、信虎による甲斐統一がなる。

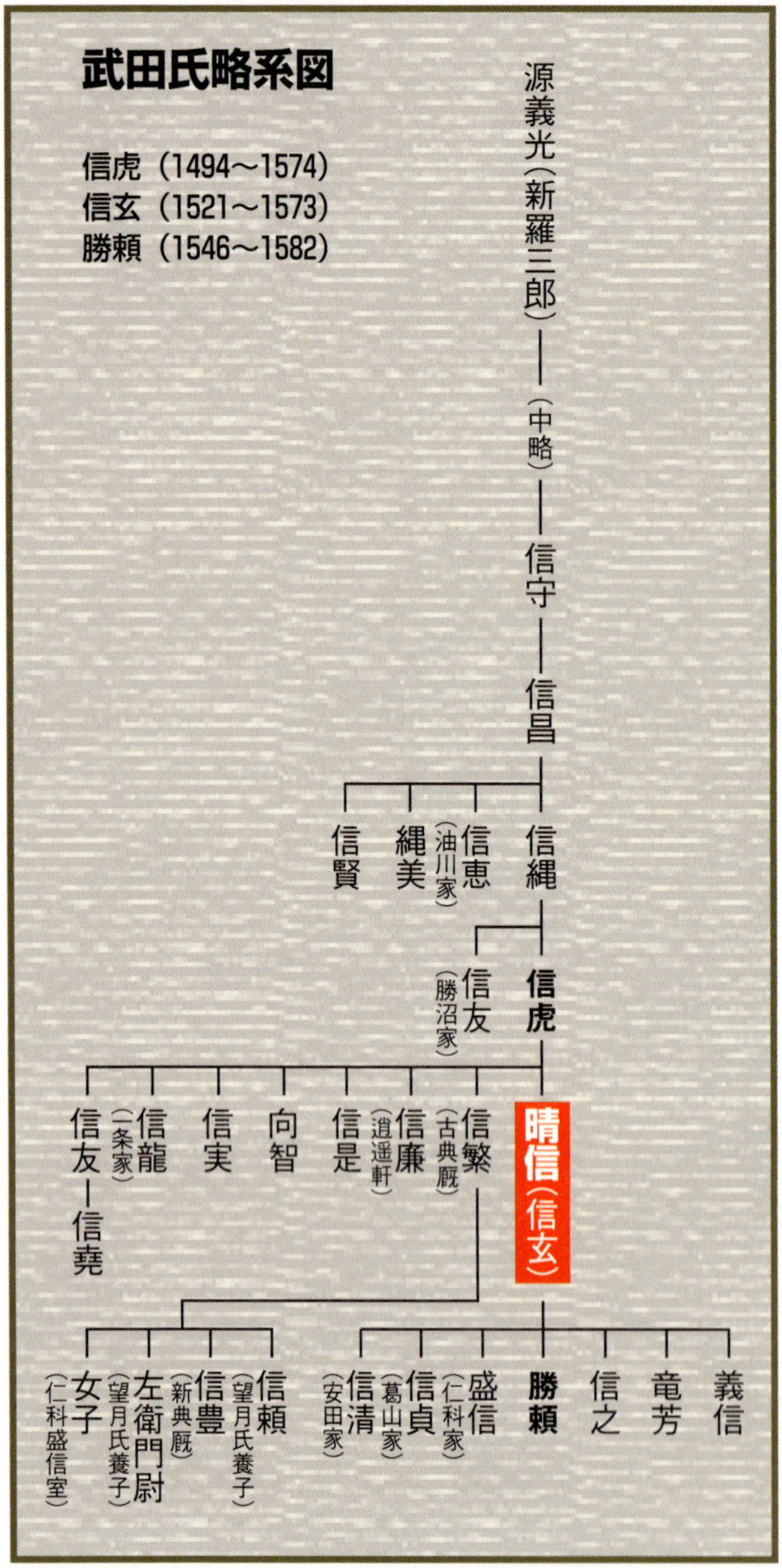

結んだ。一方で、北条氏や信濃大井・海野氏らを攻め、天文九年（一五四〇）には領国を信濃国佐《さ》久《く》郡にまで拡大させた。だが、天文十年（一五四一）六月、息子晴信《はるのぶ》（信玄）により、駿河に追放された。

信玄――越相駿と対峙

父を追放して家督を相続した信玄は、翌天文十一年（一五四二）より信濃侵攻を本格化させる。諏訪・大井・高遠《たかとお》・仁科《にしな》・小笠原・知久《ちく》・木曽《きそ》・村上氏などを破り、これらを滅亡・追放・従属させ、永禄《えいろく》七年（一五六四）までに信濃国をほぼ統一した。

だが、信玄の勢力が北信濃に及んだことから、越後《えちご》上杉謙信の介入を招くことになる。両者は川中島地方を舞台に、天文二十二年（一五五三）から永禄七年（一五六四）までの十二年間に及ぶ川中島の戦いを繰り広げた。

信玄は、戦局を有利に進めるべく、今川・北条氏と三国同盟を成立させたほか、会津蘆名《あいづあしな》氏、越中一向一揆《えっちゅういっこういっき》などと結び、謙信と戦った。

また、永禄十一年（一五六八）には、弱体化した駿河今川氏を攻撃する南進政策に踏み切り、北条氏と断交。佐竹・結城《ゆうき》・宇都宮氏ら北関東の諸大名や、織田信長・徳川家康と結んで、今川・北条戦を実施した。

元亀《げんき》二年（一五七一）に、駿河制圧を完了すると、北条氏との同盟を復活させ、織田信長・徳川家康を主敵とする、信長包囲網を実現させた。だが、信玄はそれを有効に機能させることなく元亀四年に病没した。

勝頼――包囲網の誤算

天正元年（一五七三）に家督を相続した勝頼《かつより》は、父信玄の路

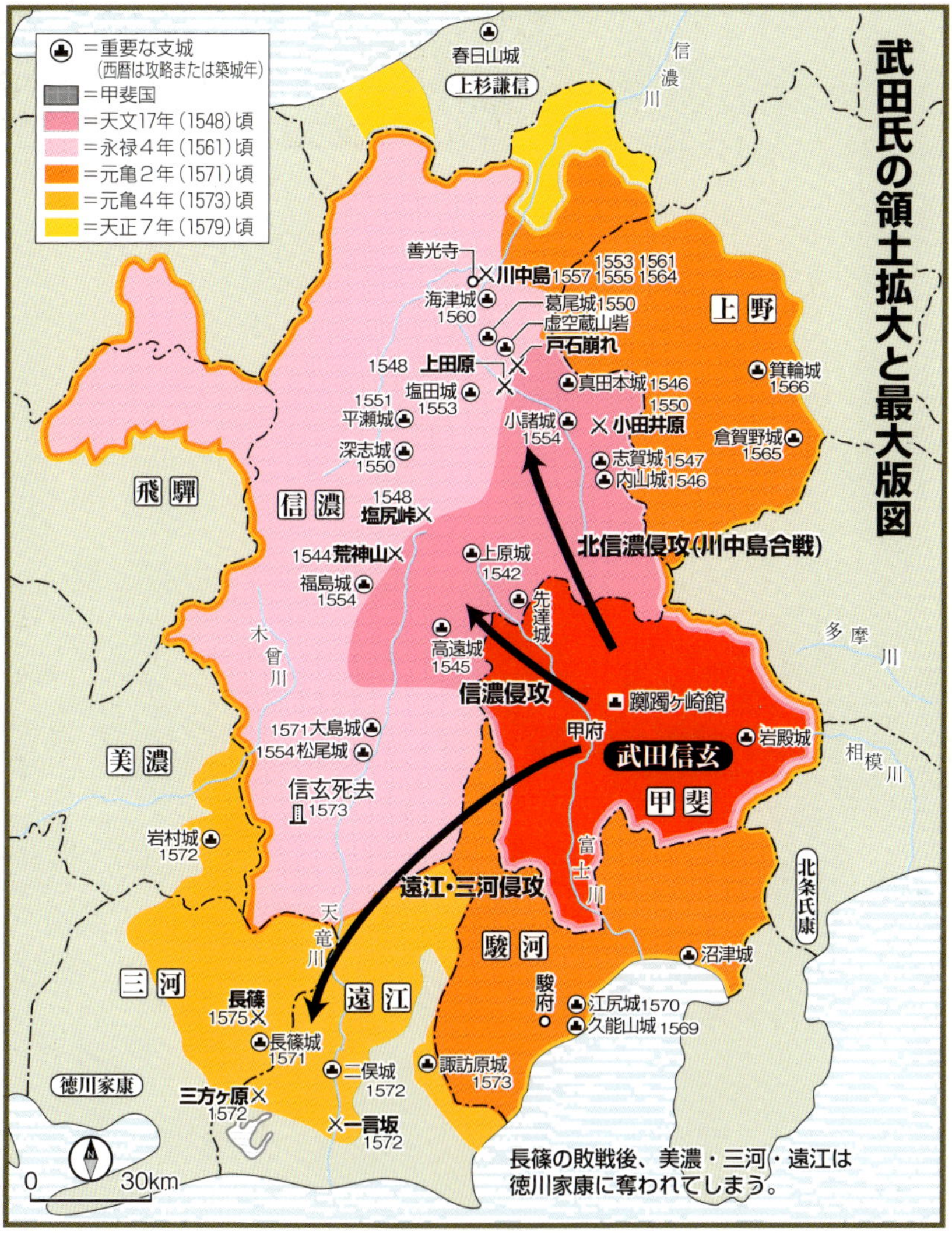

信虎の代で甲斐一国を統一した後、信玄・勝頼は周辺各国と合従連衡を繰り返し版図を拡大していったが、長篠の敗戦後はその拡大は停滞した。

線を継承。同三年までは織田・徳川戦を有利に進めていたが、同年五月の長篠《ながしの》合戦で大敗を喫した。そのため、武田氏の西進は完全に停滞した。

その後、勝頼は織田・徳川氏の攻勢を凌いでいたが、天正六年（一五七八）に勃発した御館《おたて》の乱に際して、上杉景勝《かげかつ》と同盟を締結したことから、北条氏との断交を招いた。

そのため、勝頼は北関東の諸大名と同盟を結び、北条包囲網を形成する。しかし、織田・徳川・北条三氏による逆包囲を受け、次第に勢力を殺《そ》がれ、天正十年（一五八二）三月、三氏の一斉攻撃を受け、甲斐天目山《てんもくざん》の戦いで滅亡した。

003.武田家

最大120万石を領有した甲斐源氏の名族

“下剋上”を体現しわずか五代で関東を制覇

●文＝黒田基樹

004. 北条家

ILLUSTRATION／諏訪原寛幸

北条早雲 SOUUN HOUJOU

康正二年（一四五六）～永正十六年（一五一九）。伊勢新九郎盛時。出家して早雲庵宗瑞。明応二年（一四九三）に堀越公方・足利氏を滅ぼして伊豆を、永正十三年（一五一六）には相模を手中に収める。永正十五年（一五一八）、家督を氏綱に譲る。享年八十八。

004. 北条家

伊豆堀越公方を攻略

相模《さがみ》小田原（神奈川県小田原市）を本拠にした戦国大名。小田原北条氏とも称される。鎌倉時代の鎌倉幕府執権北条氏と区別するため、近代以降、後北条氏とも呼ばれている。

初代伊勢《いせ》宗瑞《そうずい》（盛時、いわゆる北条早雲《そううん》）は、室町幕府奉公衆備中《びっちゅう》伊勢氏の出身で、伊勢盛《もり》定《さだ》の次男。以後、氏綱《うじつな》・氏康《うじやす》・氏政《うじまさ》・氏直《うじなお》の五代にわたり、関東最大の戦国大名として展開し、最終的には、伊豆・相模・武蔵《むさし》の全域、上野《こうずけ》・下総《しもうさ》の大半、上《かず》総《さ》・下野《しもつけ》の半分、常陸の一部にまでわたる領国を形成した。

初代宗瑞は、長享《ちょうきょう》元年（一四八七）に、姉北川《きたがわ》殿の子駿河今川氏親《うじちか》の家督継承のクーデターのため駿河に下り、以後は今川氏御一家となる。明応《めいおう》二年（一四九三）から堀越《ほりこし》公方《くぼう》足利氏の領国伊豆に侵攻し、韮山《にらやま》城を拠点とした。同七年に同氏を滅ぼして、伊豆を領国とする。以後、独立した戦国大名として展開していく。

文亀《ぶんき》元年（一五〇一）までに相模西郡の国衆《くにしゅう》大森氏を没落させ、その本拠小田原城を攻略する。その後、同城は相模支配の拠点となる。

永正《えいしょう》六年（一五〇九）から相模・武蔵に侵攻し、扇谷《おうぎがやつ》上杉氏・山内《やまのうち》上杉氏領国の経略をすすめた。同十三年に扇谷上杉氏方で相模最大の国衆三浦氏を滅ぼし、相模一国の経略を遂げる。

続いて上総に侵攻している。同十五年の下総小弓《おゆみ》公方足利氏の成立を契機にして、家督を嫡子氏綱に譲って隠居。同時に、扇谷上杉氏とも同盟を結んでいる。

二代氏綱は、家督相続前から小田原城に在城していたらしく、家督を継いだ後もそのまま同城を本拠にした。大永《たいえい》三年（一五二三）に名字を伊勢氏から北条氏に改称し、関東政治秩序のなかに自らを位置づけている。

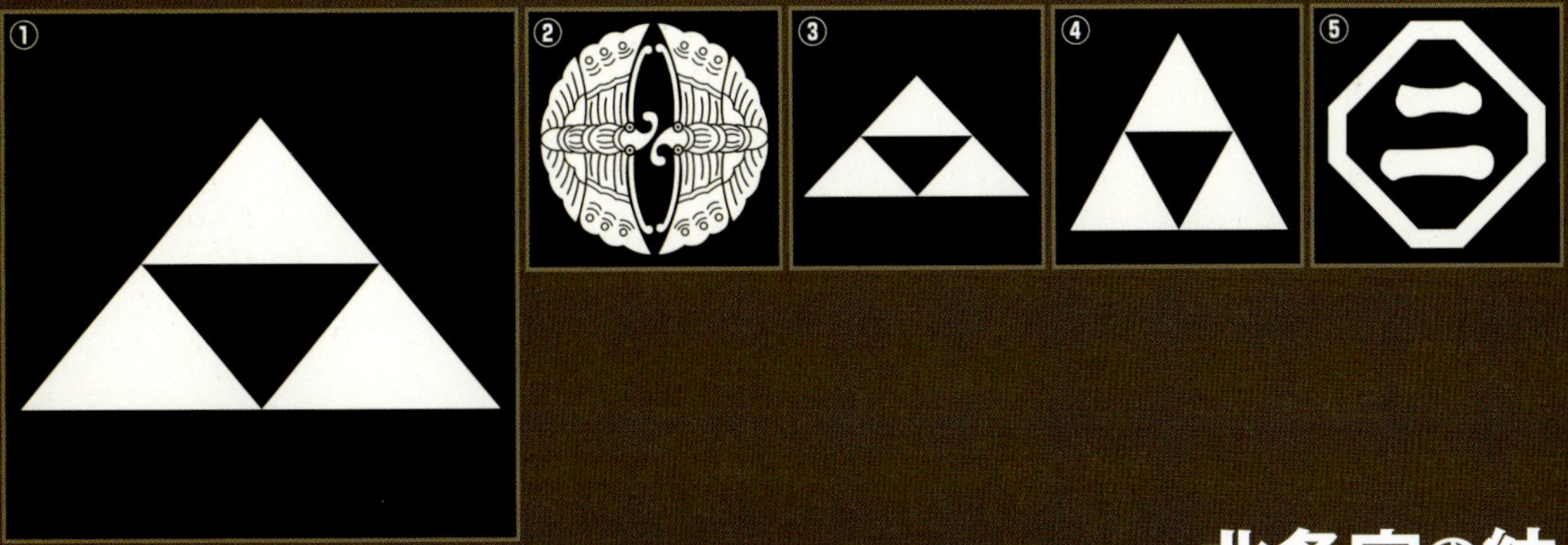

北条家の紋

早雲に始まる後北条家は、鎌倉北条家に倣《なら》い三角形を重ねた三つ鱗《うろこ》紋を用いた。江戸時代の記録によれば、天地に潰れた形の③北条鱗と呼ばれる紋が北条家独自の紋という。だが戦国期の遺品を見ると、確かに正三角形④ではないものの、極端に扁平な二等辺三角形ではなく、①程度の形状である。②北条対《つが》い蝶は替紋で、通常の対い蝶紋と違い向かい合う蝶の口が互い違いになるなど独自のものである。伊勢氏の中に使用例があることから考えて、初代早雲が伊勢姓を名乗っていた時代の使用紋だったのだろう。折敷《おしき》に⑤二文字も替紋だが、戦国期に用いられていたかは定かでない。早雲は伊豆の三島《みしま》明神を信仰していたので　、同社の神紋「折敷に三文字」に因んだものかもしれない。（文・家紋作成／大野信長）

同四年から、扇谷上杉氏・山内上杉氏領国への本格的な侵攻を展開し、武蔵江戸城を攻略、江戸地域を経略する。このころから、小弓公方足利氏と敵対する古河《こが》公方足利氏に接近している。

天文《てんぶん》七年（一五三八）には、下総葛西《かさい》城を攻略して、下総にまで領国を広げた。同年の第一次下総国府台《こうのだい》合戦によって小弓公方足利氏を滅ぼし、その功績により古河公方足利氏から関東管領職に補任《ぶにん》される。

さらに同八年、娘芳春院《ほうしゅんいん》殿を公方足利晴氏《はるうじ》の正室とする婚約を成立させた。同九年に婚姻が成立すると、足利氏御一家に遇されて、関東において公方に次ぐ政治的地位を確立する。

また、これより前、天文元年から関東武家社会の守護神に当たる鎌倉鶴岡八幡宮《つるがおかはちまんぐう》をほぼ独力で修造を遂げている。

関東をめぐる抗争の果て

天文十年（一五四一）の氏綱の死去により、嫡子氏康が家督を継ぎ三代目となる。同十五年の武蔵河越《かわごえ》合戦で扇谷上杉氏を滅亡させ、同二十一年に山内上杉氏を越後《えちご》に追放した。その結果、永禄《えいろく》二年（一五五九）には上野一国を勢力下に収め、両上杉氏領国の併合を遂げる。

また、天文二十一年（一五五二）には妹芳春院殿所生《＊しょせい》の足利義氏《よしうじ》を古河公方の地位につけた。北条氏は、その外戚《がいせき》としての立場を確立し、関東の国衆に対して大きな影響力を発揮するようになる。一方、駿河今川氏・甲斐《かい》武田氏との三国同盟を成立させ、上杉氏支持勢力や敵対する房総里見《ぼうそうさとみ》氏への侵攻を強めていく。

永禄二年十二月、領国を襲った大飢饉《ききん》からの復興のため、代替りによる「世直し」を図り、氏康は嫡子氏政に家督を譲り、隠居する。しかし、以後においても最高実力者として君臨していた。

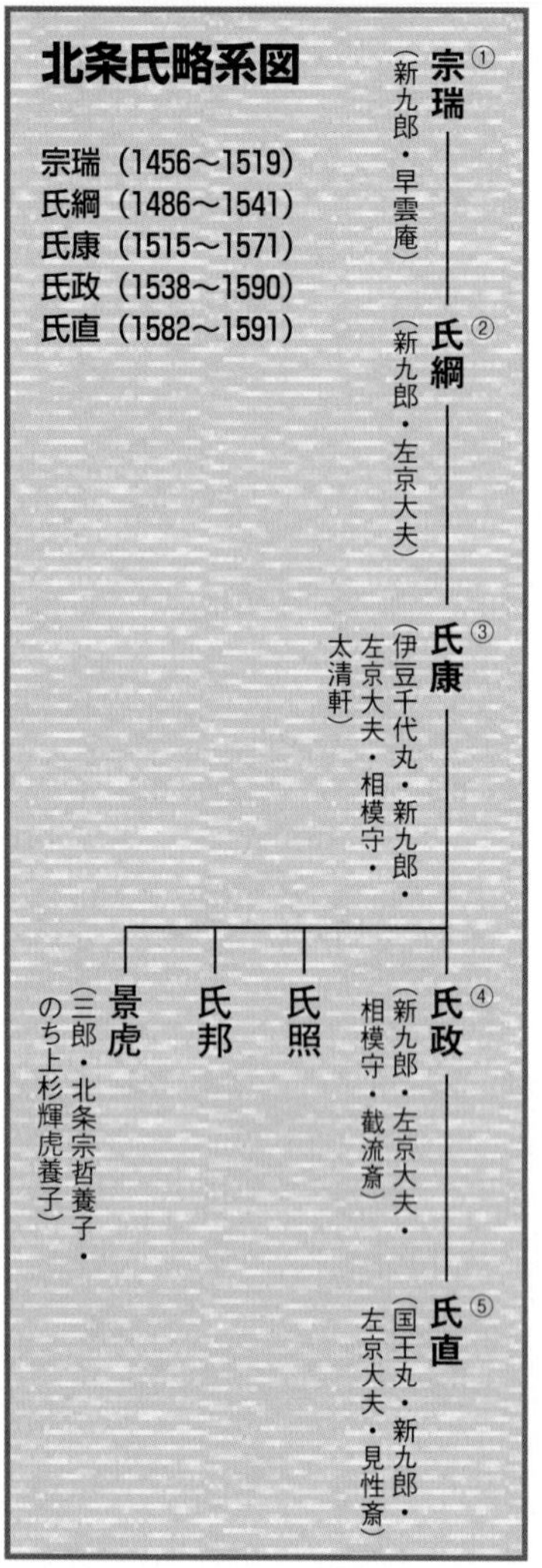

四代氏政の代になってすぐ、永禄三年九月から越後上杉謙信の関東侵攻がみられ、上杉氏と関東支配をめぐって抗争を展開していく。同十年には一応の決着をつけ、上杉氏の勢力を大きく後退させた。

一方、同十一年十二月に甲斐武田氏が駿河に侵攻して、三国同盟が崩壊する。氏政は、今川氏支援の立場をとって、武田氏と対戦していく。

そのため、同十二年から元亀《げんき》二年（一五七一）に上杉氏と同盟を結び、関東管領職や上野を割譲する。しかし、同年十月の氏康死去を契機に同盟を破棄。再び武田氏と同盟を結んだ。以後は、再び上杉氏と関東支配をめぐる抗争を展開する。

天正《てんしょう》二年（一五七四）に下総関宿《せきやど》城を攻略して、古河公方勢力を併合すると、上杉氏への優位は決定的となる。また、同五年には房総里見氏との和睦を成立させる。以後、常陸佐竹《ひたちさたけ》氏を盟主として「一統」した北関東

＊所生＝生んだ子のこと。

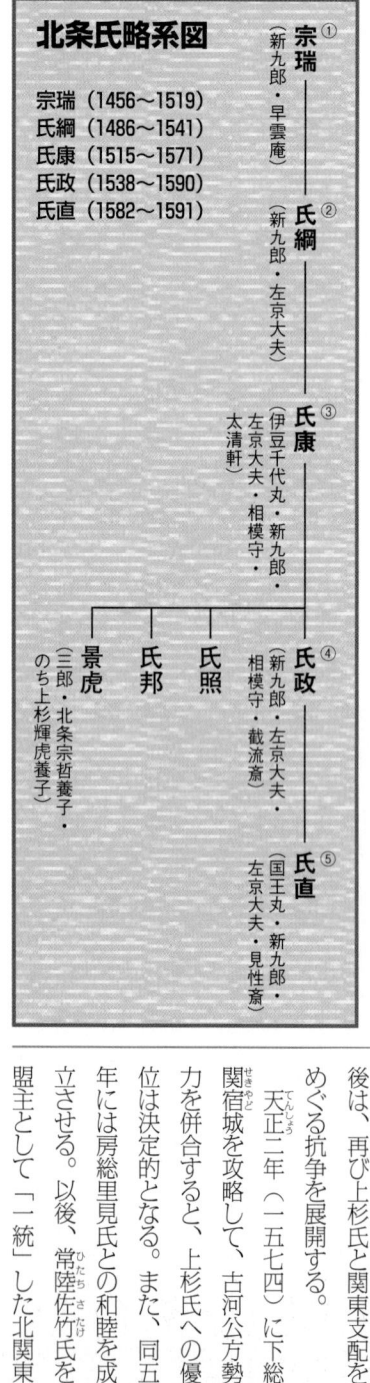

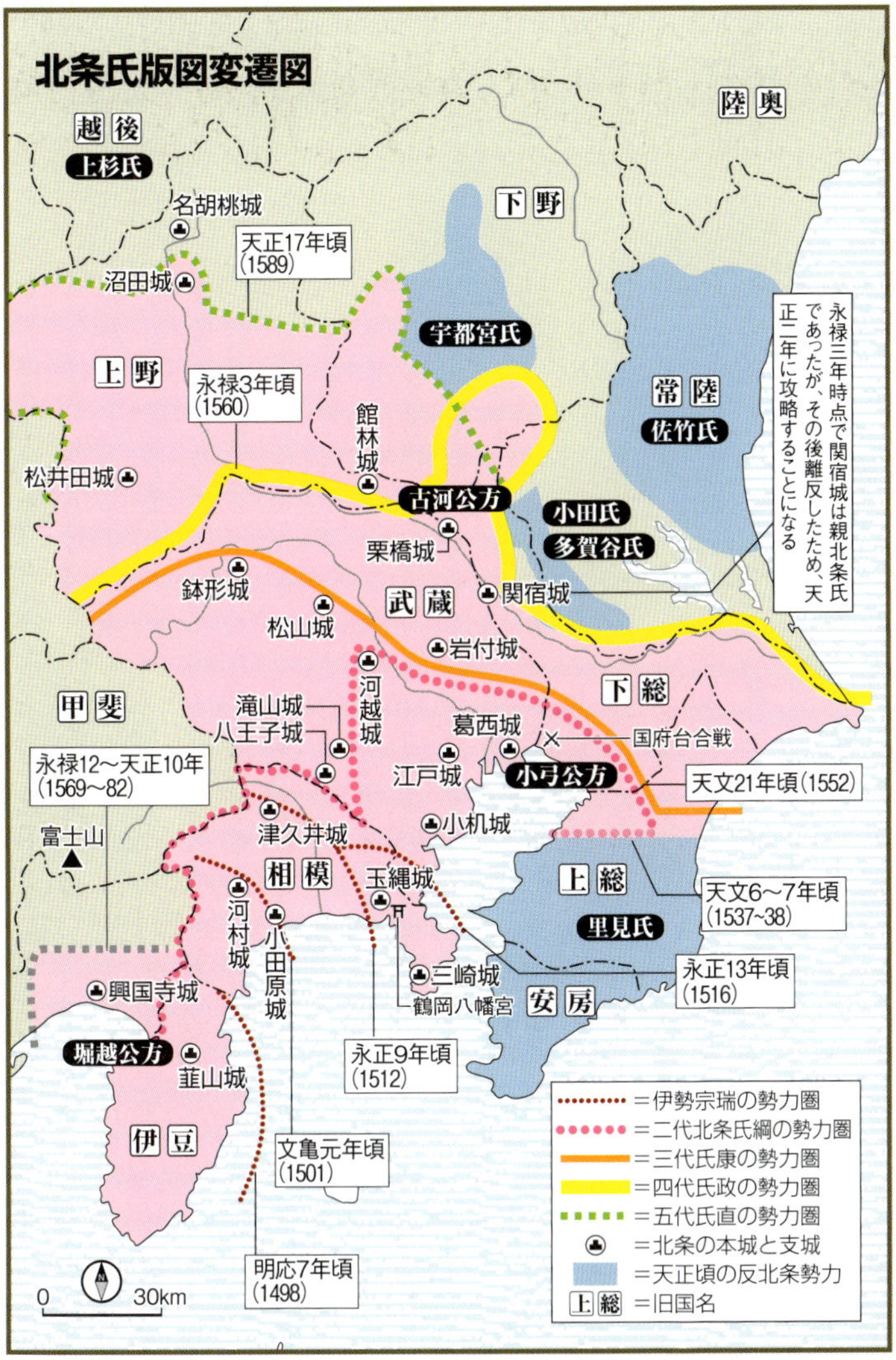

堀越公方の領国である伊豆に対し、伊勢宗瑞は明応２年（1493）侵攻を開始する。以後、相模西部の奪取により戦国大名化した北条氏は、五代にわたり関東を支配する大大名となる。

国衆との抗争を展開していく。

同六年、越後御館《たて》の乱が勃発し、それに介入していく中で上野の経略を進めた。そのため、武田氏と路線対立が生じ、同七年から武田氏との対戦が続く。一方、遠江《とおとうみ》徳川氏と同盟し、さらに徳川氏が従属する織田氏に接近していく。

同八年三月には、織田氏に従属を表明し、嫡子氏直を織田信長の娘婿にすることを計画。同年八月に氏直に家督を譲って隠居する。しかし、氏政も以後において最高実力者として君臨した。

天正十年に武田氏が滅亡し、続いて織田政権が崩壊する。五代氏直は、旧武田領国をめぐり徳川氏と対戦するが、同年中に同盟を成立させる。氏直は以後、上野の領国化を進めていき、同十三年には真田氏の沼田《ぬまた》領を除き、国衆すべてを服属させている。

その後は、下野国衆の服属を進めていく。同十五年から中央政権羽柴《はしば》氏と対決する情勢となるが、翌年には服属を表明する。同十七年に羽柴氏の裁定により真田氏から沼田領を割譲されるが、直後の沼田城主猪俣邦憲《いのまたくにのり》による名胡桃《*なぐるみ》城奪取事件を契機に関係が決裂する。

翌十八年三月、羽柴氏から侵攻を受け、小田原城での籠城戦の末に七月五日に降伏。領国を没収され北条氏は滅亡した。

004. 北条家 “下剋上”を体現しわずか五代で関東を制覇

＊名胡桃城奪取事件＝羽柴秀吉の調停で真田氏の領地となっていた名胡桃城を、猪俣邦憲が奪ったことによって秀吉の怒りを買い、小田原征伐のきっかけとなった事件。

東海に覇を唱えた名家

●文＝小和田哲男

戦国の名門大名11家

005. 今川家

ILLUSTRATION／諏訪原寛幸

今川義元 YOSHIMOTO IMAGAWA

永正十六年（一五一九）～永禄三年（一五六〇）。幼名・芳菊丸。「海道一の弓取り」の異名をもつ。幼少時に仏門に入るも、天文五年（一五三六）、兄の死により家督を相続。永禄三年、桶狭間で信長に敗れて討死に。享年四十二。

005.今川家

将軍家に連なる家柄

今川氏は足利家からの分かれである。足利から吉良《きら》が分かれ、吉良から今川が分かれている。三河《みかわ》国今川荘（愛知県西尾市今川町）の三か村の領主にすぎなかった今川氏が急成長をとげたのは、*元弘《げんこう》・建武《けんむ》の争乱の時であった。今川頼国《よりくに》・範満《のりみつ》・頼周《よりちか》・範国《のりくに》の四人の兄弟が足利尊氏《たかうじ》に従って各地で戦功をあげながら、末弟範国以外の三人が戦死してしまうという犠牲を払っていたのである。尊氏は、ただ一人生き残った範国に、兄たちの恩賞の分もあわせ、駿河《するが》・遠江《とおとうみ》二か国の守護職を与えている。

のち、遠江の方は斯波《しば》氏に取って代わられているが、駿河守護は世襲し、やがて守護大名へと発展した。範国から数えて七代目の氏親《うじちか》の時、遠江に進攻して領国に組み込み、さらに東三河の一部にも版図《はんと》を拡大しており、この氏親の時から戦国大名に転化したとされている。

それは、たんに軍事力によって国を広げただけでなく、分国法「今川仮名《かな》目録」を制定していたからである。室町幕府には全国法としての「建武式目《しきもく》」と「建武以来追加」があったが、氏親は、自分の領国にだけ通用する戦国家法を制定した。幕府あっての守護ではなく、幕府から独立した戦国大名としての宣言でもあったといえる。

さらに氏親の時から領内に検《けん》地《ち》を施行《しこう》している。検地を行うことによって、それまでの土地制度の基本である荘園《しょうえん》制を否定し、氏親による一元的な土地支配がはじまったことになる。

氏親が大永《たいえい》六年（一五二六）六月二十三日に没したあと、子の氏輝《うじてる》が継いでいる。ところが、氏輝は十四歳という若さで、しかも病弱であった。政務を執《と》ることができず、すぐ、氏親の未亡人で、氏輝の母にあたる寿桂《じゅけい》尼《に》が氏輝に代わって政務を執ることになった。ふつうならば、

①
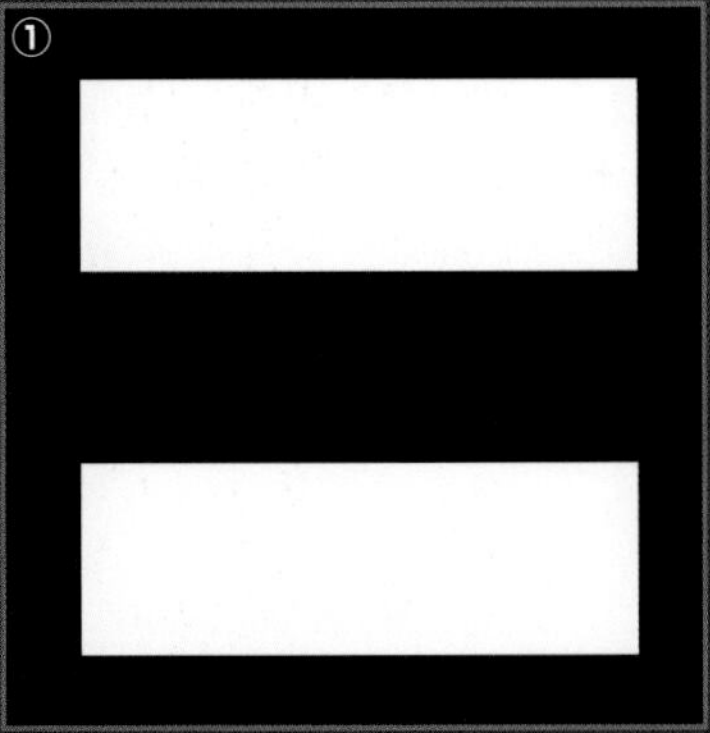

②

③

④

今川家の紋

足利氏の一門である今川家は足利氏と同じ①二引両《ふたつひきりょう》と②五七桐の紋を用いた。どちらが本紋というよりは、陣幕および旗の紋が二引両、衣服の紋が五七桐という区別があったようである。陣幕や旗に用いる引両は布地の左右いっぱいに2本の筋を引く形で使うので、本来は丸などの囲みがない。とは言え戦国当時の家紋には厳密な形状の規定があったわけではなく、使い勝手を重視して柔軟に描き分けられていた。衣服や什器《じゅうき》などに据える場合には座りがいいように丸で囲み、③丸に二引両として用いたこともあったろう。④五七花桐は今川家で用いられていたとも伝わる特殊な桐紋で、これも五七桐のアレンジのひとつである。

（文・家紋作成／大野信長）

*元弘・建武の争乱＝元弘元年（1331）に後醍醐天皇が起こした、鎌倉幕府討幕計画に端を発する争乱。

今川氏は範国の代に駿河・遠江の守護職となり、守護大名、ひいては戦国大名への道を開いた。そのため、ふつう範国を今川氏初代とする。八代氏輝とその弟・彦五郎の死により勃発した花蔵の乱だが、当初から承芳（義元）側が有利であった。承芳の母・寿桂尼を中心に家臣は結束していたからである。天文５年（1536）６月10日に始まったこの乱は、わずか４日で終わった。

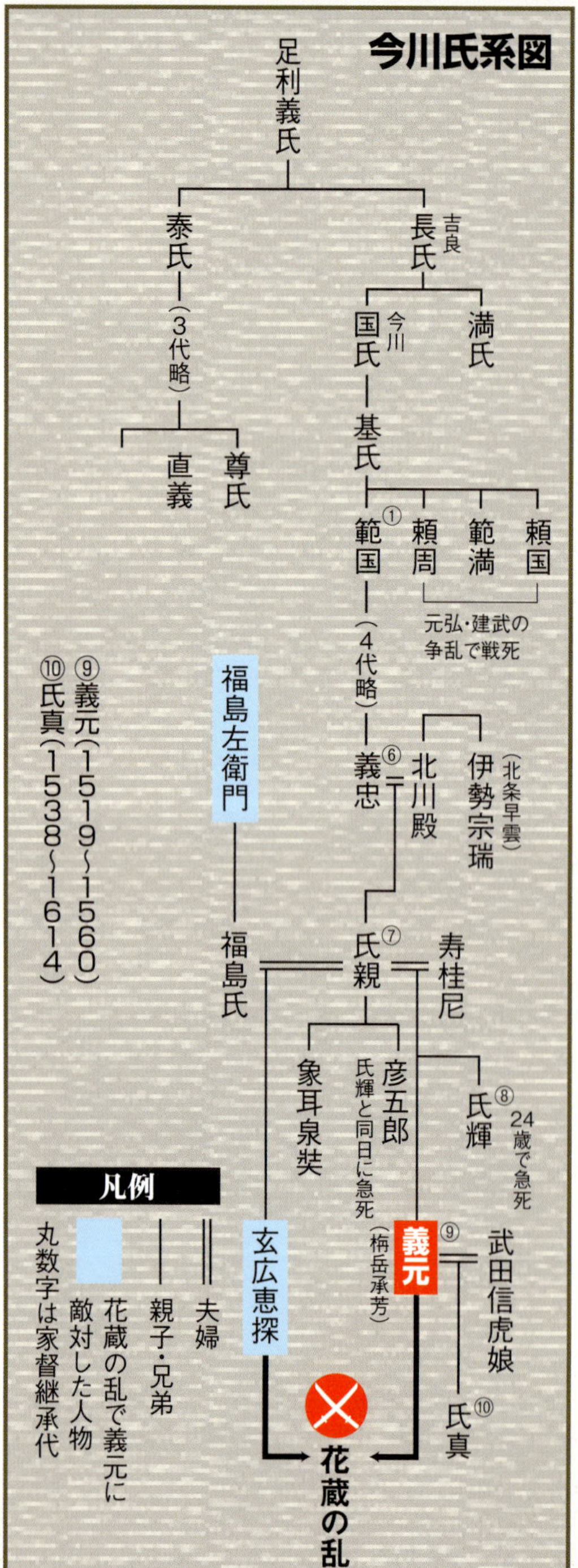

重臣の誰かが後見役として補佐の任にあたるところであるが、今川家中は寿桂尼を選んだということになる。全国的にもきわめて珍しい「女戦国大名」の誕生である。

しかも、その氏輝が天文《てんぶん》五年（一五三六）三月十七日、二十四歳という若さで急死してしまった。同じ日、氏輝のすぐ下の彦五郎という弟も死んでいるので、何か事件性を感じさせる死である。

今川の全盛期を築いた義元

氏輝には子どもがいなかったので、弟たちの中から家督継承者を選ぶことになったが、候補としてあがってきたのが三男の玄広恵探《げんこうえたん》と五男の梅岳承芳《せんがくしょうほう》の二人だった。名前からも明らかなように二人は僧籍にあった。当時、将軍家や守護大名家などでは、家督争いになることを心配し、家督予定者以外は寺に入れることが多かったからである。

二人の候補のうち、兄にあたる恵探は氏親の側室福島《くしま》氏の生んだ子で、弟の承芳が寿桂尼の子であった。領国を二分する争いに発展しており、これを花蔵《はなぐら》の乱といっている。結局、承芳側が勝ち、承芳は還俗《げんぞく》して義元《よしもと》と名乗った。

義元は兄氏輝の菩提寺《ぼだいじ》として駿府に臨済寺《りんざいじ》を建立《こんりゅう》し、寺に入っていた時の兄弟子でもあり養育係でもあった太原崇孚《たいげんそうふ》、すなわち雪斎《せっさい》を住持《じゅうじ》に迎えるととも

戦国の名門大名11家

005.今川家

東海に覇を唱えた名家

に、軍事・民政全般にわたる相談役としているのである。このため、雪斎は「軍師」とか「執権」と呼ばれている。

この義元の時代が今川氏の全盛期であった。雪斎のはからいによって、甲斐《かい》の武田信玄《しんげん》、相《さが》模《み》の北条氏康《うじやす》との間で、いわゆる「甲相駿《こうそうすん》三国同盟」を結び、義元は背後を心配することなく西三河へ進軍し、三河一国を版図に組み込むことに成功し、さらに尾張《おわり》へも進攻していった。

伊勢《いせ》、さらには京都との交易も行い、駿府《すんぷ》城下は商品流通経済の中心として発展をみせ、また、梅ヶ島《うめがしま》金山をはじめとする金山からの産金も多く、今川氏は富裕な戦国大名としても知られ、そうした財力をあてにした京都の公家たちも多数駿府に下《げ》向《こう》し、駿府は京都風公家文化の花が開いた形であった。

和歌の名門冷泉《れいぜい》家の当主為和《ためかず》も駿府に長期滞在し、義元とその子氏真《うじざね》に和歌の手ほどきをしていたし、蹴鞠《けまり》の名手飛鳥井雅《あすかいまさ》綱《つな》も氏真に蹴鞠を教えていた。周防《すおう》山口の大内文化、越前一乗《えちぜんいちじょう》谷《だに》の朝倉文化、それに駿河府中の今川文化が「戦国三大文化」といわれているのである。

義元が家督を継いだ直後、相模の北条氏康が駿河の東部、具体的には富士川以東を占領し、「河東一乱《かとういちらん》」と呼ばれる事態があったが、それ以外、義元の時代には他国から侵略されることなく平和な状態が続いていた。

ところが、永禄《えいろく》三年（一五六〇）五月十九日の桶狭間《おけはざま》の戦いで義元が敗死したことで、急展開することになる。それより前、義元はすでに家督を氏真に譲っていたのだが、その氏真に今川氏を背負ってたつ力量がなかったのである。頼みの雪斎もすでに死んでおり、まず、西三河、岡崎城にもどった松平元康《もとやす》（徳川家康）が自立し、東三河まで松平領になってしまった。

その様子をみた武田信玄が氏真を見限り、「甲相駿三国同盟」を破棄し、永禄十一年十二月、信玄が甲斐から駿河へ、家康が三河から遠江へ同時進攻を開始したため、氏真は駿府今川館を守りぬくことができず、遠江懸《かけ》川《がわ》（掛川）城に逃れている。その懸川城を家康軍に攻められ、ついに翌十二年五月、懸川城を開城し、ここに戦国大名としての今川氏は滅亡したのである。

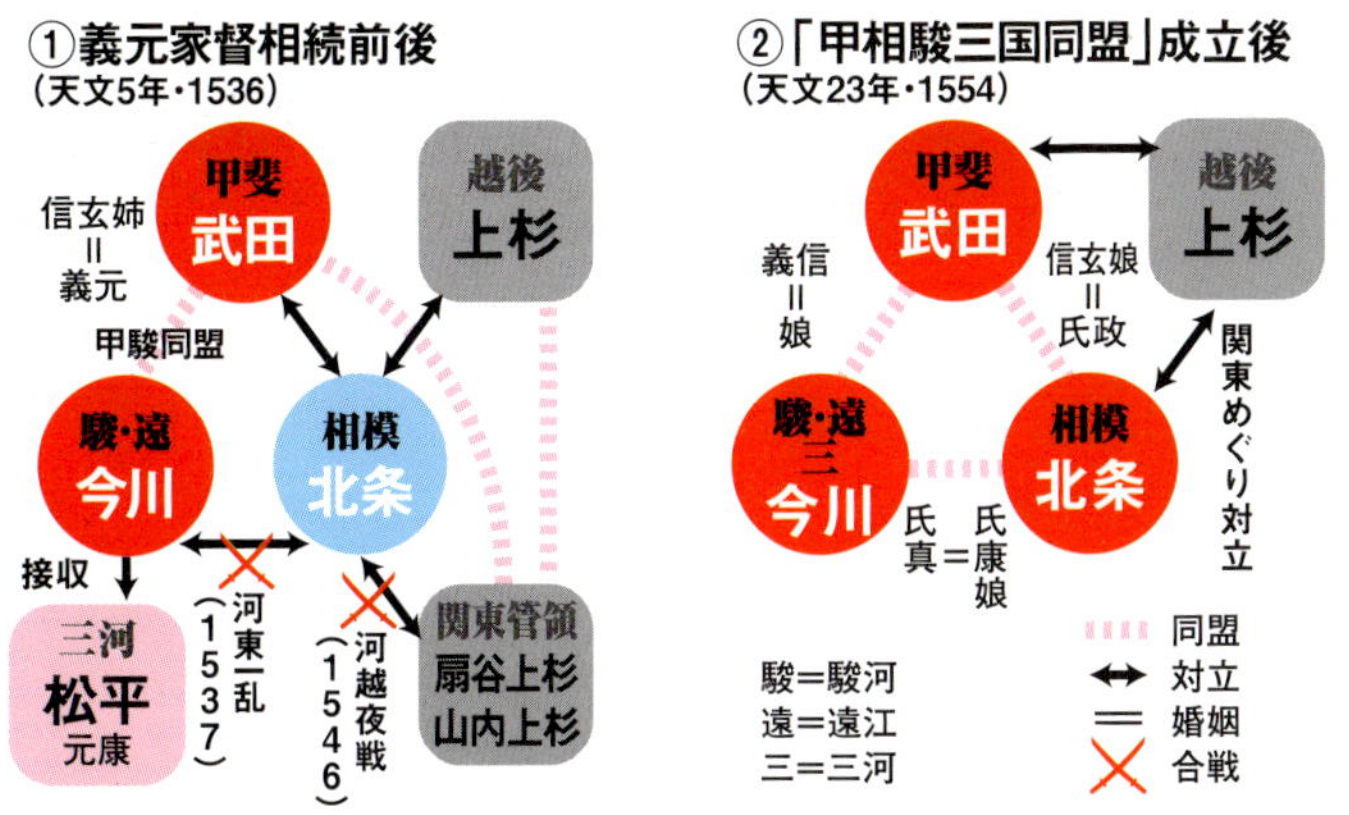

今川氏はもともと、武田より北条と親密な関係を築いてきた。それが義元の時に武田と結んだことから、北条との関係は悪化する。北条は駿河国駿東郡の河東を攻めた（河東一乱）ため、今川と北条とは交戦状態となった。義元は関東の山内上杉と組んで北条挟撃を謀るが、ここで武田信玄の調停が入る。関東進出を目論んでいた北条は、西部の安全を得たかったこともあり、調停に同意する。これにより、義元は河東を取り戻すことができた。

甲相駿三国同盟は、それぞれの子女を婚姻させることにより成立した。義元は娘を武田信玄の嫡子義信（よしのぶ）に嫁がせ、信玄は娘を氏康の嫡子氏政（うじまさ）に嫁がせ、氏康は娘を義元の嫡子氏真に嫁がせた。義元時代に今川氏が最大版図となったのは、この三国同盟により背後の心配がなくなったからといえる。

戦国乱世の最終勝利者

●文＝小和田哲男

戦国の名門大名11家

006. 徳川家

ILLUSTRATION／諏訪原寛幸

徳川家康 IEYASU TOKUGAWA

天文十一年（一五四二）～元和二年（一六一六）。江戸幕府初代将軍。幼名・竹千代。元服して元信、元康。今川氏の人質として幼年期を過ごす。永禄六年（一五六三）、家康と改名。慶長八年（一六〇三）、征夷大将軍に就任。大坂夏の陣の翌年、死去。享年七十五。

006.徳川家

人質生活から信長の同盟者へ

三河《みかわ》国松平郷（豊田市松平町）を発祥地とする松平氏は、家康の祖父にあたる清康《きよやす》の代に岡崎城に拠って、小さいながら西三河の戦国大名へと成長していた。ところが天文《てんぶん》四年（一五三五）、「守山《もりやま》崩れ」によって、清康が家臣の阿部弥七郎《やしちろう》に殺され、結局、松平氏は自力で領国を維持できず、清康の子広忠《ひろただ》は今川義元《よしもと》の傘下《さんか》に入ることとなってしまった。広忠の嫡子《ちゃくし》竹千代、すなわちのちの徳川家康は、はじめ尾《お》張《わり》の織田信秀《のぶひで》、ついで駿河《するが》の今川義元の人質となっている。

家康が人質から解放されたのは、永禄《えいろく》三年（一五六〇）五月十九日の桶狭間《おけはざま》の戦いであった。

岡崎城にもどった家康は、今川氏と手を切り、信秀のあとを継いだ信長と同盟を結び、やがて三河一国支配に成功している。

その間、三河一向一揆《いっこういっき》との戦いもあったが、永禄九年には苗字を松平から徳川に変えている。

永禄十一年十二月、家康は甲《か》斐《い》の武田信玄《しんげん》と示し合わせ、同時に今川氏真《うじざね》領に攻め込んだ。このとき、「駿河を武田が、遠江は徳川が取る」との「大井川《おおいがわ》切りの密約」なるものがあったといわれるが、武田方の史料には明確にそのことを書いたものはなく、実際、その後、武田軍は遠江にも侵攻していた。

三河・遠江二か国を支配することになった家康は、居城をそれまでの岡崎から遠江の国府があった見付《みつけ》に移そうと築城にかかっている。ところが、信玄との関係が微妙になったことで、見付では信玄と戦いになった場合、天竜川《てんりゅう》を背にもつ〝背水《はいすい》の陣〟になることを嫌い、それまで今川氏真の支城があった引馬《ひくま》（引間・曳馬とも書く）城を拡張して浜松《はままつ》城とし、そこで二か国支配を行うことになった。

信玄との対立は現実のものとなり、浜松城の支城高天神《たかてんじん》城が攻められ、また、元亀《げんき》三年（一

①

②
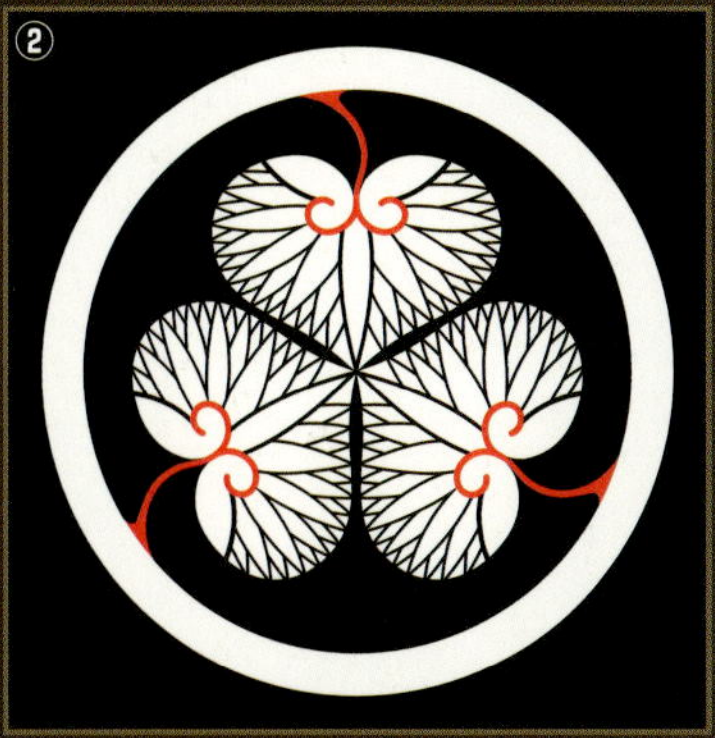
③

徳川家の紋

徳川家の紋「三つ葉葵《あおい》」は、戦国武将の家紋のうちでも最も有名で見慣れたもののひとつではないかと思う。ただし、時代によって形状は変化しており、ここに挙げた①②は家康から家光までの期間に使われた三つ葉葵紋の形状を、当時の覚え書きをもとに作図したものである。②は多色で描く際に茎のみ色付けするよう指示が入ったサンプルで、便宜上ここでは赤で示してある。現在よく目にする三つ葉葵紋③に比べて葉脈の数が多く、輪と葉の間に隙間が多い。もとは譜代の重臣酒井氏または本多氏から譲り受けたものと伝わるが、他に使用した家が見当たらないので、本多氏の立葵《たちあおい》紋を酒井氏の片喰《かたばみ》紋の形に配置して創作された独占紋であったと考えるべきだろう。

（文・家紋作成／大野信長）

五七二）十二月の三方ヶ原《みかたがはら》の戦いでは信玄に完敗している。翌年四月、信玄が病死したことで窮地を脱しているが、その後、信玄のあとを継いだ勝頼《かつより》に高天神城を攻め落とされるなどきびしい状況が続いていた。

ところが、天正《てんしょう》三年（一五七五）五月の長篠《ながしの》・設楽原《したらがはら》の戦いで、信長の援軍によって勝頼を破ったことから比較的安定した状態となり、天正九年三月には高天神城を奪還することに成功した。翌十年、信長によって武田氏が滅ぼされると、家康には武田旧領の駿河国が与えられ、三河・遠江・駿河三か国の大名になった。

そしてその直後、本能寺の変で信長が殺され、信長から甲斐・信濃《しなの》を与えられていた信長家臣（河尻秀隆《かわじりひでたか》）が、武田遺臣の一揆によって殺されたり、追い出される事態となり、甲斐・信濃は「無主」の国となった。それに目をつけた家康は、すかさず甲斐・信濃に兵を送り、その接収に成功した。ここに、家康は五か国を領する大大名となったのである。

秀吉との攻防を経て天下人へ

信長死後、その後継者として急浮上してきたのが羽柴《はしば》秀吉である。信長の家臣だった者が秀吉に臣従していく中で、家康は「元信長の同盟者」というプライドもあって、臣従は拒否し、天正十二年には、信長の次男だった織田信雄《のぶかつ》とともに秀吉に戦いを挑んでいる。小牧《こまき》・長久手《ながくて》の戦いである。

この戦い、局地戦では家康が勝っていたが、全体としては軍勢の多い秀吉軍が優勢で、秀吉が信雄を籠絡《ろうらく》して同盟を結んでしまったため、戦う名分を失った形で家康も講和に応じ、戦いは終結した。しかし、家康は秀吉への臣従は拒み続けていたのである。

同十四年、秀吉が、すでに他家に嫁いでいた妹（旭姫《あさひひめ》）を離縁させ家康に嫁がせてきたこと、その見舞いという形で生母大政《おおまん》所《どころ》を人質に送ってきたことで家康も観念して上洛し、以後の秀吉の天下統一の戦いに協力することとなったのである。

天正十八年の秀吉による小田

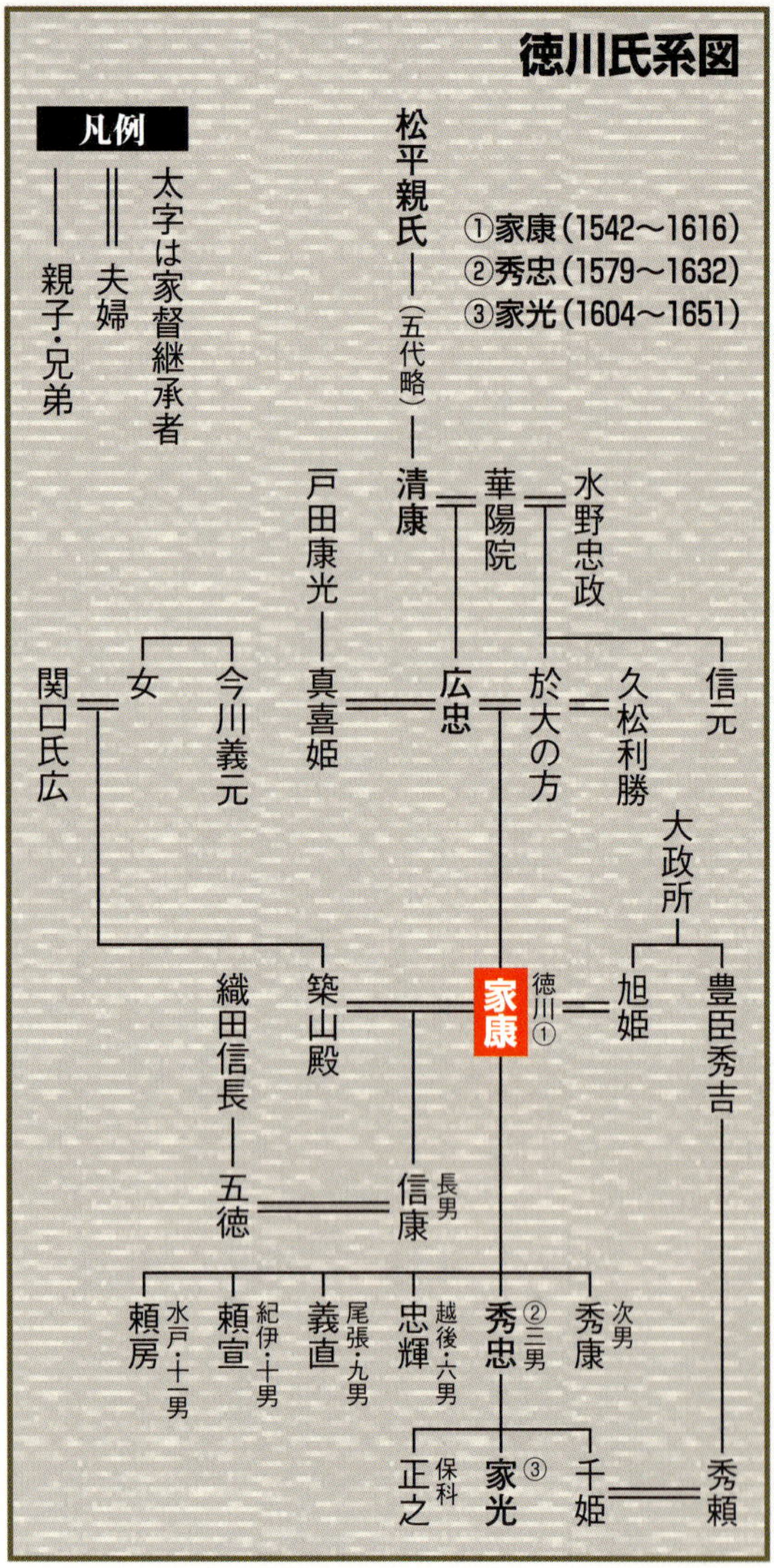

家康の祖母・華陽院（けようういん）は於大（おだい）の方の生母にあたる。於大の方は兄・水野信元が織田方についたため広忠に離縁される。しかし、その後娶った真喜姫（まきひめ）の父・戸田康光が織田方となり、家康を織田に引き渡してしまう。ここから家康の苦難の道ははじまった。のち今川の人質となった家康は、義元の妹の娘である築山殿を妻とするが、信康の妻五徳は築山殿と信康が武田に内通していると信長に報告、家康は２人を殺害しなければならなくなってしまった。

006.徳川家

戦国乱世の最終勝利者

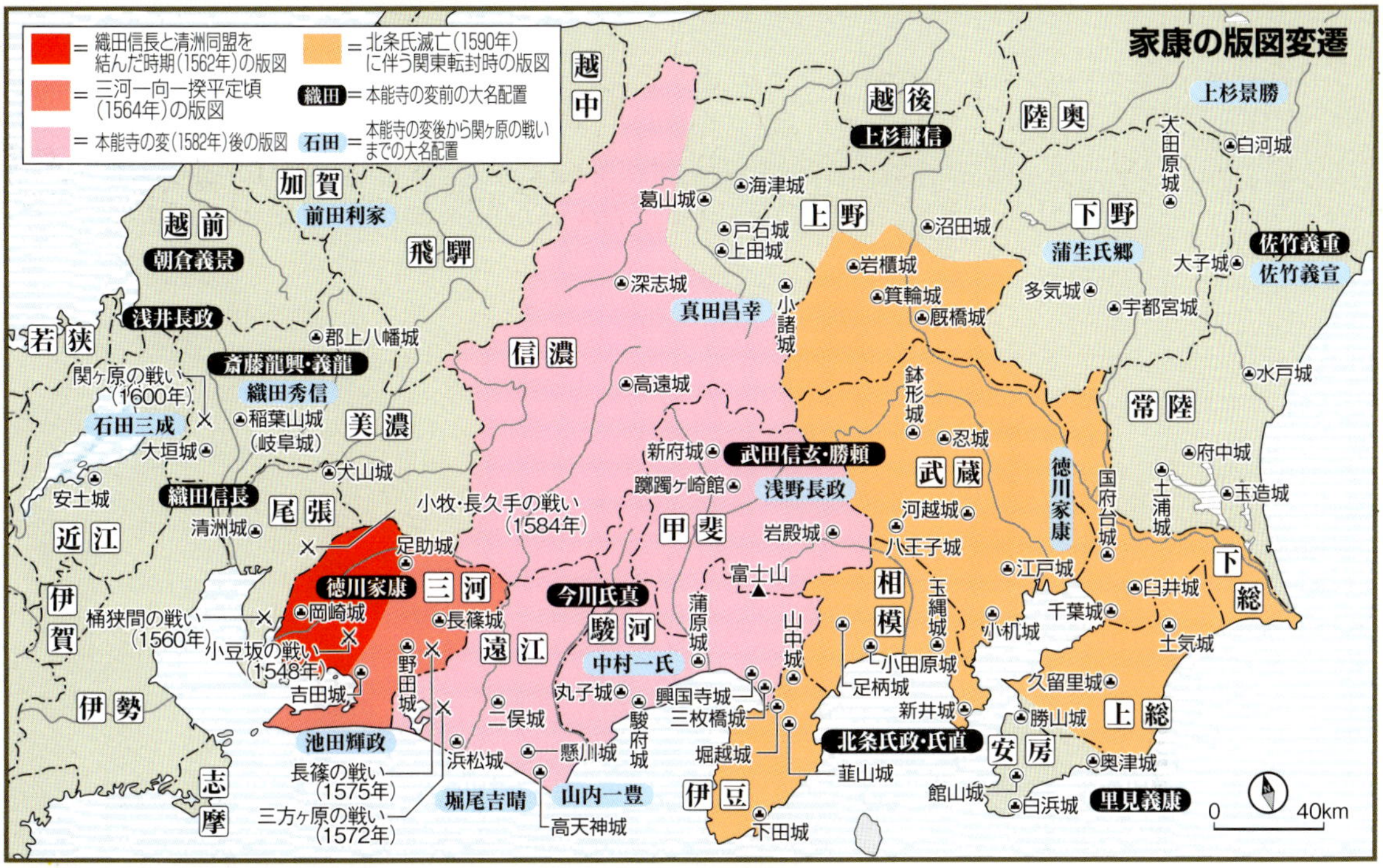

桶狭間の戦いで義元が討たれたのを機に、家康は一度は失った松平家の領国・三河を取り戻した。その後着々と版図を広げ、ついに250万石を有する大大名となった。

原攻めで先鋒をつとめたのは家康であった。戦後の論功行賞で、家康はそれまでの三河・遠江・駿河・甲斐・信濃の五か国から、後北条氏の遺領、いわゆる「関八州」へ転封《てんぽう》されることになった。築城成ったばかりの駿府《すんぷ》城を明け渡し、「砦《とりで》のある漁村」といった感のある江戸へと移っていったのである。

しかし、後北条氏遺領の関東は二四〇万石とも二五〇万石ともいわれ、家康はこれで秀吉に次ぐナンバーツーの座を確保したことになり、その後の天下取りには好都合だったことはたしかである。

秀吉が定めた五大老・五奉行制で、家康は五大老の筆頭として豊臣政権内で重きをなしていた。

慶長《けいちょう》三年（一五九八）八月、秀吉が没し、豊臣家は子秀頼《ひでより》が相続した。しかし、秀頼はわずか六歳だったため、実権は五大老筆頭の家康が握る形となり、家康の独走を阻止しようとたちあがった石田三成《みつなり》らとの間に戦いとなった。慶長五年九月十五日の関ヶ原《せきがはら》の戦いである。この戦いに勝利した家康は、協力した外様《とざま》大名に領地を加増《かぞう》するとともに、譜代の家臣たちを万石以上の大名にし、盤石《ばんじゃく》な体制づくりを進めている。

同八年、征夷《せいい》大将軍に任命され、江戸に幕府を開き、その二年後、将軍職を子秀忠《ひでただ》に譲って駿府に隠居し、大御所《おおごしょ》政治をはじめている。

慶長十九年、大坂方を挑発して大坂の陣に踏み切ったのは大御所家康の最後の決断だった。

豊臣家を滅ぼした翌年、家康は没したが、家康が築いた徳川支配体制は二代将軍秀忠と幕閣が受けつぎ、三代家光《いえみつ》のころには盤石なものとなっていた。

そして徳川幕府による泰平の江戸時代は、約二六〇年という長きにわたり、続いていったのである。

「覇王」信長の系譜と最強家臣団

●文＝谷口克広

戦国の名門大名11家

007. 織田家

ILLUSTRATION／諏訪原寛幸

織田信長 NOBUNAGA ODA

天文三年（一五三四）～天正十年（一五八二）。幼名・吉法師。永禄三年（一五六〇）、桶狭間で今川義元を討ち取る。永禄十一年（一五六八）、足利義昭を奉じて上洛。天正十年、武田氏を滅ぼすも、同年六月二日、明智光秀の謀叛に遭い京・本能寺にて自刃。享年四十九。

007. 織田家

越前から尾張に入国

織田信長《おだのぶなが》を生んだ織田氏の祖先は何者か。系図類は一律に平《へい》氏《し》としている。確かに、信長が将軍足利義昭《よしあき》を逐《お》った直後から、信長は平重盛《しげもり》の子孫である、との噂が巷《ちまた》に流れていた。

しかし、現在伝わっている織田氏の系図を検討すると、それらが後世の創作であることは明らかである。しかも、信長自身や一族の者が、平氏ではなく「藤原氏」を称している文書すら残っているのである。

現在有力とされている説は、織田《おた》氏の祖先は越前《えちぜん》織田荘《おたのしょう》の荘《しょう》官《かん》で剣《つるぎ》神社の神主、姓は忌部《いんべ》氏ではないか、というものである。

織田氏が越前に土着した一族だったということは、ほぼまちがいない。では、なぜ尾張《おわり》に移ったかというと、仕えていた越前守護斯波《しば》氏が尾張守護をも兼ねるようになったため、尾張守護代として入国したからである。

応永《おうえい》九年（一四〇二）～正長《しょうちょう》元年（一四二八）、織田常松《じょうしょう》という在京守護代と同常竹《じょうちく》という在国守護代（又代《まただい》）の名が確認できる。彼らこそ、尾張の織田氏の始祖なのである。

常松の後、尾張守護代は織田氏が独占した形で受け継がれる。在京守護代を追うと、教長《のりなが》─淳《あつ》広《ひろ》─郷広《さとひろ》─久広《ひさひろ》─敏広《としひろ》と、その後の四十年間も織田氏が続いている。この系統は「伊勢守《いせのかみ》」の受領《ずりょう》名を引き継いでいる。途中から守護斯波氏とともに尾張に下り、下津《おりづ》城を居城とした。

この守護代家の下で在地支配に努めたのも、常竹以来織田氏である。こちらは「大和守《やまとのかみ》」を称した者が多い。

織田氏の主家・斯波氏の家督争いもからんで、十五世紀後半に応仁《おうにん》の乱が起こる。尾張の織田氏は、守護代敏広以下、西軍の斯波義廉《よしかど》方に属して活動した。しかし、幕府は東軍寄りである。又代だったと思われる織田敏定《としさだ》を守護代に任命し、尾張の西軍

織田家の紋

織田家の紋①織田木瓜《もっこう》は、「五つ木瓜」または「五窠《ごか》に唐花《からはな》」と呼ばれる紋と基本的には同じものである。信秀の時代に尾張守護斯波氏または越前朝倉氏から使用を許されたとも伝わるが、信秀を遡《さかのぼ》ること100年近く前から使用していた記録が残っている。②織田蝶は信長が平氏の末を称したことに由来すると思われ、通常の揚《あげ》羽《は》蝶《ちょう》紋とは羽の文様が異なる。③永楽銭《えいらくせん》は旗紋として用いた。④五三桐と⑤丸に二引両は足利義昭から、⑥十六葉菊は朝廷から下賜《かし》されたもので、このうち五三桐紋は肖像画の裃《かみしも》にも描かれている。⑦無文字については禅宗の教えに因むと考えられている一方、信長（または信雄）が正親町《おおぎまち》天皇から賜ったと伝わる旗に残っているので、あるいはこれも下賜紋なのかもしれない。なお、ここに挙げた家紋はすべて信長の次男信雄の系譜に伝えられたものである。

（文・家紋作成／大野信長）

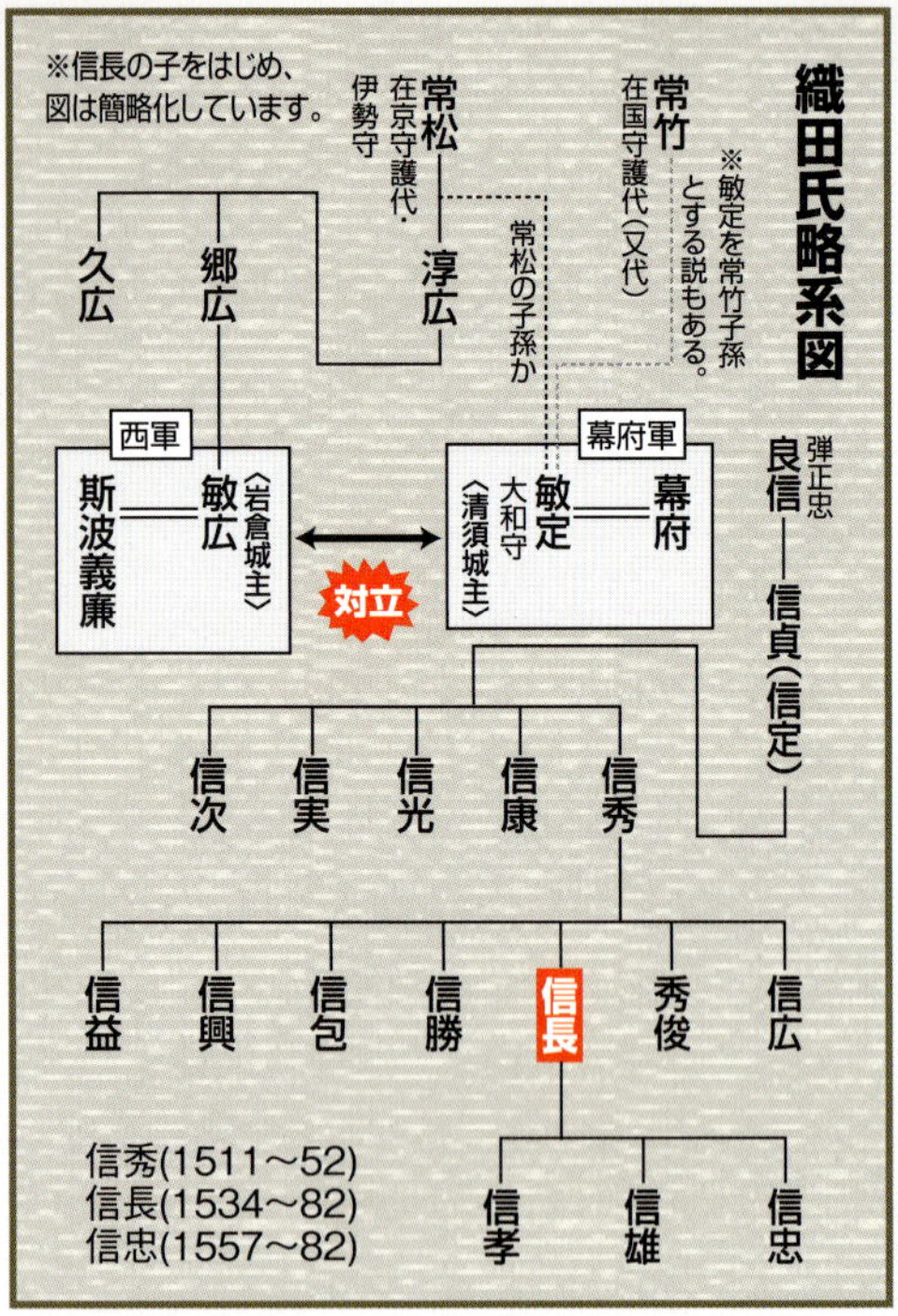

伊勢守家と大和守家の争いを経て、弾正忠家は他を圧して成長していった。

[redacted]

を押さえようとした。

この後、敏広と敏定の争いがしばらく尾張で展開された。中央の乱が終息しても、両者の争いは止まなかった。その中で、岩倉《いわくら》の伊勢守家と清須《きよす》の大和守家の分立、上郡《かみ》・下郡《しも》四郡ずつの分担という形ができてくるのである。

伊勢守家と大和守家との争いは、結局は大和守方の優位の形で落ち着いた。清須が新しい尾張の守護所として、国内の中心都市となる。その清須の中で、大和守家の奉公人《ほうこうにん》たちが力を伸ばしてゆく。

尾張半国から天下を平定

清須の奉公人たちの中で、目覚しく成長したのが、弾正忠《だんじょうのちゅう》の官名を継ぐ家である。敏定の代の良信《すけのぶ》、その子と思われる信貞《のぶさだ》（信定）が現れ、着々と領地を増やしていった。大永《たいえい》年間（一五二一～二八）、信貞は港町と門前町を兼ねる津島《つしま》を掌握し、守護・守護代をも凌駕《りょうが》する経済力を得た。

信貞の跡を継いだ信秀《のぶひで》は、さらに弾正忠家を発展させる。天《てん》文《ぶん》七年（一五三八）頃、東方の那古野《なごや》城を奪取、それまでの勝幡《しょばた》城から本拠地を移すと、尾張の軍勢を指揮して対外戦争に乗り出した。

東方では三河《みかわ》安《あん》祥《じょう》城にまで進出し、今川氏と何度か戦う。また、北方にも軍を引率し、美《み》濃《の》の斎藤氏とも戦いを交えた。一時は、三河の西部、美濃の西部を勢力下に置くほどの勢いを振るった。だが、同十七年の小豆坂《あずきざか》での敗戦があり、晩年は信秀の影響力はやや頭打ちになったようである。

そうした中の天文二十一年三月、信秀は死んだ。跡を継いだのは、十九歳の信長だった。

織田弾正忠家家督としての信長は、苦労の連続だった。主筋の清須・岩倉はもちろん、国人《こくじん》たちが次々と離反して、今川氏や斎藤氏に通じた。それのみか、叔父・兄弟・従兄弟といった身内ですら、新家督の信長を立てる姿勢はなかった。

そのような悲観的な情勢の中で信長は、果敢な戦いぶりを繰り返すことによって、次第に周囲に実力を認めさせてゆくのである。そして、永禄《えいろく》三年（一五六〇）五月に桶狭間《おけはざま》の戦いで今川軍を打ち破り、その後、短期間のうちに尾張全域の統一を完了する。

この後の信長の天下統一への動きについては省略する。ともあれ信長は、天正《てんしょう》十年（一五八二）六月、本能寺で非業《ひごう》の死を遂げる。家督を継いでからちょうど三〇年、尾張半国ほどの身上から日本の約半分までを分国化し、あと二～三年で全国統一は確実という段階での横死《おうし》であった。

信長とともに嫡男の信忠《のぶただ》も死んだ。信忠は織田家の家督を譲られており、天下人後継者と万人が認める存在だった。信忠の死がなければ、その後の羽柴《はしば》秀吉の天下奪取もありえなかったであろう。

信長・信忠二人の死によって、信長の二男信雄《のぶかつ》、三男信孝《のぶたか》にも天下人のチャンスが回ってきた。しかし秀吉は、信忠の嫡男でまだ三歳の三法師《さんぼうし》を立てた。信雄・信孝はその補佐役に止《とど》められた。

その後の秀吉と柴田勝家《かついえ》との争いの中で、信雄は秀吉の後援で織田家家督の地位を襲い、天

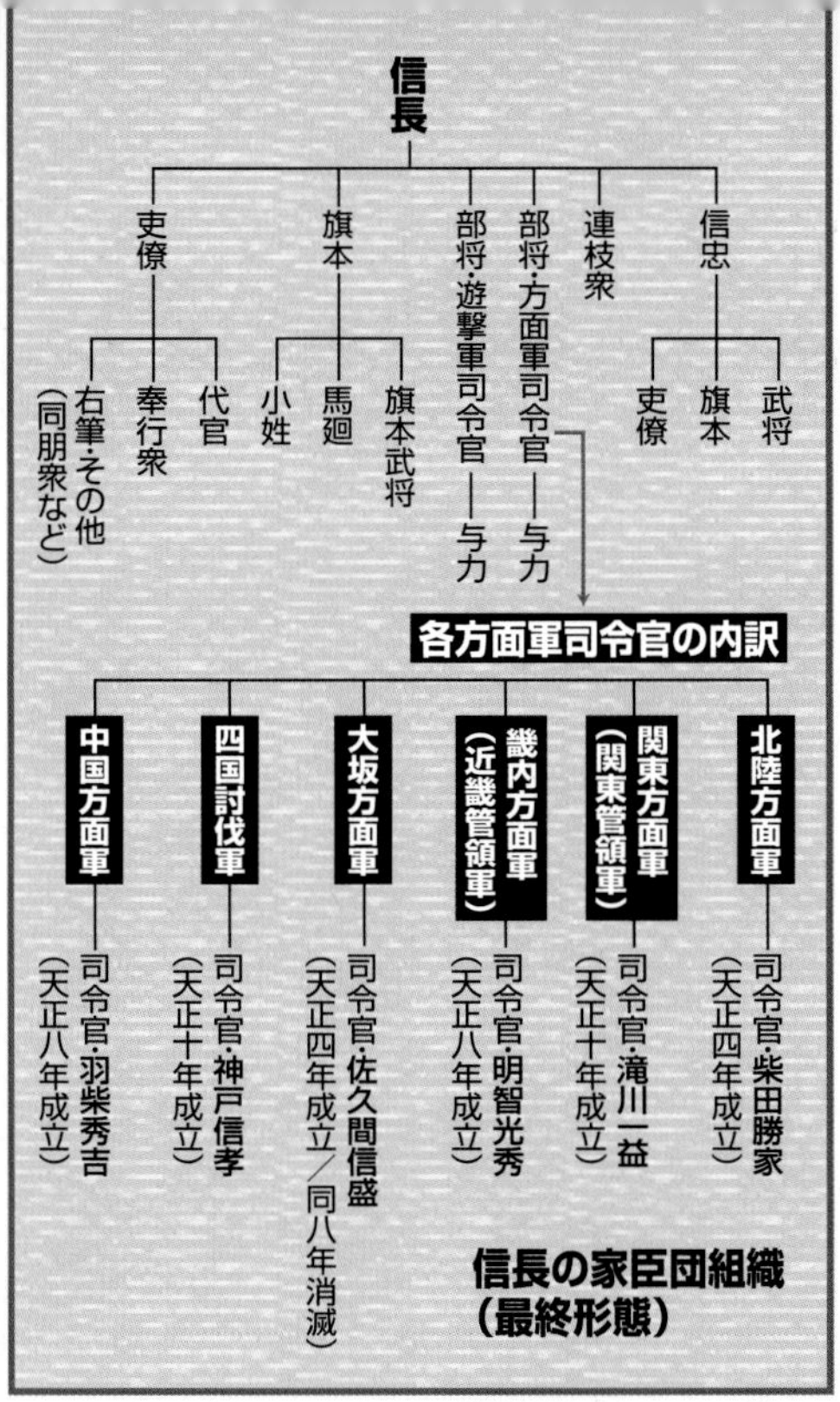

信長の家臣団組織（最終形態）

各方面軍の編成とその運用により、信長は天下統一戦を四方で同時に展開できるようになった。

下人と称されることもあった。

しかし、世の趨勢《すうせい》はすでに秀吉に向かっていた。信長の死からわずか一年余りにして、信長に絶対の忠誠を貫いた家臣たちも、信雄のもとから離れていった。小牧の戦いで信雄は、秀吉に一戦を試みるが、最後はその下に屈伏せざるをえなかった。

信雄は、秀吉・家康の下の一大名として存命する。子孫は小大名ながらも幕末まで存続した。

信長の家臣団組織と部将

信長の覇業は成就せず終わったが、織田軍は着実に天下統一を推進した。以下、それを可能にした信長の家臣団組織について検討してみたい。

信長の家臣団は最初のうち、他の戦国大名の組織と大差はない。しかし、その後の統一戦の間に段階を追って変遷してゆく。その最後の形態を略図にまとめると、表の通りである。

統一戦の中核をなしたのは、部隊を指揮し、戦闘の主力を構成した「部将」であることはいうまでもない。中でも方面軍司令官は、万単位の兵を麾下《きか》に置き、有力戦国大名を相手に互角の戦いを繰り広げた。

信長が同時多発的に統一戦を展開できたのは、この強力な方面軍を配置していたからである。信長のように広大な版図《はんと》を有してこそはじめて持つことができる軍隊といってよい。天正四年頃に置かれた北陸方面軍・大坂方面軍を皮切りに方面軍が編成された。

信長の統一事業の中での、彼らの活躍ぶりについては、これまでいろいろな文献で紹介されてきた。簡単にそれらの活躍ぶりについてたどってみよう。

北陸方面軍（司令官柴田勝家）は加賀《かが》平定戦に始まり、最後は上杉軍を敵として、あわやその本拠の越後《えちご》に入るところまで追い詰めた。中国方面軍（司令官羽柴秀吉）は毛利氏を敵とし、これも絶対有利に戦いを進めていた。関東方面軍の滝川一益《たきがわかずます》は、北条氏との外交のほか、北関東・陸奥の群雄を信長に従属させていった。四国方面軍（司令官神《かん》戸信孝《べのぶたか》）は、長宗我部《ちょうそかべ》氏との戦いのためまさに渡海しようという時に、本能寺の変が起こっている。

明智光秀《あけちみつひで》が司令官を務める畿内方面軍だけが当面の敵を持っておらず、各方面の戦いの応援に甘んじていた。その境遇が信長に対する謀叛《むほん》の遠因になったものと思われる。

それに付随して、丹波長秀《にわながひで》・池田恒興《つねおき》・九鬼嘉隆《くきよしたか》などが率いる遊撃軍の活躍についても幾度か述べられてきた。彼らは随時駆り出されて、各方面での戦いで補助的な役割を果たしている。特に九鬼の水軍は、信長の統一戦に大きな功績をあげている。

しかし、信長家臣団の強みは、彼ら部将たちの戦闘力もさることながら、信長の本陣を固めた旗本たち、さらに陰にあって政権を支えた吏僚たちが、それぞれの役割を見事に果たしたことにもある、ということを忘れてはならない。

奇跡の出世を遂げた秀吉一代の夢

●文＝森岡榮一

戦国の名門大名11家

008. 羽柴家

ILLUSTRATION：諏訪原寛幸

羽柴秀吉 HIDEYOSHI HASHIBA

天文六年（一五三七）～慶長三年（一五九八）。織田家の足軽の息子として生まれ、信長の下で頭角を現す。信長死後の織田家の勢力争いを勝ち抜き、天正十四年（一五八六）、朝廷より豊臣姓を賜る。天正十八年（一五九〇）、北条氏を降して天下を統一。享年六十二。

008.羽柴家

「手作り」による家臣団

一般的に戦国大名の家臣団構成は、一門衆（同族衆）・譜代《ふだい》衆（近習《きんじゅう》／馬廻《うままわり》衆）・国衆に大別される。

秀吉の場合、周知のとおり実父弥右衛門《やえもん》に譜代の家臣がいるわけではなく、もちろん養父竹阿弥《ちくあみ》にも家臣がいるわけがない。つまり普通の戦国大名の家臣団とは、かなり様相を異《こと》にしたと考えられる。守護や国人《こくじん》領主が戦国大名化した場合、数代にわたって庶子家《しょしけ》を分立させ、それが信を置ける同族である一門衆となって家臣団の中核を構成するのである。

また譜代衆は、各大名家の昔からの家臣だったもので、代々その主家に仕《つか》えている臣下（世臣《せいしん》）をいい、その大名家への忠誠心は人一倍強い。戦国大名の場合は、その家が大名化する以前の段階、守護大名のときから臣従していた家臣を、国人領主ならその段階からの家来をいう。

それに対して秀吉は、一代で一国一城の主《あるじ》までのし上がったため、自ら少ない血族をまとめて一門衆とし、一族や親戚の地縁・血縁をたよって近衆や馬廻衆を組織しなければならなかった。しかし本能寺の変以降は、織田信長の家臣団の主力部分を吸収しており、豊臣家家臣団を形成していった。

その意味で、天正《てんしょう》十年（一五八二）六月二日までに家臣になっていた人々が秀吉の初期家臣団で、まさに「秀吉の手作り」という点が、初期秀吉家臣団の特徴であろう。したがって、次項の家臣団では、主にこの初期家臣団を取り上げた。

天文《てんぶん》二十三年（一五五四）秀吉は信長に出仕し、小者《こもの》から小者頭《がしら》へと頭角《とうかく》を現していったと考えられる。また、確たる史料には見えないが、永禄《えいろく》三年（一五六〇）五月十九日の桶狭間《おけはざま》合戦にも出陣したと推定される。

翌四年八月三日、秀吉は浅野

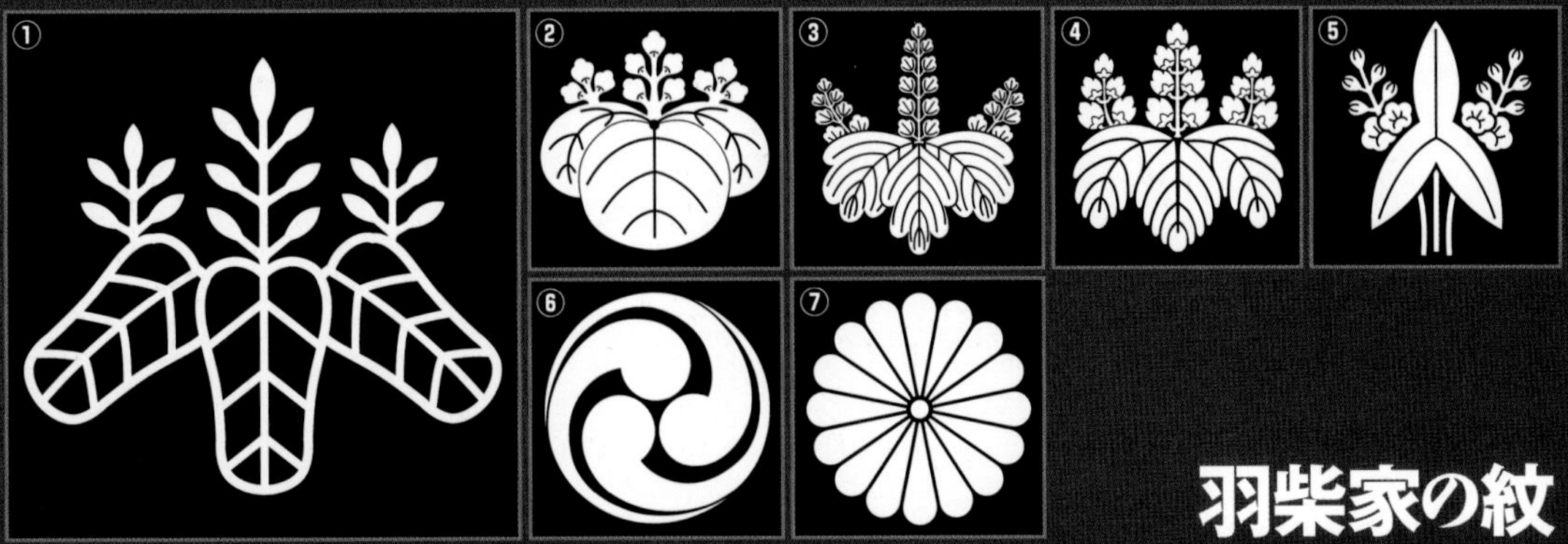

羽柴家の紋

天下人となってからの秀吉および豊臣・羽柴家の紋は桐である。通常の五三桐や五七桐の使用例もあるが、秀吉は桐紋を大胆にアレンジして使うのが好みだったとみえ、十数種の変形した桐紋が確認されている。それらは後世、総称して「太閤桐」と呼ばれており、①～④はその例である。もとは信長、そして足利義昭から拝領したものだが、織田家の一部将であった時代に桐紋を使える立場だったかは微妙で、桐紋以前にどの紋を使っていたかは明確でない。考えられるのが正室・おねに縁のある浅野家の沢潟《おもだか》紋（⑤福島沢潟）と木下家の巴《ともえ》紋（⑥三頭右巴《みつがしらみぎともえ》）である。天下人となった秀吉は配下の武将に桐紋を授けることが多かったが、桐紋以外で下賜する時は決まって沢潟紋であり、例外的に巴紋の場合があるからだ。姻戚の縁で使わせてもらっていたのではないかと思う。朝廷からは⑦十六葉菊も授かったが、こちらはまったく使用しなかった。武家の象徴である桐紋のほうが、秀吉にとって価値あるものだったのだろう。（文・家紋作成／大野信長）

[redacted]

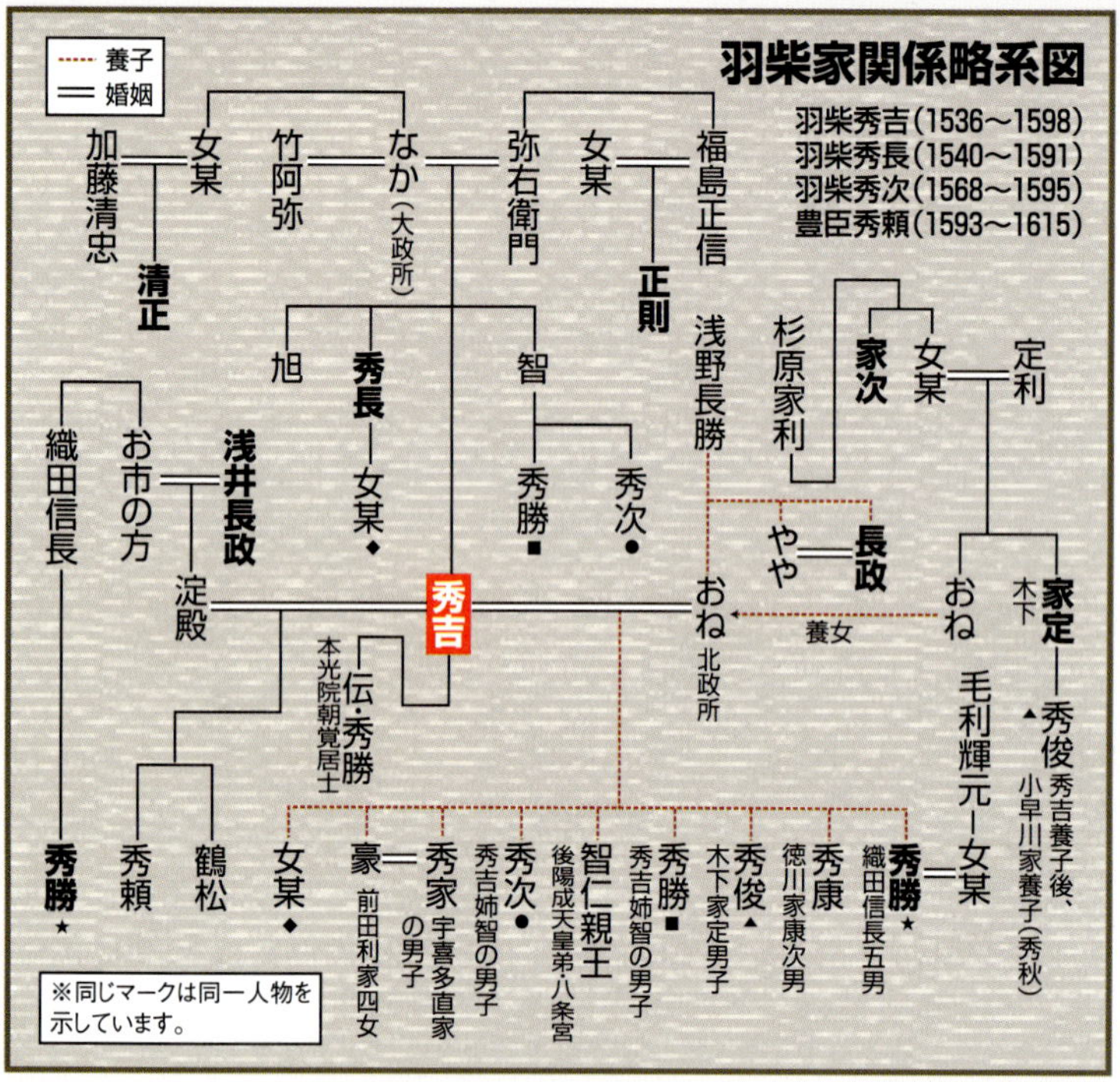

秀吉は「人たらし」と言われるほど、人望を集める才に恵まれていた。しかしそれは、血縁による家臣団を形成できないゆえの武器であった。

又右衛門《またえもん》長勝《ながかつ》の養女おねと結婚した。秀吉は二十五歳で、おねは十四歳であった。

おねは杉原定利《さだとし》の娘で、浅野長勝の養女となっていた。秀吉はこの結婚の前後から、「木下藤《とう》吉郎《きちろう》秀吉」と名乗り、足軽となっていたと考えられている。軍功については明らかでないが、この後、秀吉は足軽から足軽組《くみ》頭《がしら》へと着実に出世していく。

数々の戦歴でのし上がる

確かな史料（古文書）に秀吉の名が記載されるのは、永禄七年（一五六四）二十八歳のときである。

この年の七月、信長は居城を清須《きよす》から小牧《こまき》に移し、美濃《みの》国斎藤氏攻略を開始する。その一環、西美濃経略において松倉城主坪《つぼ》内喜太郎利定《うちきたろうとしさだ》が降伏している。このとき、信長の領地宛行状《あてがいじょう》の副状《そえじょう》を秀吉が出していることから、秀吉が調略を担当したと判断できる。これが現存最古の秀吉書状である。

なお、秀吉のこの頃の軍功として巷間《こうかん》名高い「墨股《すのまた》一夜城」については、築城そのものに秀吉が関与していないという説が近年最も有力になっている。

こののち、秀吉は永禄十一年の信長上洛、同十二年の播磨《はりま》出兵、同年の北伊勢《きたいせ》出陣、さらには元亀《げんき》元年（一五七〇）四月二十日の越前《えちぜん》朝倉義景《あさくらよしかげ》攻めなどに従軍した。

この朝倉攻めの際には、信長と同盟を結んでいた北近江《きたおうみ》の浅井長政《あざいながまさ》が背き、また南近江の六《ろっ》角《かく》氏の残党も蜂起したため、信長は北と南から挟撃される危機に陥った。秀吉はこのとき、金《かね》ケ崎《がさき》城に殿軍《しんがり》として残り、朝倉勢の追撃を見事に防いだ。これは「藤吉郎の金ヶ崎退き口《の》」と讃えられ、秀吉は武将としての地位をさらに高めることとなった。

さらに、元亀年間から天正《てんしょう》初年にかけ、秀吉は浅井・朝倉氏との姉川《あねがわ》合戦、志賀《しが》の陣などでも軍功を上げた。

天正元年（一五七三）九月一日、次第に追いつめられていった浅井長政が自刃《じじん》し、ついに難敵・浅井氏は滅亡した。姉川合戦より三年余りの歳月をかけた浅井・朝倉攻めも終わり、信長はその論功行賞として、武功第一の秀吉に、浅井旧領の坂田・浅井

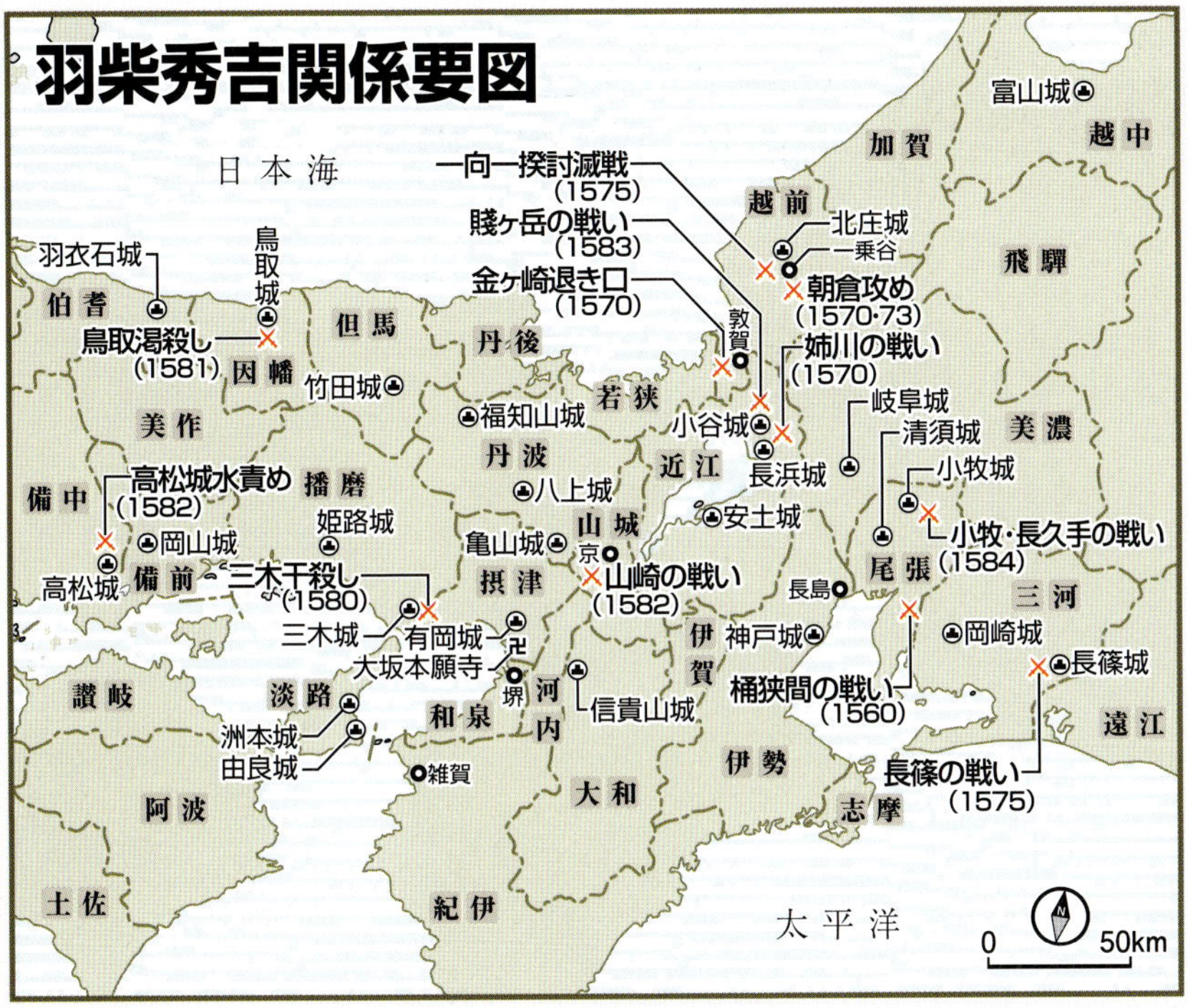

・伊香《いか》三郡と小谷城を与えた。秀吉が初めて一国一城の主となった瞬間である。

秀吉は最初小谷《おだに》城に入ったが、翌天正二年には琵琶湖《びわこ》岸の今浜《いまはま》に築城を開始し、城下町も造成して「長浜《ながはま》」と名付け、天正十年まで居城とした。この間、秀吉の家族、母なかや妻おね、姉とも、妹旭《あさひ》らも長浜城内で暮らしていた。

その後も、同三年五月の三河《みかわ》長篠《ながしの》合戦、同八月の越前一向一《いっこういっ》揆《き》討滅戦に参陣し、また同四年の安土《あづち》城築城にも動員され、石垣工事や翌年の天守建築作業に家臣一四人を割り当てている。

信長から中国経略を命じられた秀吉は、天正五年十月に播磨に入り、姫路城を中国攻めの本拠地とした。

この中国経略では、播磨三木《みき》城での「三木の干殺《ひごろ》し」、因幡《いなば》鳥取城での「鳥取の渇殺《かつえ》し」、備中《びっちゅう》高松城での「高松城水責め」など、攻城戦を得意とする秀吉の真価が発揮された。播磨攻略戦後、新たに幕下に加わったのが黒田官兵衛孝高《かんべえよしたか》（如水《じょすい》）である。

中国経略（対毛利戦）は順調に進んでいたが、天正十年六月二日早暁に起きた本能寺の変によって、秀吉の運命は一変する。主君信長が明智光秀《あけちみつひで》に討たれたことを知った秀吉は、「中国大返し」と呼ばれる強行軍で畿内に急行し、仇敵《きゅうてき》・明智光秀を討つのである。

以後、秀吉は膝下《しっか》に降《くだ》した敵をも吸収し、柴田勝家《しばたかついえ》との賤ヶ《しずが》岳《たけ》の戦い、織田信雄《のぶかつ》・徳川家康との小牧・長久手《ながくて》の戦いを経て、信長後継者としての地歩を着実に固めていく。

旧織田家内部での覇権争いに勝利したのちは、対長宗我部《ちょうそかべ》氏の四国攻め、対島津氏の九州遠征、対北条氏の小田原討伐を遂行し、秀吉は全国統一を成し遂げた。この間、姓を豊臣に改めている。

だが、もともと寄せ集めにしかすぎなかった政権は、慶長《けいちょう》三年（一五九八）八月十八日に秀吉が薨去《こうきょ》すると、中核となる家臣団の脆弱《ぜいじゃく》さから政権基盤の弱さを露呈し、遺子秀頼《ひでより》の代で徳川家康に政権を簒奪《さんだつ》されることとなった。

中央政権に翻弄された四国の覇者

●文＝野本

戦国の名門大名11家

009

長宗我部家

ILLUSTRATION／諏訪原寛幸

長宗我部元親

MOTOCHIKA CHOSOKABE

天文八年（一五三九）～慶長四年（一五九九）。土佐の豪族の息子として生まれる。永禄三年（一五六〇）、家督を相続し、天正三年（一五七五）、土佐を統一。天正十三年（一五八五）には四国全土を統一するも、秀吉の四国攻めに降伏。土佐一国を安堵される。享年六十一。

009. 長宗我部家

秦の始皇帝の末裔を名乗る

長宗我部《ちょうそかべ》氏の『家譜《かふ》』や『土佐物語《とさものがたり》』によれば、同氏の始祖《しそ》は秦《しん》の始皇帝《しこうてい》の末裔《まつえい》で、帰化人《きかじん》の秦河勝《はたのかわかつ》となっている。河勝は山城《やましろ》国葛野《かどの》郡を領していたが、その子孫は信濃《しなの》国に移ったという。

その後、能俊《よしとし》の代になって土佐《とさ》に来国。本貫地《ほんがんち》とした長岡《ながおか》郡宗部《そがべ》（『和名抄《わみょうしょう》』では「曾加倍《そかべ》」）郷の地名をとり、長宗我部と称するようになったという。

鎌倉期より地頭《じとう》級の豪族として次第に発展。江村《えむら》郷・廿枝《はたえだ》郷（宗部郷解体後成立）を中心にして、江村・久礼田《くれだ》・広井・中島氏等の分流を派生し、それぞれが主家を盛り立てた。

南北朝期ごろの当主、十一代・十二代の信能《のぶよし》・兼能《かねよし》は足利氏に属して戦い、恩賞として大埇《おおそね》・吉原・深渕《ふかぶち》・介良《けら》などの所領を得ている。室町期には土佐守護・細川氏の配下として活動。さらに、夢窓疎石《むそうそせき》創建の吸江庵《ぎゅうこうあん》の寺奉行をも務め、小規模ながら国人《こくじん》領主に成長した。

応仁《おうにん》の乱では東軍として出陣して忠勤を励んだが、十七代元門《もとかど》の不忠により、寺奉行を罷免《ひめん》された。しかし、家督を実弟雄親《かつちか》が継ぐことで、家名断絶は免れている。

海への足がかりを得た国親

戦国期には、岡豊《おこう》城を本拠として、有力国人の仲間入りを果たし、安芸《あき》・香宗我部《こうそかべ》・本山《もとやま》・吉良《きら》・大平・津野氏らとともに、土佐の「七人守護」と呼ばれた。

しかし、実質三〇〇〇貫程度の領地しかない長宗我部氏はその中で最弱であり、永正《えいしょう》五～六年（一五〇八～〇九）ごろ、十九代元秀《もとひで》の時に、山田氏などの周辺国人に攻められ、岡豊城は落城した。

元秀は自刃《じじん》したが、嫡男千雄丸《せんゆうまる》は密かに城を脱出。中村の在国公家一条氏に保護されたという。

①
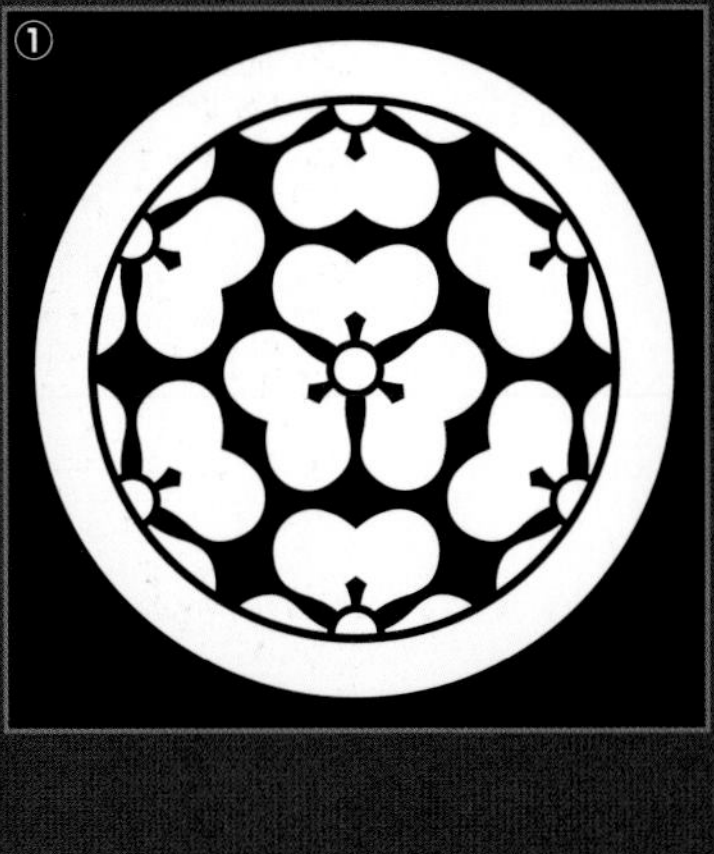

②

③

④

⑤

長宗我部家の紋

長宗我部家の紋として最も確かなものは、室町中期の記録に残る①七つ片喰《かたばみ》（酢漿）である。③の丸に片喰が略式紋というが、長宗我部盛親像には丸なしの②片喰が描かれている。特に区別はなく、同じものと捉えてよいのだろう。先祖にあたる秦能俊が天皇から盃を頂いた際、これに片喰の葉が浮かんでいたことが由来と伝えられている。大名家として存続がかなわなかったことで江戸時代の公式の記録は残らなかったものの、系図類の中にはこのほかに④帆《ほ》掛船《かけぶね》と⑤慈姑《くわい》が長宗我部家の使用紋として記されている。どちらも通常の紋帳には載っていない珍しい形状の紋なので、長宗我部家の独占紋かもしれない。帆掛船は先祖が海を越えて渡来したことに因むのだろうか。

（文・家紋作成／大野信長）

[redacted]

長宗我部家は、推古天皇のころ、秦河勝に至って山城国葛野郡を領し、この河勝の後胤が信濃に入り、二十六世の能俊が土佐に移ったと伝えられている。

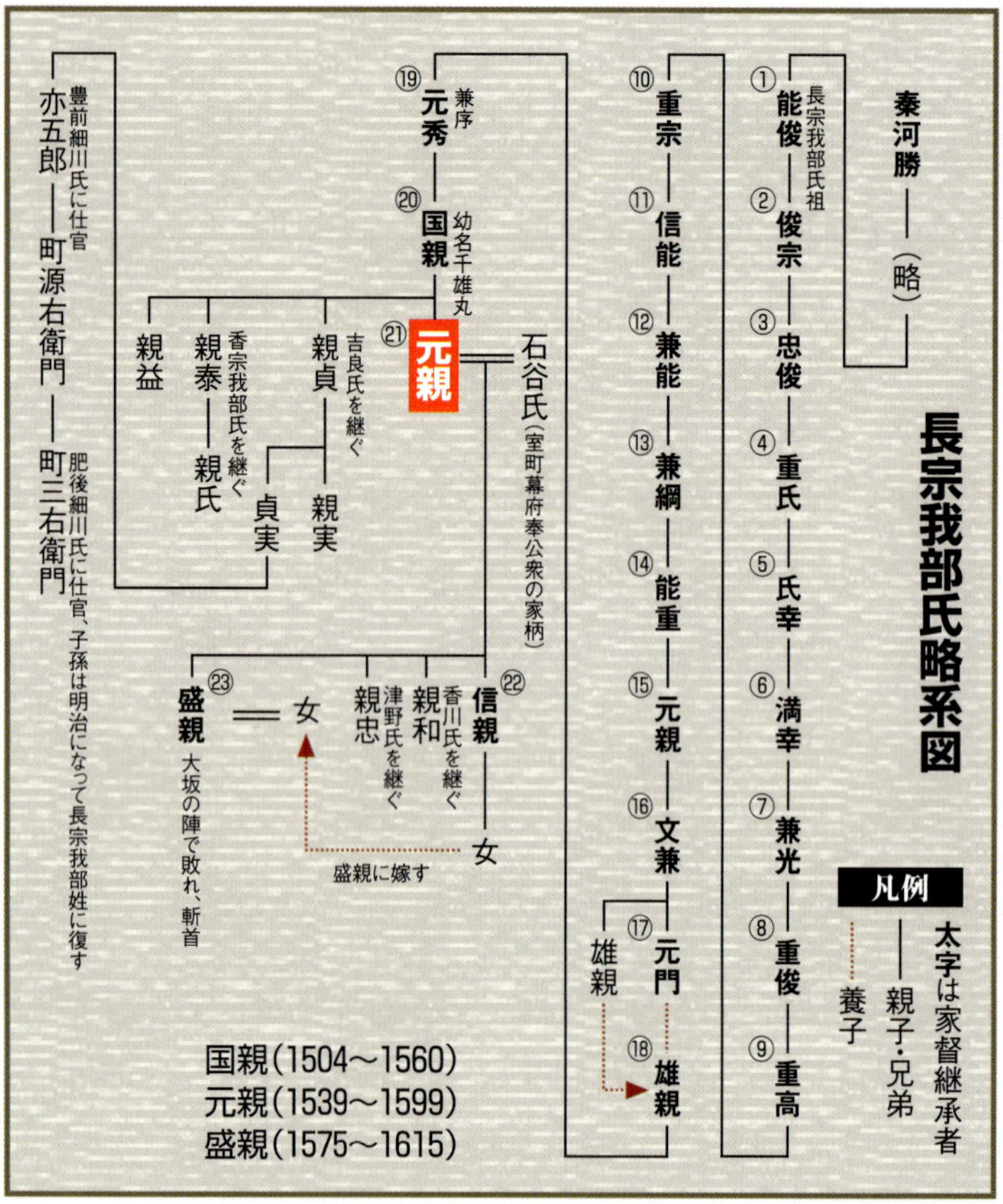

その後、元服した千雄丸は国《くに》親《ちか》を名乗り、一条氏の調停によって岡豊に帰還することができた。国親は岡豊城の修築・拡張工事と並行して、譜代の重臣を呼び戻し、家臣団の再生に取り組んだ。

天文《てんぶん》十六年（一五四七）ごろ、大津城主天竺《てんじく》氏を滅ぼし、海への足がかりを作ると、反転して仇敵《きゅうてき》山田氏を屠《ほふ》った。また、香《か》美《み》郡の香宗我部氏に三男親泰《ちかやす》を養子として入れ、安芸氏への押さえとした。

永禄《えいろく》三年（一五六〇）、南海路の中枢、浦戸《うらど》の支配権をめぐって本山氏と激突し、奪取に成功したが、この戦いの後、国親は突如体調を崩し、そのまま病没してしまった。

四国統一に驀進する元親

急遽《きゅうきょ》家督を相続することになった元親《もとちか》は、この時まだ二十二歳。全く経験が不足していたが、父の遺した有能な家老衆との合議によって、様々な施策を実行に移していった。

浦戸城を修築したうえでの水《すい》主《しゅ》層の掌握。焼失した土佐神社の復興。本山氏支配下にあった地域の検地と、それに基づく新参衆への知行宛行《ちぎょうあてがい》などである。

また、実弟親貞《ちかさだ》を弘岡《ひろおか》城に配して吉良姓を名乗らせ、対一条氏の最前線に置くなど、元親が土佐の大名となるための基礎固めが行われたのである。

もう一つ大きな意味を持っていたのが、嫁取りであった。元親は、美濃《みの》出身の石谷《いしがい》氏より正室を迎えた。石谷氏は室町幕府奉公衆の家柄で、清和源氏《せいわげんじ》の血筋をもつ。

この元親の婚姻によって、渡来人の子孫である長宗我部氏に、初めて源氏の血が入ることになった。元親は、正室の人脈を使って幕府や朝廷に働きかけ、幡《は》多《た》郡の支配権を一条氏から預かることを事実上、承認させた。

天正《てんしょう》三年（一五七五）、念願かなって土佐を統一した元親は、膨れ上がった家臣団に新給地を与えるため、阿波《あわ》・讃岐《さぬき》・伊予《いよ》への攻略戦を開始した。

阿波東南部と吉野川《よしのがわ》上流域、西讃岐と東伊予は比較的順調に作戦が進行したが、東讃岐や吉野川下流域、さらに南伊予では苦戦が続き、多くの戦死者を出した。

元親配下の軍勢は、三方面作

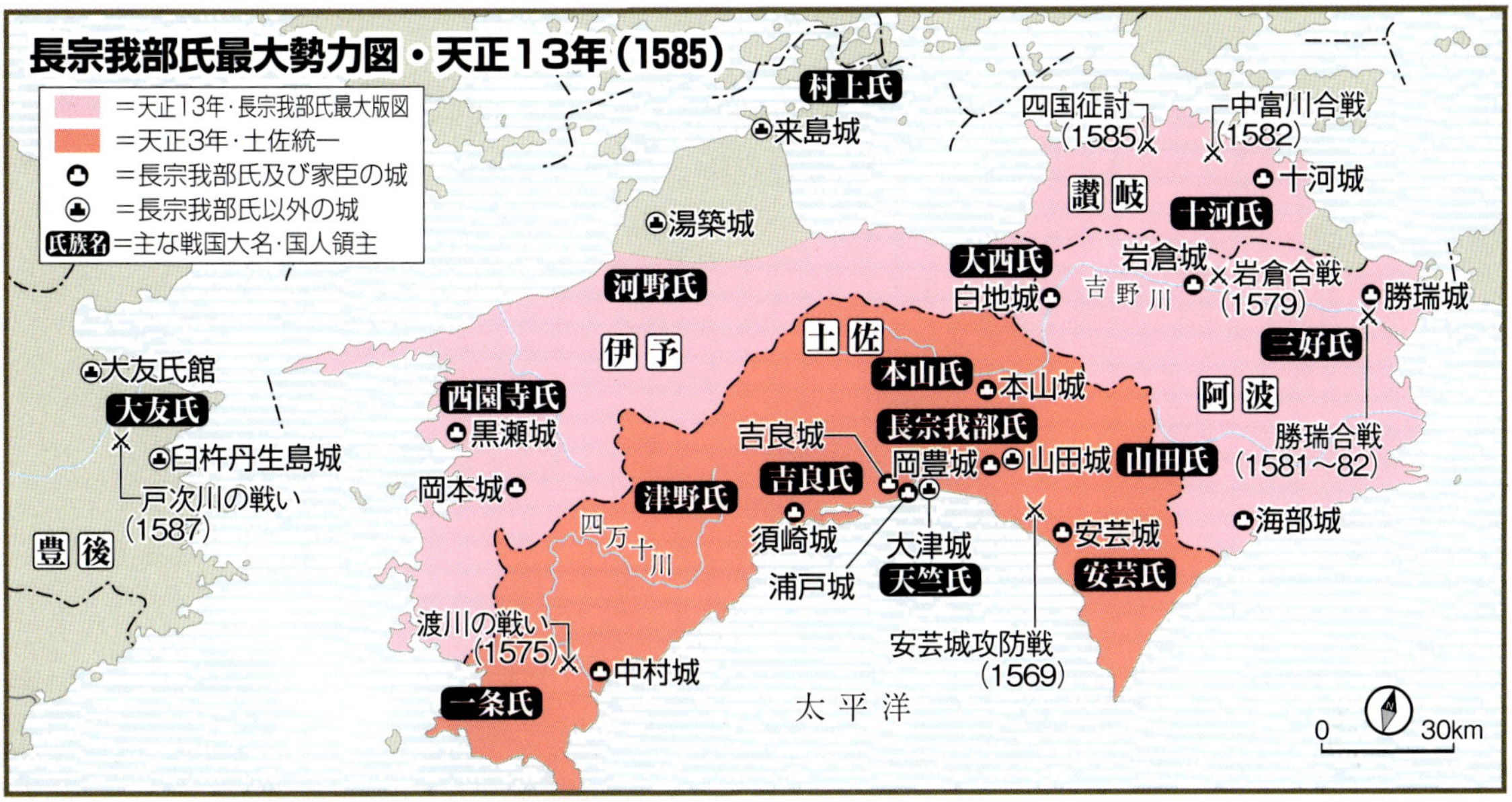

本能寺の変によって信長の四国侵攻を免れた元親は、秀吉がその後継者争いをしている天正13年春ごろまでに四国の大半を制圧した。しかし同年７月、秀吉は四国を討伐、元親はその軍門に降った。

戦を同時展開するには貧弱であり、兵力不足を有力名主層《みょうしゅ》から補う必要があった。俗に「一領《いちりょう》具足《ぐそく》」と呼ばれたこの下級武士層は、勇猛果敢であり戦《いくさ》上手でもあったが、所詮《しょせん》は半農半士であり、長期戦には向かなかった。

関ヶ原で西軍に与した盛親

天正十三年、秀吉の四国征伐では、阿・讃・予の土佐方の同盟者を前線に押し出して巧妙に戦い、自軍の消耗を避けることに成功。しかも巧みな外交によって、何とか土佐一国だけは失わずにすんだ。

しかし、翌十四年に秀吉が開始した九州平定戦では島津攻めの先鋒を命じられ、豊後《ぶんご》戸《へ》次川《つぎがわ》において、至宝であった嫡男信《のぶ》親《ちか》以下、次代を担う中堅家臣団七〇〇余名を一度に失う大敗北を喫した。以降は、豊臣政権からの果てしない軍役による経済的疲弊などにより、家勢は確実に傾いていった。

元親は、強引に家督とした四男盛親《もりちか》に、信親の女を配して血統を守ろうとしたが、これに反対した重臣たちを粛清したことから一部家臣団の反発を招き、最後まで盛親を中心とする新しい体制を完成させることができなかった。

慶長《けいちょう》四年（一五九九）五月、元親は京都の屋敷で没したが、翌年になっても豊臣政権から盛親に対して領地判物《はんもつ》が出された形跡はなく、正式な土佐国大名として承認されなかった。

同年九月の関ヶ原の合戦では、迷ったあげく西軍に与《くみ》して大敗。徳川家康に謝罪したが、国元浦戸での一揆発生の責を問われ、土佐を没収された。

再起を賭けた大坂の陣でも敗れた盛親は、捕縛され、斬首《ざんしゅ》された。こうして大名家としての長宗我部氏は断絶したのである。

戦国の名門大名11家

009.長宗我部家 中央政権に翻弄された四国の覇者

中国地方を打ち靡かせた「一品」の旗旗

●文＝秋山伸隆

戦国の名門大名11家

010. 毛利家

ILLUSTRATION／諏訪原寛幸

毛利元就 MOTONARI MOURI

明応六年（一四九七）～元亀二年（一五七一）。大永三年（一五二三）、兄とその息子の死により家督を相続。次男・元春を吉川家、三男・隆景を小早川家の養子にして勢力を拡大し、永禄九年（一五六六）、尼子氏を降して中国地方の大半を支配。享年七十五。

010. 毛利家

元就一代で戦国大名へ成長

毛利《もうり》家は、鎌倉幕府創業の功臣大江広元《おおえのひろもと》の四男季光《すえみつ》が、相模《さがみ》国毛利庄（神奈川県厚木《あつぎ》市）を領して、「毛利」（中世では「もり」と読む）を称したことに始まる。のちに本拠となる安芸《あき》国吉田庄《よしだのしょう》（広島県安芸高田市）の地頭職《じとうしき》は、季光が承久《じょうきゅう》の乱《らん》（承久三年・一二二一）の戦功によって得たものと考えられ、季光の四男経光《つねみつ》、経光の四男時親《ときちか》へと相伝《そうでん》された。

南北朝期になって、時親・貞《さだ》親《ちか》・親衡《ちかひら》・元春《もとはる》の四代が、越後《えちご》国の惣領《そうりょう》家と分かれて安芸国吉田庄に移住し、室町時代中期以降、周辺に勢力を拡大して、安芸国の有力国人《こくじん》領主に成長した。

毛利家を戦国大名へと大きく成長させた毛利元就《もとなり》は、明応《めいおう》六年（一四九七）、父弘元《ひろもと》の二男として生まれたが、兄興元《おきもと》とその子幸松丸《こうまつまる》が相次いで亡くなったため、大永《たいえい》三年（一五二三）八月毛利家の家督を相続して、郡《こおり》山《やま》城に入城した。

当時の毛利家は、大内・尼子《あまご》両氏の勢力の狭間に置かれており、元就の家督相続時は尼子氏に属していたが、元就は大永五年には大内氏の陣営に復帰し、天文《てんぶん》九～十年（一五四〇～四一）、郡山合戦で尼子氏を撃退して、武名を高めた。

元就は宍戸《ししど》氏など周辺の国人領主を服属させ、天文十九年には、家中の有力者井上元兼《もとかね》とその一族を討滅して家中支配権を確立し、さらには二男元春に吉《きっ》川《かわ》家を、三男隆景《たかかげ》に小早川《こばやかわ》家をそれぞれ相続させて、安芸・備《びん》後《ご》両国の国人領主の盟主としての地位を確立した。

天文二十年、陶隆房《すえたかふさ》（のちの晴賢《はるかた》）が主君の大内義隆《よしたか》を倒すと、陶に呼応して広島湾頭に進出し、同二十三年には陶と断交して、戦国大名として自立した。翌弘治《こうじ》元年（一五五五）には、十月一日未明に行われた厳島《いつくしま》合戦で、陶晴賢を破った。

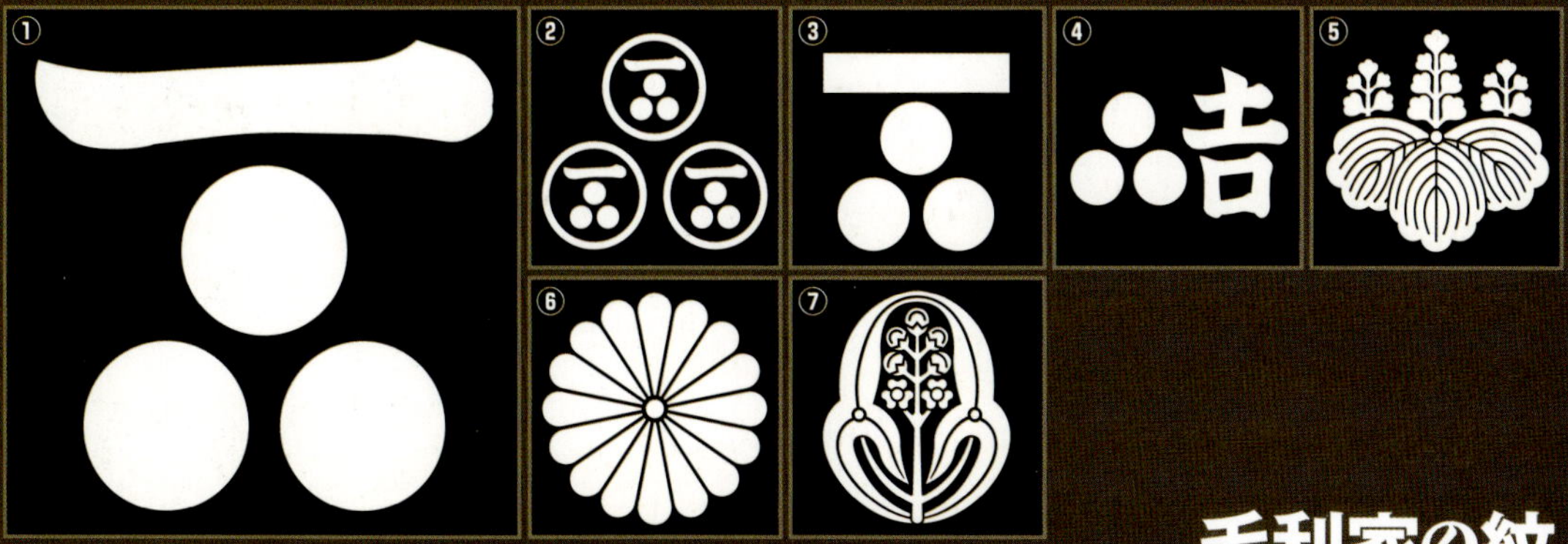

毛利家の紋

毛利家の紋①一文字三星は、「長門三つ星」とも呼ばれる。古来中国で将軍星（勝軍星）と呼ばれ、武家の信仰を集めたオリオン座の三つ星の上に「一（カズ＝カツ）」を加え、全体を律令制の最高位である「一品《いっぽん》」の形に見立てたものである。江戸時代に入ると一文字が太く、丸が大きくなって全体に隙間がなくなるが、戦国当時はこのような形状であった。②は元就の肖像画に見られるもので、一品の紋をさらに三星の形に配置した例。室町中期の記録には③のような一文字三星紋や④三星に吉文字が毛利家の使用紋として残っている。時代を経て①の形に統一されたのだろう。⑤五七桐は足利義昭から、⑥十六葉菊は正親町《おおぎまち》天皇から、それぞれ元就が下賜されたもの。⑦長門抱き沢瀉《おもだか》は替紋として用いられた。江戸時代中期以降になると一文字三星紋よりも多用されるようになってゆく。

（文・家紋作成／大野信長）

＊毛利家の家紋はその意匠から「一品」と俗称されることもある。

[redacted]

その後、周防《すおう》・長門《ながと》両国に侵攻して、弘治三年四月、陶晴賢に擁立された大内義長《よしなが》を倒し、安芸・備後・周防・長門の四か国と石見《いわみ》国の大半を領国化した。

さらには永禄《えいろく》五年（一五六二）には石見銀山を手中に収め、四年間に及ぶ出雲国富田《とだ》城包囲戦の末、同九年尼子氏を降《くだ》して山陰を支配下に収めた。

こうして家督相続から約五〇年の間に、毛利家を中国地方の大半を支配する戦国大名へと成長させた元就は、元亀《げんき》二年（一五七一）六月十四日、七十五歳でその生涯を閉じた。

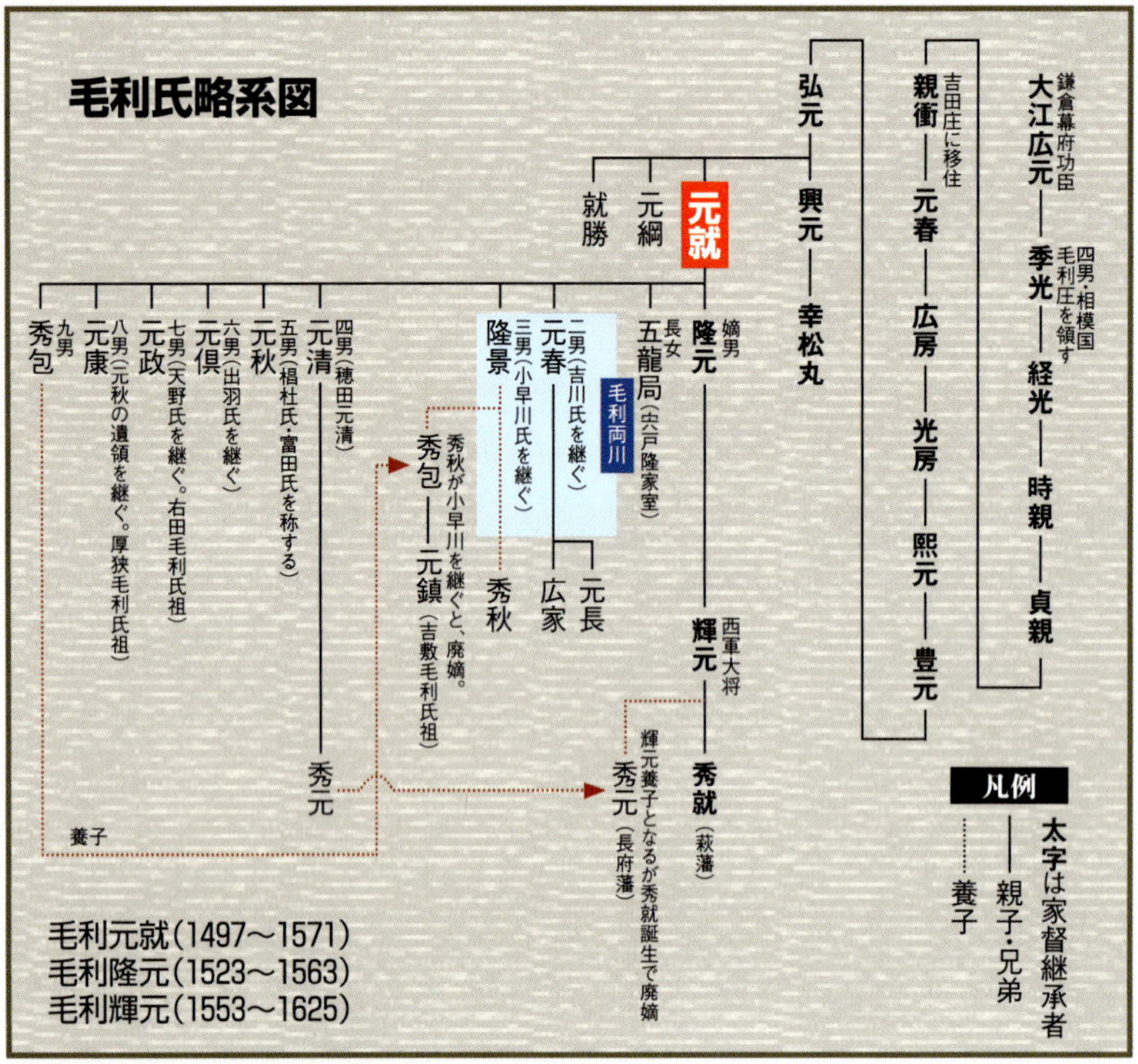

名前の由来となった愛甲郡毛利庄は、神奈川県厚木市付近。毛利氏祖の季光は宝治合戦で敗れ、そのとき一族の多くが死亡するが、生き残った経光が遺領を継いだ。

関ヶ原に敗れ減封

元就の長男隆元《たかもと》は、父に先立って永禄六年に急死していたが、二男吉川元春、三男小早川隆景は、隆元の嫡子輝元《てるもと》を助けて、領国を拡大した。

天正《てんしょう》四年（一五七六）、備後国鞆《とも》に逃れてきた前将軍足利義昭《よしあき》を奉じて織田信長に対抗、瀬戸内海の水軍を動員して、信長に包囲されていた大坂（石山）本願寺に兵糧を送り込んだ。

その後、一時その勢力は播磨《はりま》国にまで及んだが、天正七年宇《う》喜多《きた》氏の離反によって、戦況は次第に不利となり、同十年備中国高松で、信長の部将であった羽柴《はしば》秀吉と講和を結んだ。

その後、秀吉による豊臣政権下で、輝元は秀吉の天下統一に協力し、天正十七年には、太田《おおた》川《がわ》河口のデルタ上に広島城の築城を開始して、郡山城から本拠を移した。二年後の同十九年には、安芸・備後・周防・長門・出雲・石見・隠岐《おき》の七か国と伯《ほう》耆《き》・備中の一部で一二万石を与えられ、五大老の一人として豊臣政権下で重きをなした。

秀吉の没後に起きた慶長《けいちょう》五年（一六〇〇）の関ヶ原の合戦で、輝元は西軍の総大将として大坂城に入ったが、西軍は惨敗。敗戦後に周防・長門両国に減封《げんぽう》されて、同九年に萩に築城した。

江戸幕府が開設されると、毛利家は三六万石余の外様大名として存続、幕末維新の動乱期に再び歴史の表舞台に登場する。

家臣は「国衆」「家来」に区分

戦国大名毛利家の家臣団は、大きく分けるとその系譜（＝毛利家との歴史的な関係）によって、「国衆」と「家来」に区別される。

「国衆」とは、もともと室町幕府体制下の地頭御家人《じとうごけにん》の系譜を引く国人領主たちのことであり、本来彼らは身分的には毛利家と同格の存在であった。

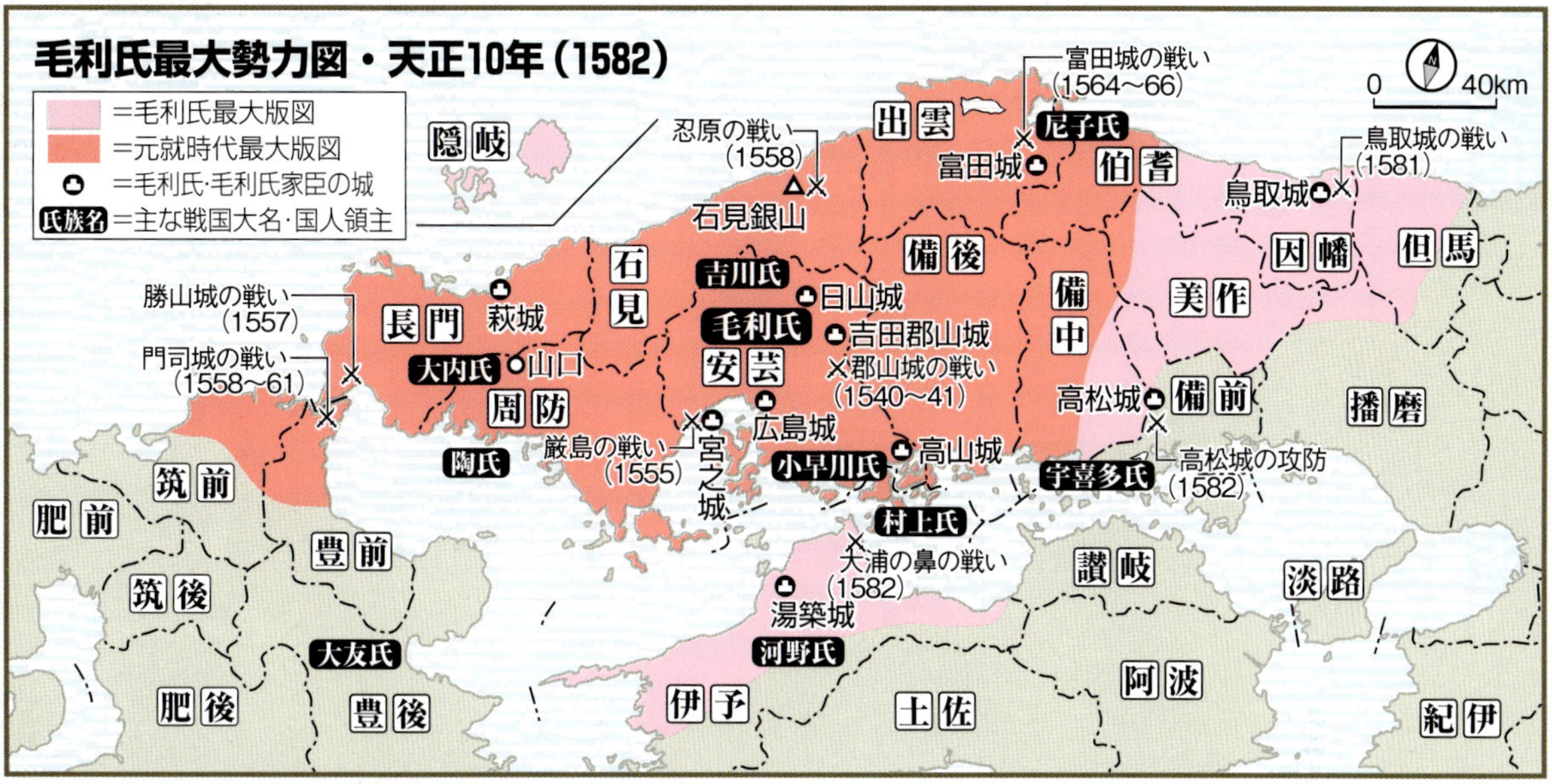

毛利氏の最大版図は、安芸、長門、周防、石見、隠岐、出雲、備後、伯耆、備中、美作、因幡、四国の伊予半国、それに但馬、播磨、備前、筑前、豊前の一部にも版図を広げていた。

安芸国では元就の二男元春・三男隆景・七男元政《もとまさ》が相続した吉川・小早川・天野氏と、娘（五《ご》龍局《りゅうのつぼね》）が嫁いだ宍戸氏、そして熊谷《くまがい》・天野（保利《ほり》）・平賀・阿曾《あそ》沼《ぬま》氏が「国衆」と呼ばれる。備後国の山内《やまのうち》・三吉氏、石見の益田・吉見・小笠原氏なども「国衆」である。

大内氏旧領の周防・長門両国、尼子氏旧領の出雲国の国人領主の多くも、実質的には毛利氏に対する降伏であっても、毛利氏と起請文を交換して、毛利氏に「一味《いちみ》」するという形式が取られた。それは毛利氏の「家来」になるのではなく、あくまでも毛利氏に「一味」する、「一味中国衆」の一員になったのである。

一方、「家来」（家人）の中核は、毛利家が戦国大名となる以前から仕えていた、いわゆるもともとの譜代家臣団である。その内部は、さらに「親類」と「被《ひ》官《かん》」に区分される。

「親類」は、毛利家から分かれた庶子《しょし》家（一族）であるが、とくに福原・桂・志道《しじ》・口羽《くちば》・坂《さか》・長屋氏の嫡流だけが、「親類衆」と呼ばれていた。

「被官」は、粟屋《あわや》・飯田・赤川・渡辺氏のように、毛利家が安芸国の一国人領主のときから仕えている家臣と、毛利家の勢力拡大にともなって家臣化した、吉田庄周辺の領主などから構成されている。

「吉田衆」と呼ばれる譜代家臣団の周辺には、「中郡《なかごおり》衆」、「佐《さ》東《とう》衆」、「西条衆」などの地域別の呼称で呼ばれる家臣集団がいる。「中郡衆」は、三篠川《みささがわ》流域の地頭御家人の系譜を引く領主で、井原・内藤・三田《みた》・秋山氏などである。

毛利氏は戦国大名化した後は、大内氏・尼子氏の旧臣や広汎《こうはん》な地侍（土豪層）を積極的に家臣化して、その軍事力を拡大していったのである。

010. 毛利家

中国地方を打ち靡かせた「一品」の旌旗

九州を席捲した剽悍薩摩隼人の血譜

●文＝大山　格

戦国の名門大名11家

011. 島津家

ILLUSTRATION／諏訪原寛幸

島津義弘 YOSHIHIRO SHIMADU

天文四年（一五三五）～元和五年（一六一九）。十六代・義久の次弟。法名・維新。「鬼島津」の異名をもつ。天正十五年（一五八七）、秀吉の九州平定に降伏し、大隅国を与えられる。文禄・慶長の役で活躍。関ヶ原では西軍に与するも、敵中を突破して帰国。享年八十五。

011.島津家

薩摩・大隅を統一

島津氏は鎌倉時代から続く薩《さつ》摩《ま》守護職の家系だが、戦国時代の最盛期を築いたのは傍系《ぼうけい》に生まれた島津忠良《ただよし》の血統である。

薩摩は島津氏の庶流をはじめ多くの豪族が勢力を競っており、本家は衰退していた。忠良は庶流の一つである伊作《いざく》島津家の生まれで、幼少のときに父を失い、再婚した母の嫁ぎ先の家督も併せて継承、有力な勢力を築いた。

本家の当主は島津勝久《かつひさ》で、正室を薩州《さっしゅう》家と呼ばれる庶流から迎えており、実権は薩州家に奪われつつあった。本家の家臣団は忠良の助力によって本家を再興しようと考え、忠良の嫡子《ちゃくし》、貴久《たかひさ》を養嗣子《ようしし》として迎え入れて薩摩守護とし、勝久を伊作島津家に送るという家系交換を試みた。

しかし、薩州家をはじめとする多くの勢力が反発し、武力衝突の末に勝久が薩摩守護に復帰した。勝久は周囲から忠良との和睦を薦められたが拒絶したため孤立し、国外に逃亡することになった。その後、忠良と貴久は実力で反対勢力を圧倒し、ついには当主不在の本家をも攻撃して薩摩国内をほぼ平定した。

忠良は、国内の諸勢力から所領を献上させ、その所領をあらためて安堵《あんど》するという手順によって、本家が有していた旧来の支配構造と異なる別個な新体制を構築した。また、一宇治《いちうじ》城を本拠としたことも本家の勢力が残存する鹿児島と距離を置こうとした意図が見受けられ、薩摩守護を称することもなかったが、一族の間には薩摩守護が不在では不安があるとの声があり、あらためて貴久が守護を名乗り、鹿児島に内《うち》城を築いて本拠とした。

忠良は新たに獲得した領域の多くは地頭に任命した家臣に分与した。また、国内に割拠する諸勢力を従属させてはいるが、それらを直臣《じきしん》とする中央集権的

①
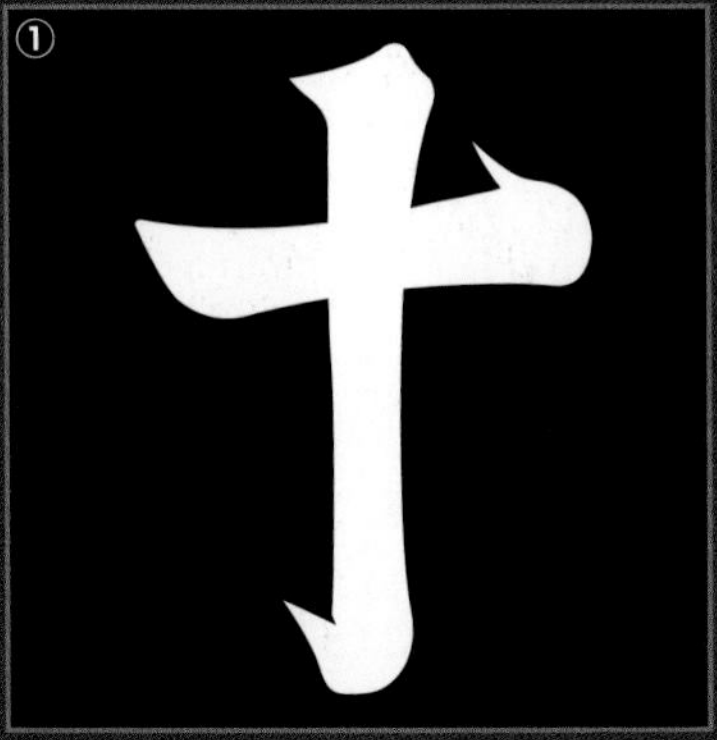

②

③

④

島津家の紋

島津家の紋といえば、現在では②丸に十文字で知られている。しかし、室町中期から関ヶ原の合戦頃までの確かな記録・遺品に残る島津宗家の紋は全て①筆文字の十である。キリスト教の十字架に似た縦長のフォルムで、実際九州に上陸した宣教師がこれを見て驚いたという。ただ、十文字にクロスした形を魔除けの呪符《じゅふ》とする民間信仰は世界各地に残っているので、島津家の十文字紋もそれに近い発祥なのではないだろうか。その筆十字に丸を加えたのは衣服の紋として使い勝手がよいことと、徳川幕府によるキリスト教の禁教令が影響したと考えられる。手綱《たづな》を結ぶ馬具に見立て、あたかも最初から丸ありきのデザインであったかのように「轡《くつわ》十字」と呼ぶのはいかにも不自然だ。③五七桐は秀吉からの下賜紋、④島津牡丹は古くからつながりをもつ公家の近衛《このえ》氏に因むものである。

（文・家紋作成／大野信長）

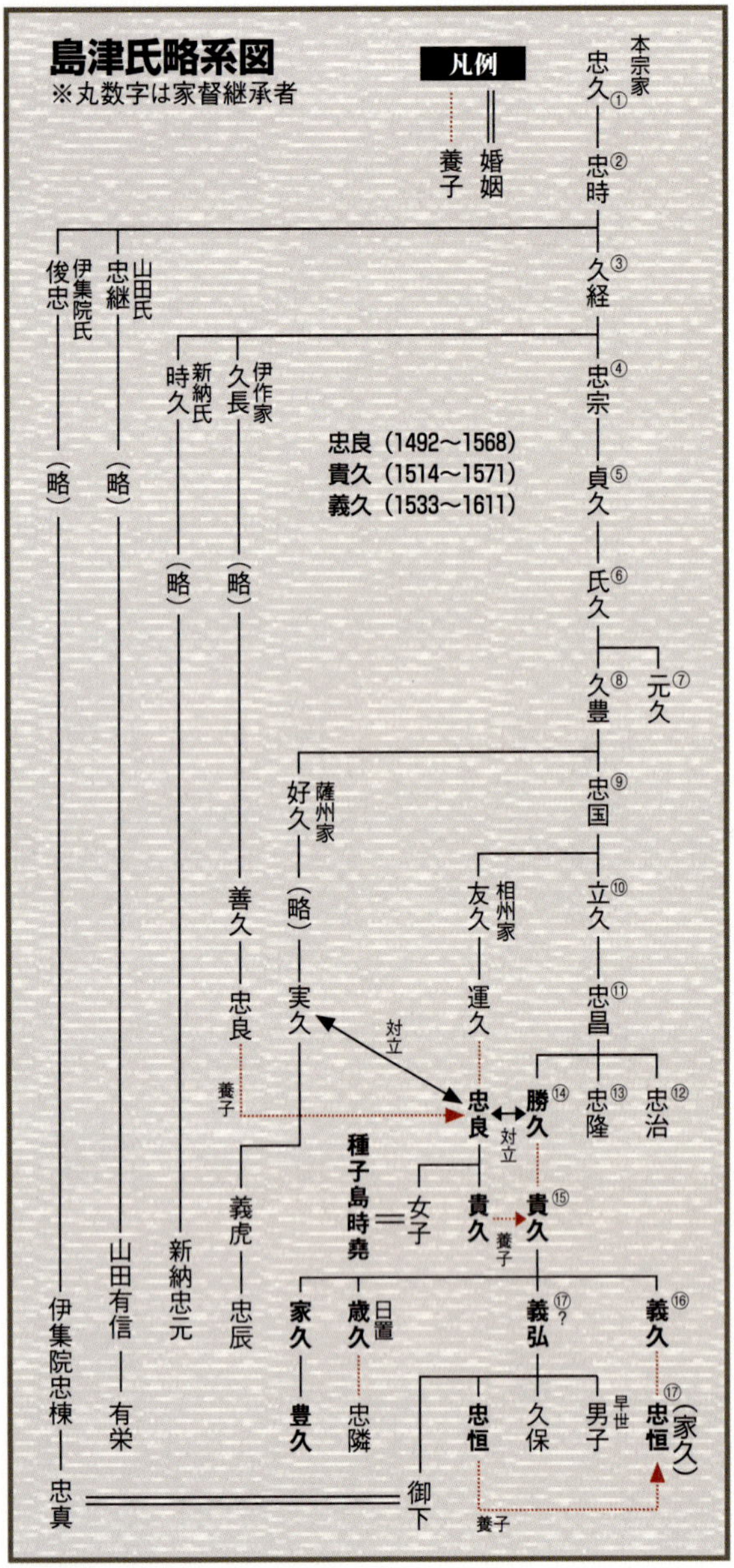

[redacted]

な支配体制を築くには至らず、小領主らによる連立政権の盟主という立場だった。

その傾向は、のちの九州統一戦に至るまで変わらず、むしろ豊臣秀吉に降伏して以後、直轄領を大幅に拡大して近世大名らしい体制を築いた。

ただし、直臣の人事異動は何度も行われ、地頭が土着して独立勢力となることを防いでおり、従属した諸勢力も徐々に直臣化するなど勢力基盤の維持拡大に無関心だったわけではない。忠良は薩摩をほぼ統一すると隠居して人材育成に励んだ。

かつて島津氏は鎌倉時代に薩摩、大隅の守護を兼ね、日向《ひゅうが》にも一部の支配権を獲得していた。そのため大隅や日向にも土着した庶流があり、それらの縁故を足がかりに貴久は大隅の肝付《きもつき》氏、日向の伊東《いとう》氏と戦っている。

大隅を代表する勢力である肝属氏には貴久の姉が嫁ぎ、貴久も肝属氏から正室を迎えて良好な関係を築いていたが、島津氏の勢力が大隅の加治木《かじき》にまで及んだことに反発した蒲生範清《かもうのりきよ》が祁答院重経《けどういんしげつね》らとともに挙兵、貴久は岩剣城《いわつるぎ》を包囲して蒲生勢を誘引し、決戦に及んだ。

その結果は島津勢の勝利となり、西大隅一帯を島津氏の勢力圏に収めることとなった。こののち、姻戚関係を結んだ肝付氏と争うことになって貴久は隠居し、その結末を見ないまま世を去った。

貴久は領域を拡大する一方で、鹿児島に来航したザビエルに一時的ながら布教を許し、種子島《たねがしま》に伝来した鉄炮を実戦に使用し、琉球王国《りゅうきゅう》との修好に努めるなど視野の広い人でもあった。

九州統一戦を開始

永禄《えいろく》九年（一五六六）、貴久から家督を譲られた義久《よしひさ》は、いずれも優秀な武将であった弟の義弘《よしひろ》、歳久《としひさ》、家久《いえひさ》を手駒として島津氏の勢力を一気に拡大した。祖父の忠良によれば、義久は大将としての人徳を備え、義弘は武勇、歳久は知謀、家久は戦術に優れているという。それが身内の欲目でないことは史実が証明している。

まず日向の伊東氏との抗争で、元亀《げんき》三年（一五七二）に義弘は木崎原《きざきばる》に三〇〇〇ほどの兵で三〇〇〇余の伊東勢を待ち受け、首級一六〇余を得るほどの一方的な勝利を得た。この戦いをきっかけに伊東氏の勢力が衰え

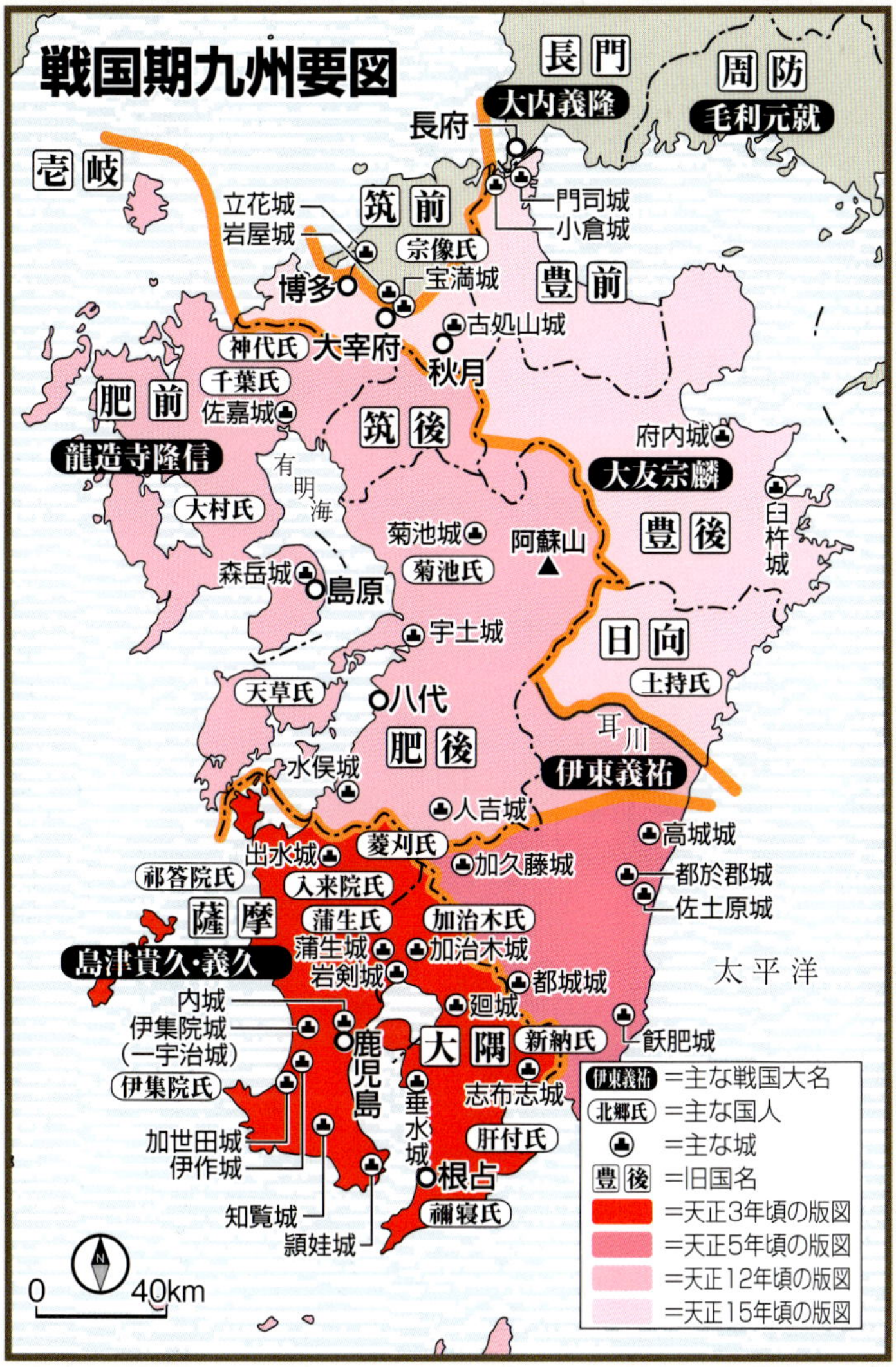

ると、今度は大隅に兵を進めて肝付氏を降伏させた。

島津氏は鎌倉時代の最大領域を再び勢力下とし、さらに日向での版図《はんと》を拡大した。圧迫された伊東氏は北九州一帯を勢力圏とする大友氏を頼って豊後《ぶんご》に逃れ、大友氏は四万余りの大軍を日向に送り込んで、島津方の高《たか》城を攻めた。

義久は農民や女性も動員した三万の兵で救援に向かい、釣《つ》り野伏《のぶせ》と呼ばれる戦法で大友勢に壊滅的打撃を与えた。大友氏の勢力が衰退すると肥前《ひぜん》の龍造寺《りゅうぞうじ》氏が台頭し、その圧迫を受けた有馬氏の救援要請を受けて家久が島原半島に向かった。

家久は有馬勢と併せて五〇〇〇ほどの兵力で二万五〇〇〇の龍造寺勢を沖田畷《おきたなわて》で待ち受け、敵将龍造寺隆信《たかのぶ》の首級を奪う大殊勲をあげて勝利した。

難敵を退けた島津氏は九州統一を目前にしながら岩屋《いわや》城で高橋紹運《じょううん》の頑強な抵抗にあい、悲願を果たせぬまま、天正《てんしょう》十五年（一五八七）、豊臣秀吉の九州攻めを迎えた。

その第一陣は撃退したものの、結局は降伏を余儀なくされ、勢力圏は薩摩、大隅、日向南部という鎌倉時代の版図に戻された。

このとき、秀吉は義弘を独立した大名として領地を宛行《あてが》うなどして勢力分断を図ったが、義弘は隠居した義久から実権を奪おうとせず、本国と上方とで両殿体制を築き、豊臣政権へは義弘が島津氏を代表する立場として交渉に当たることとなった。

その後、義弘は文禄《ぶんろく》・慶長《けいちょう》の役《えき》に従い、目覚ましい戦いぶりを見せ、ことに泗川《しせん》の戦いでは明軍三万七〇〇〇を、七〇〇〇で打ち破る大戦果をあげている。

秀吉死後に勃発した関ヶ原の戦いでは、西軍に与《くみ》した島津氏は敗戦のさなかに敵中突破を敢行、ほとんどの将兵を失いながらも大将・義弘を本国に逃した。戦後、島津氏は例外的に処分を免れ、領土を保ったまま江戸時代を迎えた。

時代の流れをつくった

戦国の主要合戦15

◉文＝小倉一邦

**戦国時代は、合戦が連日のように繰り広げられた時代だった。
ここでは数ある合戦のなかでも歴史上、重要な意義をもつ合戦を厳選し、
戦いの背景と経過をわかりやすく解説する。**

01. 桶狭間の戦い 【織田信長×今川義元】

永禄3年(1560)5月

　永禄《えいろく》３年５月、今川義元《いまがわよしもと》は上洛をめざし、駿河《するが》・遠江《とおとうみ》・三河《みかわ》の軍勢２万5000余を率いて出陣した。尾張《おわり》に侵入して織田信長方の丸根《まるね》砦・鷲津《わしづ》砦を落とした今川軍は５月19日朝、沓掛《くつかけ》を出て大高《おおだか》城へ向かい、昼頃、桶狭間《おけはざま》で兵馬を休めた。一方、清須《きよす》城の信長は大敵を怖れての籠城策を一蹴、同日早暁に出撃を命じ、自ら先頭を切って熱田《あつた》神宮に入っていた。善照寺《ぜんしょうじ》砦で兵2000の陣容をととのえて中島《なかじま》砦に移るが、信長は軍を休めず、桶狭間に馬を進めた。折から桶狭間一帯は豪雨となり、晴れ間が見えた午後２時、信長は義元の本隊めがけて攻撃の命を下す。狭い窪地の間を縫《ぬ》うように進軍してきた今川勢は隊列が伸びきったうえ、義元の周りにはわずか300の旗本衆しかいなかった。服部小平太《はっとりこへいた》に一番槍をつけられた義元は、毛利新介《もうりしんすけ》に首を刎《は》ねられ、今川軍は総崩れとなった。乾《けん》坤一擲《こんいってき》の強襲が呼び込んだこの勝利により、信長の武名は一躍、天下に鳴り響いた。

02. 川中島の戦い(第4回戦) 【武田信玄×上杉謙信】

永禄4年(1561)9月

　武田・上杉両軍が信濃《しなの》の川中島《かわなかじま》一帯で戦ったのは５回といわれ、なかでも永禄４年９月の第４回が最大の激戦だった。本隊１万3000を率いて妻女山《さいじょさん》に本陣をおく上杉謙信《うえすぎけんしん》に対し、武田信玄《たけだしんげん》は海《かい》津《づ》城の高坂昌信《こうさかまさのぶ》と合流すると、９月９日夜、軍を二分し、別働隊１万2000を妻女山に向かわせた。謙信を平地の八幡平《はちまんばら》に誘い出し、本隊8000で挟撃するという啄木鳥《きつつき》の兵法である。だが、この動きを察知した謙信は、夜のうちに妻女山を下って雨宮《あめみや》の渡しを越える。早朝、薄霧の中から上杉軍が現れた。緒戦は信玄の弟・信繁《のぶしげ》が討死にするなど武田軍が劣勢だったが、やがて妻女山から駆けつけた馬場信房《ばばのぶふさ》らが攻めかかって形勢を持ち直し、夕方には戦いはやんだ。

03.姉川の戦い 【織田信長・徳川家康×浅井長政・朝倉義景】

元亀元年（1570）6月

近江《おうみ》北部、姉川《あねがわ》を挟んで対峙した織田・徳川軍2万5000と浅井・朝倉軍1万8000が激突した大会戦。元亀《げんき》元年4月、義弟・浅井長政《あざいながまさ》の離反によって、越前朝倉《えちぜんあさくら》攻めの中止を余儀なくされた織田信長は、6月に入ると浅井・朝倉征伐の軍をおこした。浅井氏の支城、横山城に主力部隊を向かわせ、自らはその北方、龍ケ鼻《たつがはな》に本陣をおいて、盟友・徳川家康が率いる兵5000の着陣を待った。同じ頃、浅井への援兵として朝倉義景《よしかげ》の一族、朝倉景健《かげたけ》が兵1万を率いて到着、合流した浅井軍8000とともに大依山《おおよりやま》を下って姉川北岸に陣をすえた。戦端は6月28日早朝、浅井・朝倉軍の姉川渡河によって開かれた。磯野員昌《いそのかずまさ》隊が織田軍の備えを次々と突き崩すなど、緒戦は浅井勢の奮戦が際立った。だが織田軍の左側に布陣した徳川軍の榊原康政《さかきばらやすまさ》隊に右翼を衝かれて朝倉軍が浮き足だつと、浅井軍の旗色も悪くなり、午後2時頃、朝倉勢とともに北国脇往還《ほっこくわきおうかん》を北へ向かって敗走した。

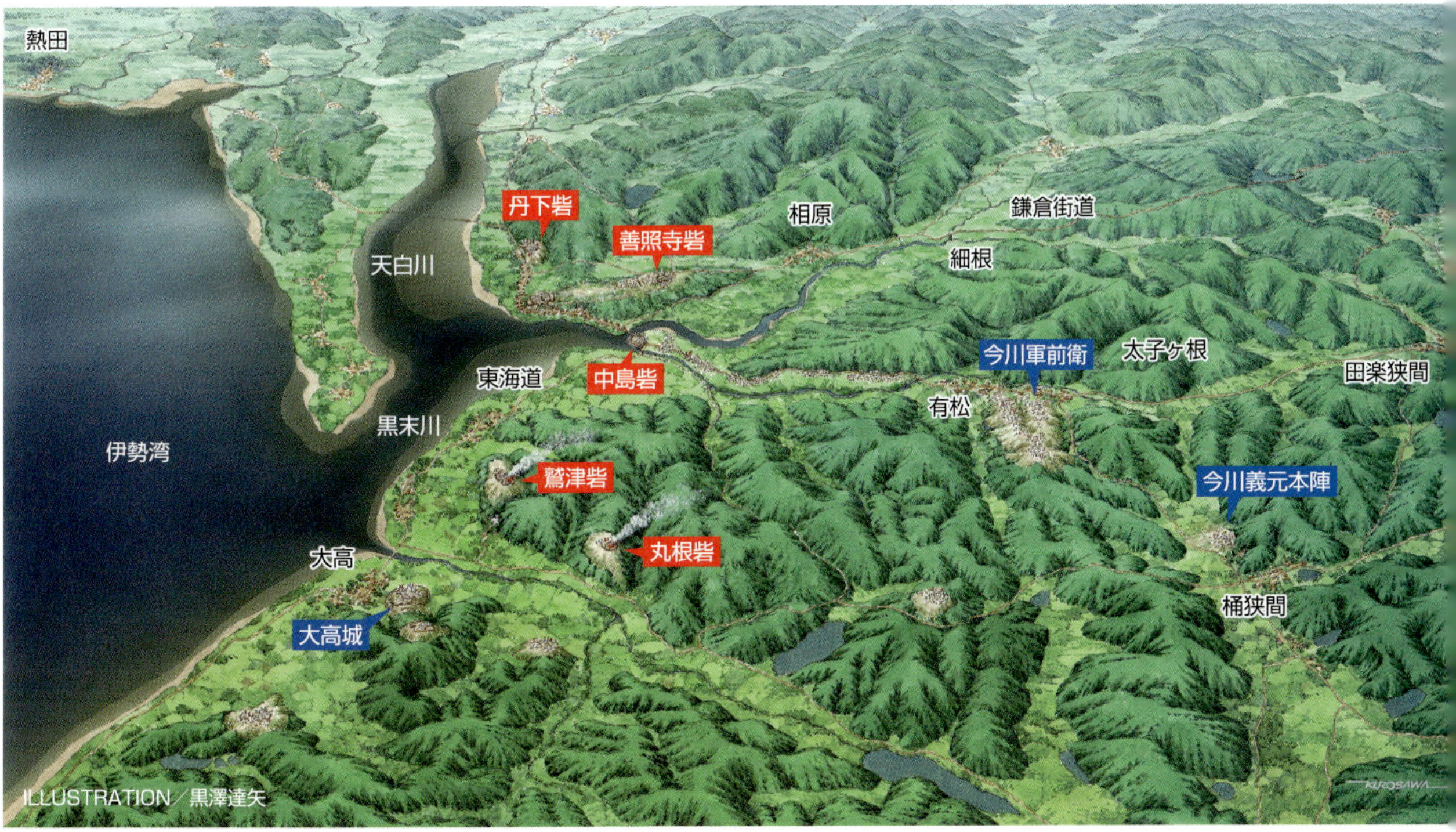

桶狭間の戦い（永禄3年5月19日）

正午過ぎ、中島砦から出陣した信長は、桶狭間の前方にいる今川義元軍の前衛隊を蹴散らすと、敗走する今川軍を追走して義元が布陣する桶狭間へ突入した。旧説では義元本陣は田楽狭間におかれたとして、信長は中島砦に入らず、善照寺砦から北東に迂回して、太子ヶ根から奇襲をしかけたとする。

04. 三方ヶ原の戦い

【武田信玄×徳川家康】

元亀3年(1572)12月

元亀《げんき》3年10月、武田信玄《たけだしんげん》は甲府を出発して西上戦を開始し、信州街道を進軍して遠江《とおとうみ》に侵入した。二俣《ふたまた》城を落とし、徳川家康の守る浜松《はままつ》城のすぐ北方にまで迫った武田軍2万5000に対し、12月22日、家康はたまらず織田信長の援兵3000を加えた1万1000の兵を率いて浜松城を打って出た。だが、これは老練な信玄による罠だった。武田軍は三方ヶ原《みかたがはら》台地の北まで徳川軍を引きつけておき、突然、踵《きびす》を返して一気に逆襲した。兵力差そのままに一蹴された徳川軍は武田軍の追撃をうけて逃走もままならず、家康はほうほうの体《てい》で居城に逃げ帰った。城攻めに時を費やすのを嫌った信玄が軍を北に進めたおかげで、家康は虎口《ここう》を脱することができた。

05. 長篠の戦い

【織田信長・徳川家康×武田勝頼】

天正3年(1575)5月

武田信玄の死後、嫡男勝頼《かつより》は徳川方の手に落ちた三河長篠《みかわながしの》城を奪回するべく、天正《てんしょう》3年5月1日、兵1万5000で城を包囲し、まもなく攻撃を開始した。これにより長篠城は孤立したが、城将・奥《おく》平貞昌《だいらさだまさ》はよく堅持しつづけた。やがて城から脱出してきた鳥居強右衛門《とりいすねえもん》の急報をうけた徳川家康はすぐに後詰《ごづ》めを決断、織田信長にも援兵を求めた。同月18日、織田軍3万を加えた連合軍3万8000が来援し、21日、城のはるか西方、連吾川《れんごがわ》を挟んだ広大な設楽原《したらがはら》で武田軍と激突した。戦国最強と謳《うた》われた武田騎馬隊は入れかわり立ちかわり、織田・徳川勢に猛攻を仕掛ける。だが連合軍が設けた3段の馬防柵に前進を阻まれ、連続して火を噴《ふ》く鉄砲隊によって山県昌景《やまがたまさかげ》、馬場信房《ばばのぶふさ》ら名だたる武将があえない最期を遂げるなど惨敗した。勝頼は命からがら、主従わずか6騎ほどで甲斐に逃げ帰ったものの、この先、武田家に深く垂れこめた暗雲が晴れることはなかった。

06. 石山合戦

【織田信長×大坂本願寺】

元亀元年(1570)9月〜天正8年(1580)8月

織田信長の「天下布武《てんかふぶ》」の課程で大きな障害になったのが大坂（石山《いしやま》）本願寺《ほんがんじ》で、石山合戦あるいは石山戦争ともいわれるこの戦いは足かけ11年に及ぶ。本願寺の法主《ほっす》・顕如《けんにょ》は各地の一向宗《いっこうしゅう》門徒に蜂起《ほうき》をうながし、足利義昭《あしかがよしあき》・武田信玄・朝倉義景《あさくらよしかげ》・毛利輝元《もうりてるもと》らからなる「反信長包囲網」の一翼をになった。元亀元年9月、摂津中島《せっつなかじま》に砦を築いた三好三人衆（三好長逸《ながやす》・三好政康《まさやす》・岩成友通《いわなりともみち》）に肩入れする本願寺に対し、信長が寺の破却を通告すると、顕如は打倒信長を掲げて挙兵した。雑《さい》賀《か》・根来《ねごろ》の鉄砲隊に加えて、伊勢長島《いせながしま》一揆も蜂起し、苦境に陥った信長は以後、各個撃破の戦術に切り替える。天正2年に伊勢長島、同3年に越前《えちぜん》一向一揆を討った。天正6年11月の第2次木津川《きづがわ》口の戦いで、大坂周辺の制海権を失い、孤立した本願寺は同8年閏《うるう》3月、顕如が講和を受諾して紀《き》州《しゅう》雑賀の鷺森《さぎのもり》に移り、法灯《ほうとう》を守った。これを拒否して籠城を続けた子の教如《きょうにょ》も8月、石山を退去した。

07.備中高松攻城戦 【羽柴秀吉×清水宗治】

天正10年(1582)5～6月

天正 10 年３月、羽柴秀吉は兵２万 5000 で備中高松城《びっちゅうたかまつ》を囲んだ。信長に従えば備中一国を与えると、城を守る小早川隆景《こばやかわたかかげ》の属将・清水宗治《しみずむねはる》に和談をもちかけたが、宗治はその誘いを蹴り、兵 5000 をもって城にたて籠《こ》もった。秀吉は水攻めを決断し、城の近くに高さ６ｍ、幅 20ｍ（下部）の土手を３km にわたって築かせた。そして城の近くを流れる足守川《あしもりがわ》を堰《せ》き止めると、あふれた水はみるみる城の周囲を水浸しにする。急を聞いて来援してきた小早川隆景・吉川元春《きっかわもとはる》が秀吉陣営と対峙したとき、無惨な浮き城を傍観するほかなかった。毛利方は備中・美作《みまさか》・伯耆《ほうき》３か国の割譲という条件をのんで和睦に応じ、６月４日に宗治は自刃した。その２日前に京都の本能寺《ほんのうじ》で、織田信長が明智光秀《あけちみつひで》の謀叛《むほん》にあって絶命し、その報せは秀吉の陣中にもたらされていたが、秀吉はなに食わぬ顔で振る舞い通した。毛利方がそれを知って歯噛《はが》みしたのは６日で、秀吉がすばやく東に転進した後だった。

長篠の戦い（天正３年５月21日）

イラストは設楽原を北から見たもので、長篠城はここから東に４kmほど離れた位置にある。連吾川沿いに馬防柵を何重にも設け、待ち構える織田・徳川軍（画面右側）に対し、武田軍は山県昌景、馬場信房らが騎馬隊を率いて波状攻撃を繰り返したが、ことごとく連合軍の鉄砲隊の餌食となった。

08.本能寺の変 【明智光秀×織田信長】

天正10年(1582)6月

西国出陣に備えて、織田信長は天正《てんしょう》10年5月29日、小姓わずかばかりを引き連れて京都の本能寺《ほんのうじ》に入った。すでに近江安土城《おうみあづち》を進発する前、明智光秀に西国出兵の先発を命じてあった。その光秀は1万3000を率いて丹波亀山城《たんばかめやま》を発つが、柴田勝家《しばたかついえ》、羽柴秀吉《はしばひでよし》ら織田方の有力武将の多くが各地に転戦している隙をつき、謀叛《むほん》に踏み切った。老の坂《おいさか》で馬首《ばしゅ》を転じると京をめざし、6月2日払暁《ふつぎょう》、本能寺を襲った。光秀の背信を知った信長は、「是非《ぜひ》もなし」と諦観《ていかん》しながらも、小姓の森《もり》蘭丸《らんまる》らと防戦につとめたが、もとより衆寡《しゅうか》敵せず、殿舎《でんしゃ》に火をかけ、内にこもって切腹した。妙覚寺《みょうかくじ》にいた嫡男信忠《のぶただ》も、二条御所にたて籠《こ》もって奮戦したのち、自刃している。

09.山崎の戦い 【羽柴秀吉×明智光秀】

天正10年(1582)6月

羽柴秀吉が本能寺の変報に接したのは、備中高松《びっちゅうたかまつ》攻城戦の陣中であった。主君・信長の死を秘匿《ひとく》したまま、毛利《もうり》氏と和睦した秀吉は、明智光秀と雌雄《しゆう》を決すべく、姫路をへて驚異的な速さで大反転、いわゆる「中国大返し」を敢行した。頼みにした細川藤孝《ほそかわふじたか》（幽斎《ゆうさい》）・忠興《ただおき》父子に背かれ、自力で秀吉を迎え撃たなければならなくなった光秀とちがい、秀吉は織田信孝《のぶたか》・丹羽長秀《にわながひで》らを抜かりなく取りこんだ。天正10年6月12日、京都南郊、勝龍寺《しょうりゅうじ》城に拠る明智勢1万5000に対し、秀吉はその倍以上の軍勢を率いて山城山崎《やましろやまざき》の天王山《てんのうざん》に本陣を構えた。翌13日の夕刻から始まった戦闘は、羽柴方の先鋒、高山重友《たかやましげとも》・中川清秀《なかがわきよひで》や羽柴秀長《ひでなが》・池田恒興《いけだつねおき》らが明智軍を一蹴、3時間ほどであっけなく終わった。本拠の坂本《さかもと》への脱出をはかった光秀は、途中、小来栖《おぐるす》の竹藪で百姓の槍に突かれて落命、信長を本能寺に襲って11日目だったが、世人はこれを「三日天下」と冷ややかに呼んだ。

10.賤ヶ岳の戦い 【羽柴秀吉×柴田勝家】

天正11年(1583)3〜4月

本能寺の変後、山崎の戦いで信長の弔《とむら》い合戦の大功を羽柴秀吉に奪われた柴田勝家は、織田政権の後継者を決める清洲《きよす》会議でも、信長の三男信孝《のぶたか》をかついで苦汁《くじゅう》をなめた。長く織田家を支えてきた宿老《しゅくろう》の勝家にとって面白いはずはなく、秀吉との全面対決はもはや時間の問題だった。あたかも雪どけを待っていたかのように天正11年3月3日、勝家は佐久間盛政《さくまもりまさ》を越前北ノ庄《えちぜんきたのしょう》から進発させ、9日には自ら出陣した。勝家の北近江着陣を知った秀吉は、伊勢《いせ》の滝川一益《たきがわかずます》との戦いを切り上げ、17日、賤ヶ岳《しずがたけ》近くの木之本《きのもと》に着陣した。柴田軍2万に対し、羽柴軍はその倍とみられる。余呉《よご》湖周辺でしばらく睨み合いが続いたが、佐久間盛政が4月20日に大岩山《おおいわやま》の中川清秀《なかがわきよひで》を攻め、戦局は大きく動いた。急を聞いて大垣《おおがき》から戻った秀吉の采配《さいはい》で反撃が開始され、前田利家《まえだとしいえ》らが戦線を離脱すると、柴田軍は算を乱して敗走し、勝家は北ノ庄に籠《こ》もったのち、夫人・お市の方と自刃した。

11.小牧・長久手の戦い

【徳川家康・織田信雄×羽柴秀吉】 天正12年(1584) 3～11月

賤ヶ岳の戦いの後、羽柴秀吉の専横ぶりは際立った。信長の二男信雄《のぶかつ》は、同じくこれを苦々しく眺めていた徳川家康と結んで秀吉と戦う決意を固め、秀吉に通じる家臣を誅《ちゅう》した。すかさず秀吉が信雄方の尾張犬山《おわりいぬやま》城を奪って入城すると、天正 12 年３月、信雄・家康は尾張小牧山《こまきやま》を本陣とし、家康の先鋒、酒井忠次《さかいただつぐ》が池田恒興・森長可《もりながよし》を羽黒《はぐろ》で破った。秀吉 10 万、信雄・家康１万 6000 の軍勢が対峙を続け、戦線が膠着《こうちゃく》するなか、４月、羽柴秀次《ひでつぐ》を大将とする池田・森らの別働隊２万は三河《みかわ》へ進軍した。だが、これを看破《かんぱ》した家康はひそかに小牧山を出て小幡《おばた》城に移ると、榊原康政《さかきばらやすまさ》らの別軍を含めた１万 3500 の兵で秀次軍を挟み撃ちにした。長久手《ながくて》で池田父子、森長可が討死にするなど、小牧・長久手の戦いは終始、家康側が優勢だったが、11 月、秀吉は巧みな政治力で信雄と単独講和を結び、このため家康は名分を失った。

秀吉の本陣。笠をかぶった秀吉の脇に、孔雀の陣羽織を着た丹羽長秀が見える。(『賤ヶ岳合戦図屛風(Ａ本)』右隻より／大阪城天守閣蔵)。

12. 小田原合戦 【豊臣秀吉×北条氏政・氏直】

天正18年（1590）4～7月

小田原《おだわら》城に拠る北条氏は、九州・四国・中国を平定した豊臣秀吉がやがてその矛先《ほこさき》を向けてくることを想定し、領国内の支城を整備し、武器を作らせていた。後北条家第4代当主・氏政《うじまさ》と子の氏《うじ》直《なお》は、関白・秀吉の再三にわたる上洛勧告を拒み、天正《てんしょう》17年11月には全国の大名に戦闘の停止（惣無事《そうぶじ》）を命じた秀吉の意向に背いて真田昌幸《さなだまさゆき》の名胡桃《なぐるみ》城を奪った。これを口実に秀吉による小田原征伐令が出され、各国から諸大名が動員された。翌年3月1日、京都を進発した秀吉は途中、北条方の山中《やまなか》城などを落としながら、4月6日、小田原城を望む石垣山《いしがきやま》に城を築かせた。かつて武田《たけだ》信玄《しんげん》や上杉謙信《うえすぎけんしん》ですら攻略できなかった堅城・小田原城も、秀吉側20万の大軍に包囲されてはいかんともしがたく、籠城3か月、各地の支城を落とされて完全に孤立し、ついに開城となった。氏政・氏照《うじてる》兄弟が切腹、氏直は高野山《こうやさん》へ追放となり、ここに後北条氏による関東支配は終焉《しゅうえん》を迎えた。

13. 文禄・慶長の役 【日本軍×明・朝鮮軍】

天正20年（1592）4月～文禄2年（1593）1月／慶長2年（1597）2月～慶長3年（1598）8月

天下統一を成し遂げた豊臣秀吉は、大陸に野望を抱き、天正20年正月、朝鮮出兵を命じて肥前《ひぜん》名護屋《なごや》を本営とした。小西行長《こにしゆきなが》・加藤清正《かとうきよまさ》を先陣として総勢15万8000が渡海、朝鮮半島に侵略を開始した。5月には国都京城を占領したが、9月に明の援軍が加わり、李舜臣《イスンシン》率いる朝鮮水軍が活躍するに及んで劣勢となり、文禄《ぶんろく》2年1月、停戦協定を結んで遠征軍は順次、帰国した。だが和平交渉で明《みん》と決裂し、秀吉は慶長《けいちょう》2年2月、小西・加藤を先鋒とする14万の軍勢を再び渡海させた。しかし泗川《しせん》の島津義弘《しまづよしひろ》、順天《じゅんてん》の小西行長、蔚山《うるさん》の加藤清正・浅野幸長《あさのよしなが》など、またもや苦戦の連続で、同3年8月に秀吉が没したことを機に停戦・帰国令が出された。

14. 関ヶ原の戦い 【東軍（徳川家康）×西軍（石田三成）】

慶長5年（1600）9月

五大老筆頭・徳川家康以下の東軍8万9000と五奉行の一人、石田三成《いしだみつなり》を中心とする西軍8万2000が激突した、世に天下分け目の戦いといわれる合戦。慶長5年6月、家康が三成に通じる会津の上杉景勝《うえすぎかげかつ》征伐の軍をおこすと、かねて家康の専横を憎む三成は毛利輝元《もうりてるもと》を盟主にかついで兵をあげた。下野小山《しもつけおやま》にいた家康は反転、福島正則《ふくしままさのり》・池田輝政《いけだてるまさ》・黒田長政《くろだながまさ》らを東海道から西上させ、三男秀忠を東山道ぞいに派遣した。9月15日払暁《ふつぎょう》、西軍の布陣する美濃関ヶ原《みのせきがはら》へと押し出し、決戦となった。戦況は西軍やや有利に展開したが、正午近くに小早川秀秋《こばやかわひであき》が寝返ったのをきっかけに西軍の総崩れとなった。この戦いで豊臣政権は崩壊し、豊臣秀頼《ひでより》は一大名に転落した。

15. 大坂の陣

【徳川方（徳川家康）×豊臣方（豊臣秀頼）】

慶長19年（1614）11〜12月／慶長20年（1615）4〜5月

慶長19年、豊臣秀頼が寄進した京都・方広寺《ほうこうじ》の梵鐘《ぼんしょう》の銘に「国家安康」の文字があった。徳川方は家康の名を裂いて呪うものだと難癖をつけるなど、豊臣家を挑発した。同年10月以降、真田幸村《さなだゆきむら》・長宗我部盛親《ちょうそかべもりちか》・後藤又兵衛《ごとうまたべえ》（基次《もとつぐ》）らが大坂城に入り、その数は9万7000を数えた。一方、出陣命令をうけて、徳川方19万5000が大坂城を包囲し、家康は大坂城の南方、茶臼山《ちゃうすやま》に布陣した。こうして始まった冬の陣だが、幸村が築いた出城（真田丸《さなだまる》）もあって、徳川方の戦果はあがらず、家康は心理戦術に切り替える。本丸めがけて大筒《おおづつ》を放つと、おびえきった淀殿《よどどの》は12月中旬、大野治長《おおのはるなが》に和平を講じるよう指示した。まもなく大坂城は惣構《そうがまえ》と外堀を埋められ、真田丸も壊されて、本丸を残すのみの裸城《はだかじろ》となった。だが平和は長く続かず、慶長20年3月、豊臣方が埋められた堀を浚渫《しゅんせつ》し、牢人《ろうにん》を招集して武器・兵糧を運び入れているとの報せが江戸にもたらされると、家康は豊臣方の弁明を無視し、諸大名に出陣を命じた。夏の陣である。豊臣方では4月、大和《やまと》・和泉《いずみ》・紀州《きしゅう》方面へと出撃したが、又兵衛、木村重成《きむらしげなり》の戦死に続き、天王寺《てんのうじ》口で奮戦した幸村も落命して、ついに大坂城は落城した。

後藤又兵衛に続いて真田幸村も戦死し、もはや風前の灯となった豊臣家と大坂城。（『大坂夏の陣図屏風』右隻より／大阪城天守閣蔵）。

三英傑 必勝の戦術

織田信長

知的合理主義に徹した「臨機応変」戦術

◉文＝工藤章興

織田信長の名を一躍天下に轟《とどろ》かせた永禄《えいろく》三年（一五六〇）の桶狭間の戦い。信長本隊二〇〇〇でもって今川義元《よしもと》軍二万五〇〇〇を打ち破ったこの合戦は、「大博奕《ばくち》の要素を備えた破れかぶれの一戦」とか「窮鼠《きゅうそ》猫を噛《か》む奇襲戦」といわれ、僥倖《ぎょうこう》あるいは奇跡の勝利と評されることが多い。

が、事実は違う。信長は確かな勝算を抱いて清須《きよす》城を打って出た。当初から籠城策は一顧《いっこ》だにしていない。信長には、緻密な計算を積み重ねて練り上げた秘策があった。当時の合戦では、総大将の首を取れば勝敗の帰趨《きすう》はほぼ決した。今川軍の心臓部である義元本陣を奇襲して義元の首級をあげる。その一点に狙いを絞った、きわめて合理的な秘策である。

それを可能ならしめたのが情報戦略だった。信長は、地形に精通した沓掛《くつかけ》の土豪《どごう》・簗田政綱《やなだまさつな》とその配下に諜報の任にあたらせ、今川軍の情報を細大もらさず収集し、義元本陣の所在という、最重要かつ決定的な情報もつかんでいた。そしてそれら情報をもとに、透徹した戦術・戦略眼をもって義元の意表を衝《つ》く正面強襲作戦を立て、絶好のタイミングをはかって襲撃。計算どおり義元を討ち取って今川軍を敗走させたのである。

もっと端的にいうなら、情報網を駆使し、収集した情報を分析して、即座に状況に応じた最も効果的な戦法をとった。つねに自分に有利な局面で戦おうとする信長の戦術思想がそこにはある。

元亀《げんき》元年（一五七〇）、浅井長政《あざいながまさ》・朝倉義景《よしかげ》連合軍を撃破した姉川の戦いも例外ではない。このとき信長は、長政が拠る小谷《おだに》城を直接攻撃することなく、支城の横山城を包囲した。兵力は、織田・徳川連合軍が三万四〇〇〇、浅井・朝倉連合軍が一万八〇〇〇。数で勝るとはいえ、城攻めには一〇倍の兵力を要するといわれる。難攻不落をうたわれた小谷城を力攻めできるほどの差ではない。

横山城は近江《おうみ》を南北に貫く要路にあり、ここを奪取すれば近江における浅井氏の勢力を分断できる。心理戦で長政を揺さぶって野戦に引きずり込む。それも、大軍の展開が容易な姉川の好地勢で決戦しようという、状況を的確に読んだうえでの陽動作戦である。

信長の思惑どおり、危機感をつのらせた浅井・朝倉連合軍は横山城を見捨てることができずに動き、信長に有利な局面が創出された。あとは大兵をもって敵を殲滅《せんめつ》すればよい。智将・信長ならではの臨機応変の戦術だ。

天正三年（一五七五）の長篠の戦い。鉄砲の威力を見せつけて武田勝頼軍団を完膚《かんぷ》なきまでに撃沈したこの合戦にも、信長の戦術思想は如実《にょじつ》に表れている。

信長は長篠西方の設楽原《したらがはら》に布陣し、連吾《れんご》川沿いに二重三重の馬防柵を構築、その後ろに三〇〇〇挺（一説には一〇〇〇挺）の鉄砲隊を三段に配した。鉄砲の集中使用はそれ以前の雑賀《さいか》衆との戦いにも見られるが、馬防柵とのセットは信長の独創であった。

❸長篠の戦い　天正３年（1575）×武田勝頼

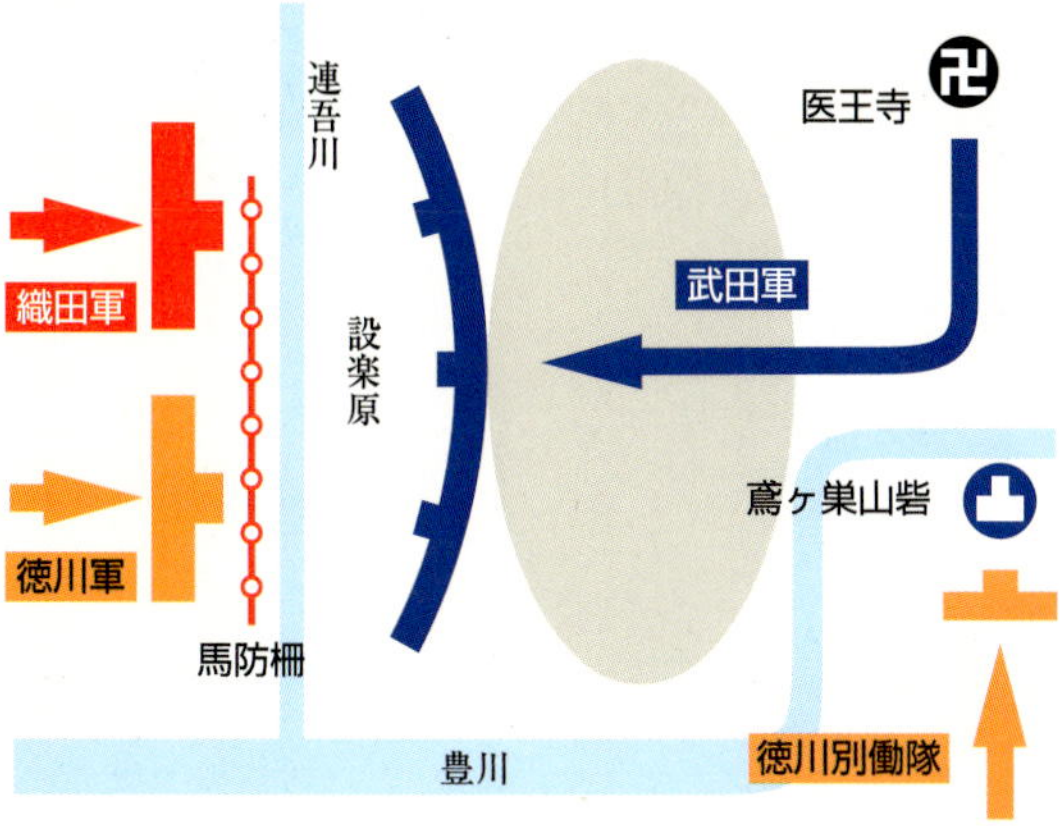

❶桶狭間の戦い　永禄３年（1560）×今川義元

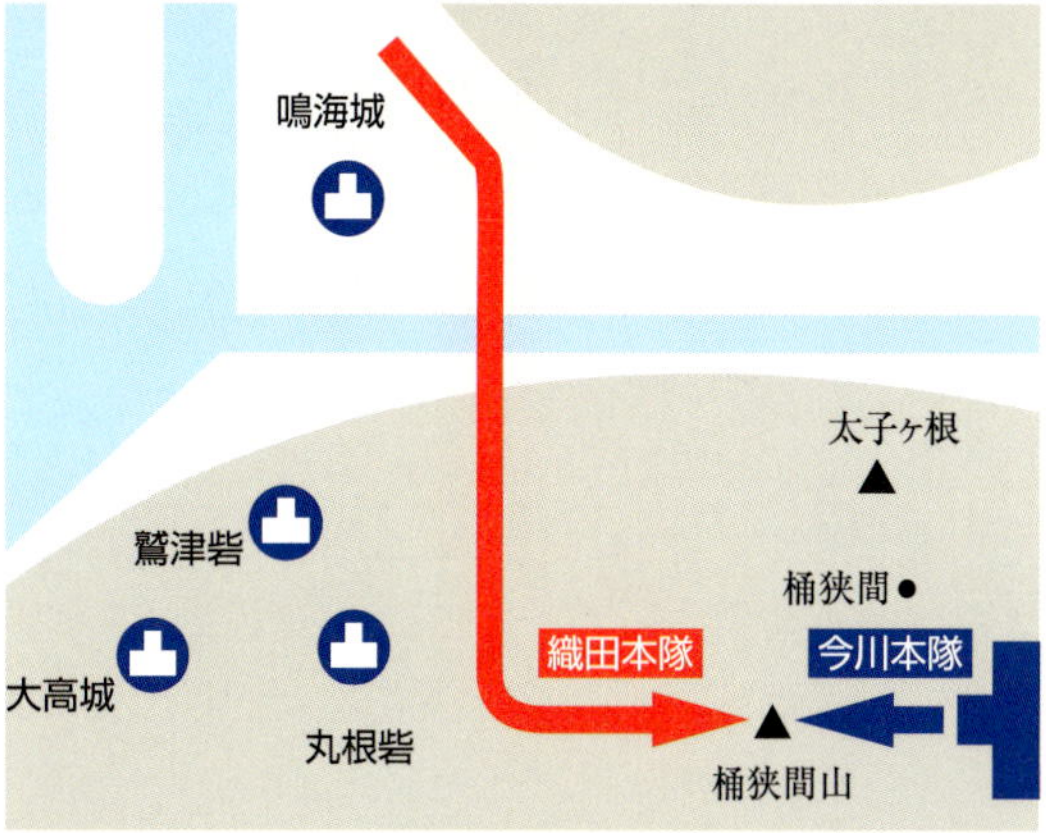

❷姉川の戦い　元亀元年（1570）×浅井長政・朝倉義景

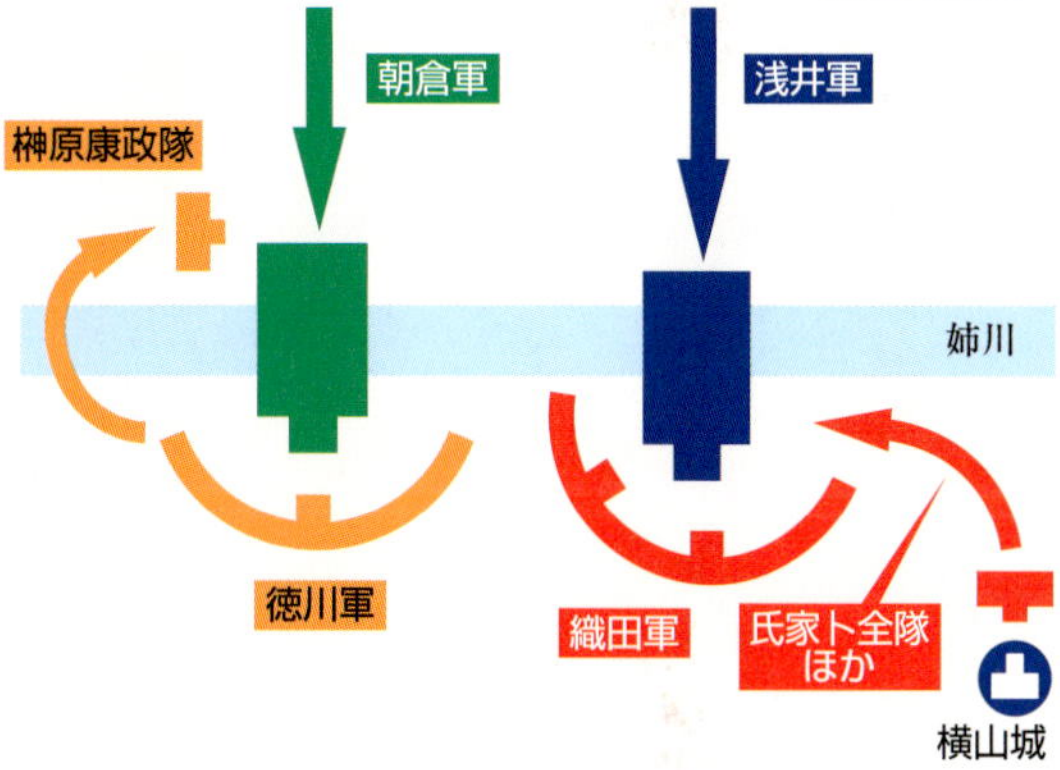

信長の強さは１つのパターンに捉われない柔軟な戦術をその都度案出できることにあった。その根底に、数多くの情報の中から適切な情報を見分ける鋭敏な感覚と、そこから最も有利な状況を創り出す判断力、そして、それを具現化する実行力の３つの才覚を備えていたことがあげられる。信長の戦術の特徴は〝臨機応変〟ということなのである。

❶すでに敵の手に落ちている鳴海城などを避けて、桶狭間山の敵本陣に正面強襲。わずかの勝機を逃がさない臨機応変の決断力で大勝利を挙げた。

❷本城攻撃より犠牲の少ない野戦に持ち込むため、浅井の支城・横山城を攻撃。大軍の利を生かせる姉川に浅井・朝倉軍を誘い出し、撃破。

❸謀略により自軍に有利な設楽原に戦場を設定。佐久間隊と大久保隊に敵軍を挑発させ、馬防柵と鉄砲隊の待ち受ける正面に誘い出し、撃破。

三英傑 必勝の戦術【織田信長】

武田騎馬隊は戦国最強の突進力と破壊力をもつ。その鋭鋒《えいほう》を馬防柵でくじき、間断のない連続銃撃で粉砕しようというのである。が、この作戦を成功させるには、武田騎馬隊に先に攻撃をしかけさせなければならない。そこで信長は、多数の諜報員を使って「織田軍弱し」という情報を意図的に流させた。勝頼は、前年に父信玄すら落とせなかった東遠江《ひがしとおとうみ》の堅城・高天神城《たかてんじん》を落として驕《おご》っている。それをさらに煽《あお》って自信過剰に陥らせる策だ。開戦にあたっても、武田騎馬隊をおびき出すため、左翼の佐久間信盛《のぶもり》隊と右翼の大久保忠世《ただよ》隊を柵外に進出させて挑発させている。信長の知謀の冴えである。

耶蘇会《やそかい》の宣教師ルイス・フロイスは信長のことを「善き理解力と明晰なる判断力を有し、神仏その他偶像を軽蔑し、異教一切の卜《うらない》を信ぜず」と評した。

信長は、上に見た三大決戦だけではなく、多くの合戦で自らに有利な局面を創出し、臨機応変、その局面における最も有効な戦法で敵を撃滅した。それは、いち早く鉄砲の威力に着目し、〝善き理解力〟と〝明晰な判断力〟、さらには情報網を駆使しての情報戦能力、瞬時のうちに決断を下す能力、積極果敢な行動力、迅速な機動力をも兼ね備えていた近代的合理主義者・信長ならではの必勝戦法だったのである。

豊臣秀吉

緻密と大胆が融合する「大量包囲」戦術

◉文＝工藤章興

古来、攻城戦における長期攻囲戦術は最も困難であるとされている。城とは本来、難攻不落を前提として築かれた叡知《えいち》と技術の結晶だ。当然、城攻めにはそれ以上の叡知と技術が要求される。城を包囲して食料や飲用水の補給路を完全に遮断する長囲戦法は、とりわけ高度な戦術・戦略眼を必要とする難度の高い戦法なのである。

豊臣秀吉はしかし、攻城戦においては強襲策や奇襲策よりも、大量派兵による長囲戦法を多用した。その背景には秀吉の合戦哲学があった。彼は常々こういっていたといわれる。

「人を切ぬき申候《もうしそうろう》事きらい申候」

長囲策は無血戦を望んだ秀吉らしい戦法であり、しかも味方の犠牲を最小限にとどめ、兵力を温存できるというメリットがある。が、この戦法は大兵力を動員しなければ不可能という難しい一面もあわせもつ。

秀吉は難度の高いこの長囲戦の天才とまでいわれた。その評価を決定づけたのが、天正九年（一五八一）の因幡《いなば》・鳥取城攻めだ。

敵に圧倒する大兵力を擁《よう》するとはいえ、至難とされる長囲戦法を実施するには、それを成功させるための準備が欠かせない。秀吉は鳥取城攻略戦に先立って、若狭《わかさ》から因幡に商人を送り込み、時価の数倍という値段で米を買い占めさせた。あまりの高値に、城内に備蓄してあった兵糧米まで売られた。秀吉はさらに、農民に対する乱暴狼藉《ろうぜき》や略奪行為をあえてやらせて城内へ追い込んだ。その数約二〇〇〇。ために城内人口は二倍の四〇〇〇人にふくれあがった。

こうして城内の備蓄米を減少させ、城内人口を増やしたうえで、二万の大兵力でもって鳥取城を完全封鎖し、糧道を完璧に遮断した。その結果、毛利勢は陸路や海路から補給を試みたものの、ことごとく失敗して城内は飢餓地獄と化し、百余日の籠城の末、ついに降伏開城したのである。

天正十年（一五八二）の備中《びっちゅう》高松城攻略戦でも、大量派兵による長囲戦法をとった。籠城兵約五〇〇〇に対し、秀吉は宇喜多《うきた》勢を合わせて約三万という大兵力で完全包囲。さらに時期が梅雨、城の三方が沼と深田という条件を逆用し、長大な堤を築いて足守《あしもり》川の水を堰《せ》き止め、堅城の高松城を湖面の浮城とさせている。日本戦史上未曾有《みぞう》の水攻めによる攻囲作戦であった。

秀吉の天下掌握を決定づけた天正十八年（一五九〇）の小田原城攻めも例外ではない。秀吉はじつに二十二万の大軍勢を動員し、北条軍五万六〇〇〇が籠もる小田原城を三か月間にわたって包囲した。その一方で、北条の支城を各個撃破して小田原城を孤立化させ、武田信玄や上杉謙信をも退けた難攻不落の城を攻略したのである。

攻城戦だけではない。秀吉は野戦においても、敵に圧倒する大兵力を動員するのが常だった。

たとえば山崎の戦い（天正十年）の戦力比

❸小田原合戦　天正18年（1590）×北条氏政・氏直

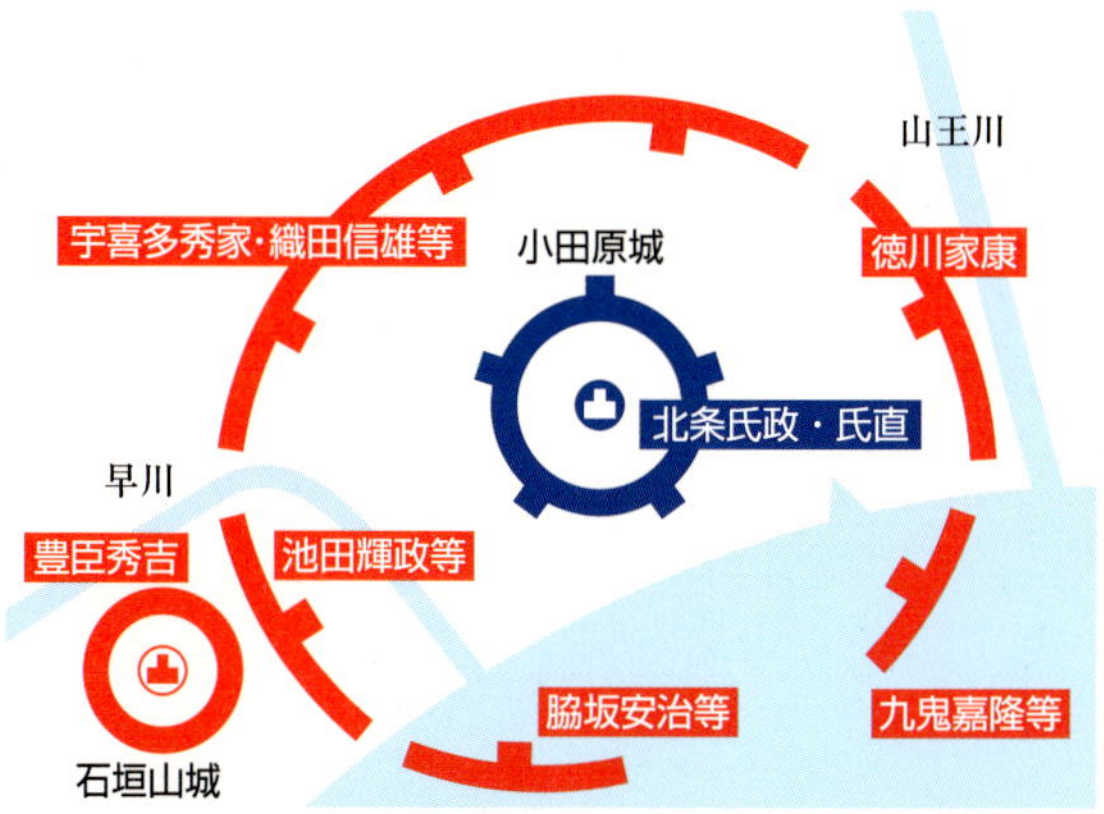

❶鳥取城の戦い　天正9年（1581）×吉川経家

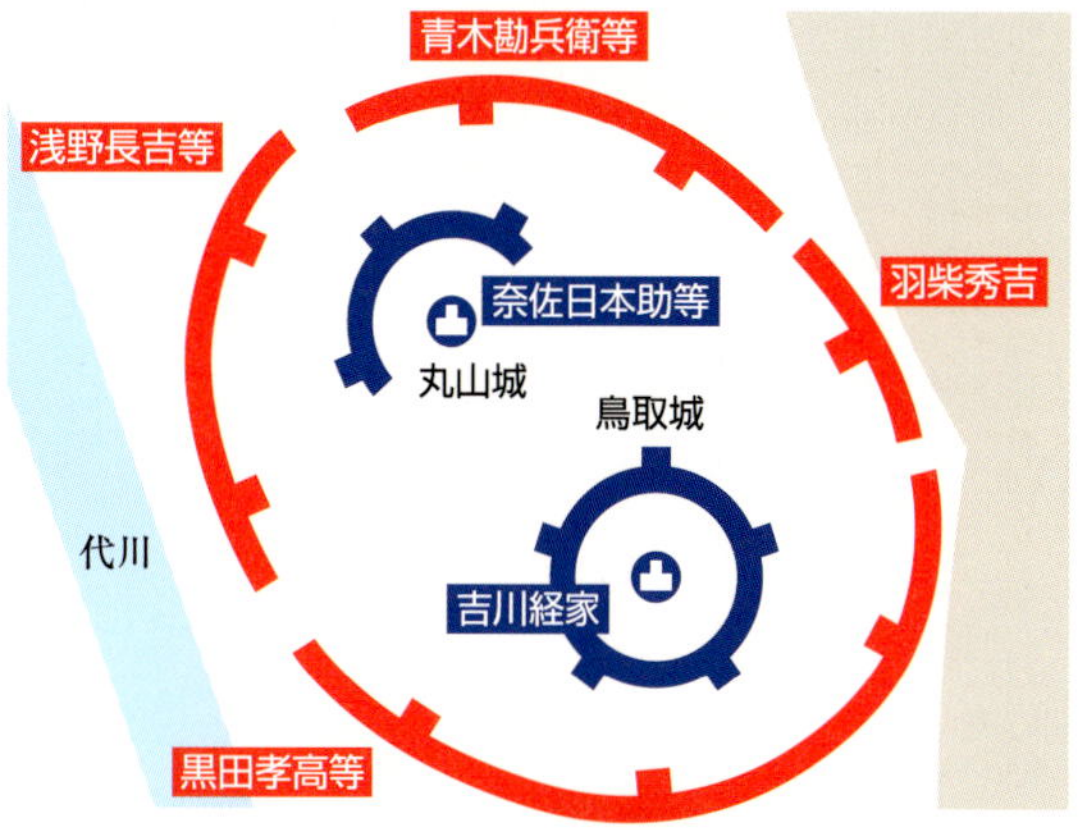

❷備中高松城の戦い　天正10年（1582）×清水宗治

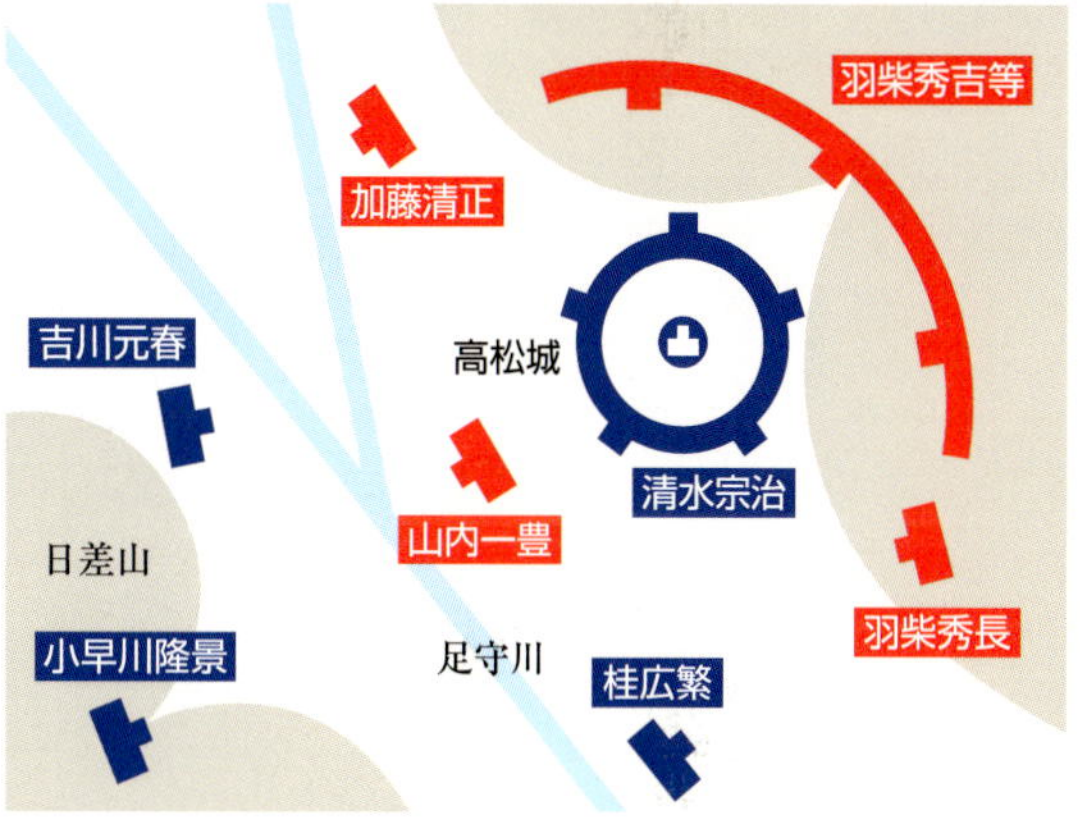

兵の損耗を好まぬ秀吉の最も得意とした戦法が、大量派兵による長期攻囲戦術だった。敵の士気を挫いて降伏させ、味方の犠牲を最小限におさえることに秀吉の本領は発揮されたのである。また、この戦術は敵軍の大多数の兵力を自軍に加えることができ、ますます今後の戦略を立てやすくなるという利点まであることにも注目すべきであろう。

❶商人に鳥取城付近の米を高値で購入させ、城内を兵糧不足に陥らせる。その上で浅野・黒田隊らとともに2万の大軍を率いて完全包囲。
❷約３万の大軍で備中高松城を包囲。足守川の水を2.8kmにおよぶ即席堤防で堰き止めて水攻めを敢行。
❸水軍も含めた約22万の大軍勢で北条小田原城を包囲後、支城の松井田城・鉢形城などを各個撃破、降伏へ追い込む。

三英傑 必勝の戦術【豊臣秀吉】

をみると、明智光秀《あけちみつひで》軍一万三〇〇〇に対して秀吉軍は二万七〇〇〇である。翌天正十一年の賤ケ岳《しずがたけ》の戦いは、柴田勝家《かついえ》軍が二万で秀吉軍は三万。天正十二年の小牧《こまき》・長久手《ながくて》の戦いは、織田信雄《のぶかつ》の単独講和などがあって開戦時との差はあるものの、最終的には、徳川家康軍一万七〇〇〇に対し、秀吉陣営の兵力は一〇万にものぼっていた。

兵力を大量動員するには当然、強大な経済力が必要となる。秀吉にはそれだけの財力があった。そしてそれを有効利用する才覚もあった。

高松城攻めの築堤にあたり、秀吉は土俵一俵《ぴょう》につき銭一〇〇文・米一升《しょう》という高額の報酬を与え、その総経費は銭六十三万五〇四〇貫文・米六万三五〇四石に達したと史料は語る。鳥取城攻めの際の米の買い占めにも惜しみなく金を使ったし、山崎合戦を前にしては姫路城で在庫の金銀米銭すべてを将士に分配してもいるのだ。

この卓抜した才覚に加え、情報の収集・分析能力、機略縦横の外交能力、臨機応変の決断力、迅速な機動力、家臣団を統率する能力にも、秀吉は傑出していた。その総和が高度で斬新な戦術・戦略眼を構築させ、敵を圧倒する大量派兵を可能にし、至難とされる長期攻囲戦を成功に導いたのである。

三英傑　必勝の戦術

徳川家康

攻防自在で必勝を期す「付城」戦術

◉文＝工藤章興

徳川家康は野戦には絶対的自信をもっていたものの、城攻めは苦手だった、といわれる。しかし、それは常勝を誇った徳川軍団が二度の信濃《しなの》・上田城攻略戦で真田氏に散々に翻弄《ほんろう》されたというイメージが強すぎたためだろう。家康自身は上田城攻めの直接指揮はとっていないし、攻城戦を苦手としていたのでもなかった。

もっとも、性格的に慎重な家康は速戦即決の必要性がある場合以外は決して無理はせず、付城《つけじろ》（向城《むかいじろ》）戦術を多用した。攻城側の犠牲を少なくし、また攻城をしやすくするために多数の付城を構築して包囲し、常時見張りの兵を置いて籠城側を圧迫する一方で、後詰《ごづ》め行動を阻止する戦術だ。孤立化した城に籠《こ》もる兵はやがて飢餓に悩まされ、焦燥感や絶望感にさいなまれる。多少時間はかかっても確実な勝利が期待できる戦法なのである。

家康の付城戦術の典型的事例をいくつかあげてみよう。

まずは永禄《えいろく》十一年（一五六八）十二月から翌年五月にかけての掛川《かけがわ》城攻略戦。敵将は今川氏真《うじざね》だ。このとき家康は掛川古城に本陣を置き、笠町、大六山、青田山、金丸山、長谷、曾我山《そがやま》などに付城を築いて掛川城を攻囲。さらに天王山を攻め取って包囲網を縮め、総攻撃を行った末に調略をもって和議を結び、氏真に開城させている。

天正《てんしょう》三年（一五七五）六月から十二月にかけての二俣《ふたまた》城攻めも、付城戦術が奏功した一戦だった。二俣城は武田氏の属城で、守備するのは勇将の誉れ高い依田信蕃《よだのぶしげ》。家康は蜷原《になはら》、毘沙門堂《びしゃもんどう》、鳥羽山《とばやま》、和田ヶ島《わだがしま》の四か所に付城を築いて包囲するとともに、武田勝頼《かつより》の後詰め行動を封じた。援軍を送れない勝頼が再三にわたって依田に降伏を勧めた結果、無血開城という結末を迎えている。

家康の付城戦術としてもっとも有名なのは、遠江《とおとうみ》における武田勝頼の牙城・高天神《たかてんじん》城を没落せしめた一戦だ。遠江の完全制覇を狙う家康は、天正七年（一五七九）秋から翌年夏にかけて、小笠山、風吹、能ヶ坂《のがさか》、火ヶ峰、安威、獅子ヶ鼻、中村城山、三井山の八砦を構築。さらに高天神城の周りに壕《ほり》をめぐらし、鹿垣《ししがき》、塀、柵、逆茂木《さかもぎ》、虎落《もがり》を何重にも設けて包囲網を整備。八砦の後方にも、勝頼軍の後詰め行動に備えて広く深い壕を掘り、土塁《どるい》を築いて柵をめぐらした。甲斐《かい》から援軍が来れば迎撃し、後詰めがないときは籠城兵を干殺《ひごろ》しにしようという、万事に慎重な家康ならではの万全の一大包囲網である。

囲む徳川軍は一万一〇〇〇。一方の籠城兵は城将・岡田真幸以下一〇〇〇と、徳川軍の十一分の一という寡兵《かへい》だった。だが、家康に力攻めする気はない。高天神城は東・南・北が断崖絶壁で、西は険阻《けんそ》な尾根がつづく天険の要害。これだけの兵力差があれば力攻めも不可能ではないが、相当の犠牲を覚悟しなければならない。そんな犠牲を払わなくとも、勝頼の後詰めがないかぎり、城は確実に落ちる。

❸第２次高天神城の戦い
天正7～9年（1579～81）×岡部真幸

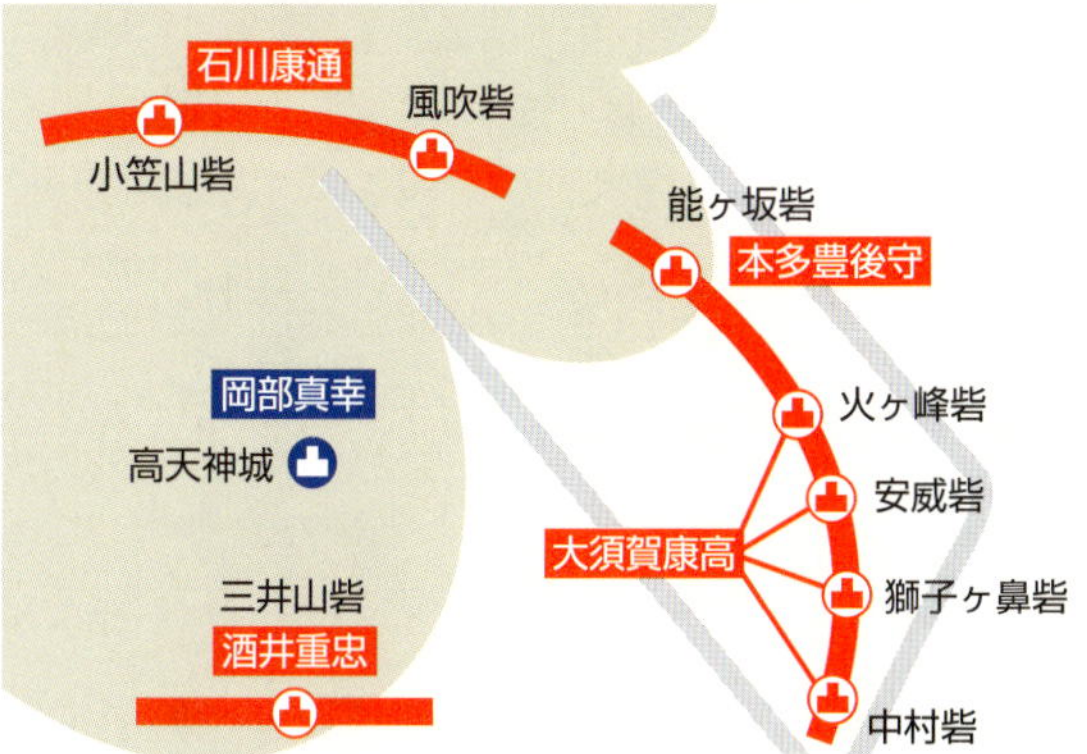

❶掛川城の戦い
永禄11～12年（1568～69）×今川氏真

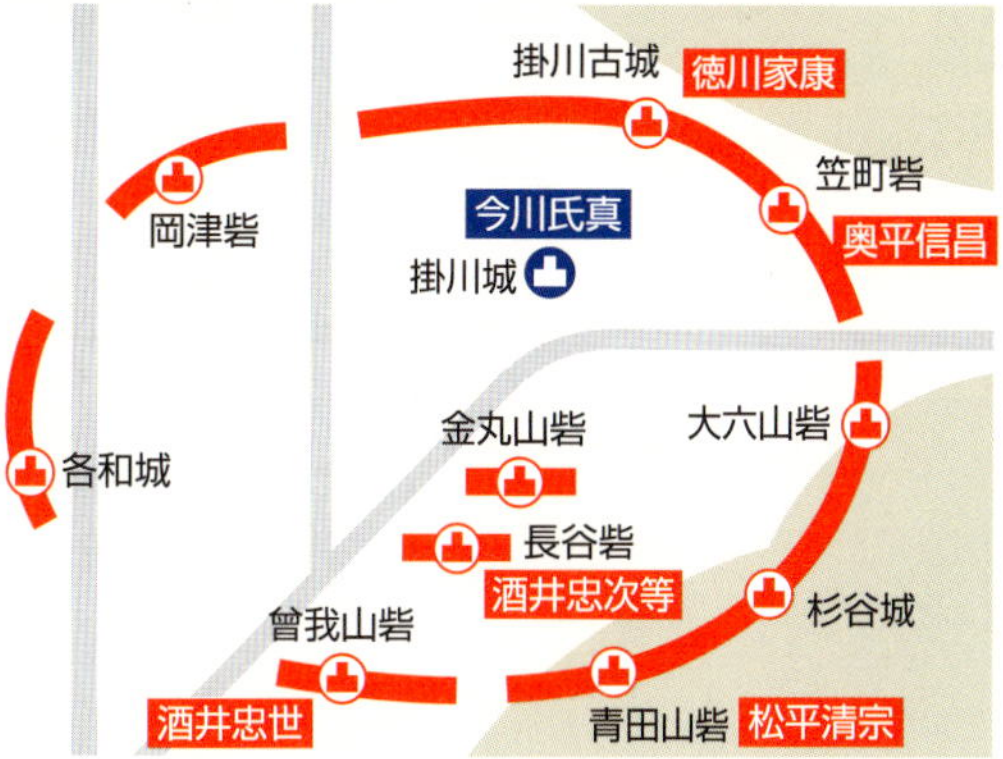

❷二俣城の戦い　天正3年（1575）×依田信蕃

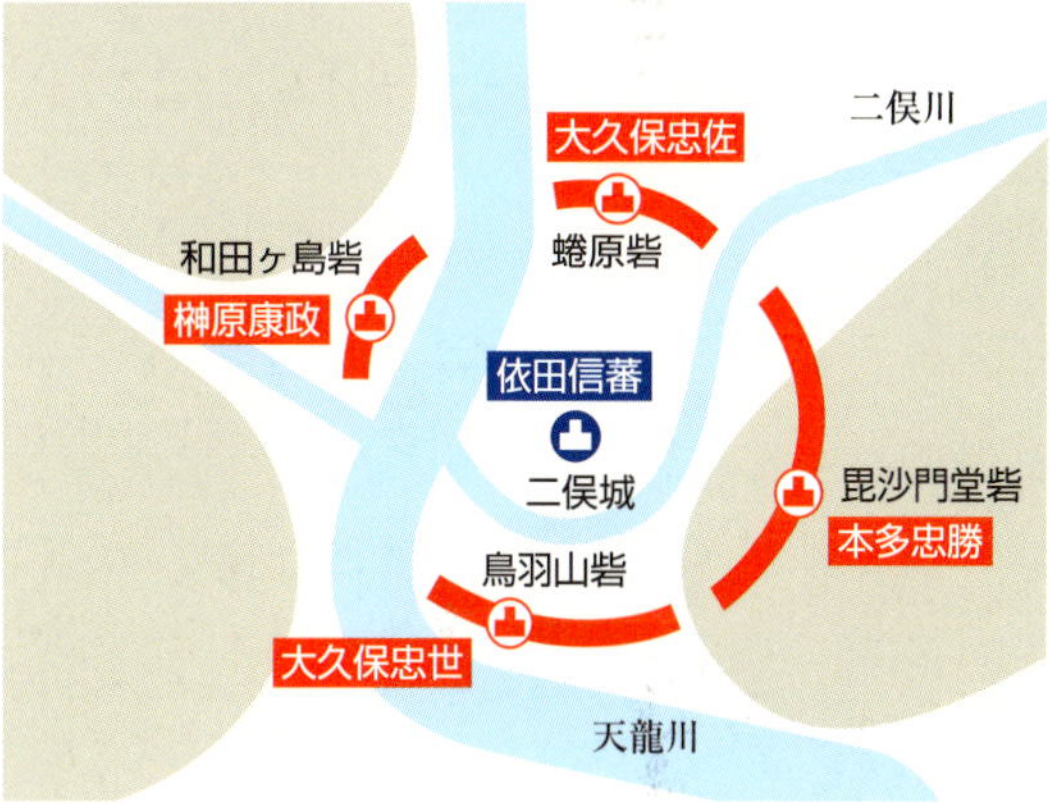

野戦に抜群の戦闘力を誇る三河勢を率いた家康は、攻城においても必勝に戦法を持っていた。敵城の周囲に砦を構築して攻防自在の構えを取るこの戦術を、「付城戦術」と呼ぶ。付城は敵後詰め部隊の攻撃から守る盾の役割も果たし、自軍の安全を守り、勝利を確実にするのに適した戦術といってもよいだろう。これは信長の影響も感じさせる戦法だ。

❶笠町・大六山などに付城を築き、完全包囲体勢を固める。敵軍を圧迫しておいて調略によって和議を結び、掛川城開城に成功。

❷二俣川と天龍川の2本の川と３方の丘陵地を利用し、４つの付城で効率的に依田軍を包囲。天険の要害を逆に完全孤立化することに成功。

❸小笠山、風吹など８か所に付城を構築し、高天神城を包囲。自軍の10分の１以下の敵将岡部真幸以下1000名を力攻めせず、長期戦で落城させる。

三英傑 必勝の戦術【徳川家康】

一年余もかけて万全の包囲態勢を整えたのもそのためだ。無理をする必要はないのである。

しかもこの時期、勝頼は北条氏政《うじまさ》および織田信長と敵対中だった。その勝頼からの援軍派遣はない、という確信に近い読みが家康にはある。読みは的中した。勝頼はなんとか戦局打開策を講じようとするものの、有効な後詰め行動を起こすまでには至らない。高天神城は結局、天正九年三月に落城する。家康の的確な情勢判断と得意の付城戦術が、遠江の完全制覇を可能にしたのである。

以上は局地的な事例であるが、家康はさらに壮大な付城戦術を用いている。大坂の陣の前における大坂城大包囲作戦がそれだ。慶長五年（一六〇〇）の関ヶ原合戦に勝利した家康にとって、豊臣家が拠る大坂城攻略は既定の方針だった。そしてその方針のもと、大坂城を包囲すべく次々と城を築き、あるいは再建していった。

駿府城、名古屋城、桑名城、美濃加納城、彦根城、伊賀上野城、膳所《ぜぜ》新城、伏見城、二条城、丹波《たんば》篠山《ささやま》城、姫路新城などである。これら堅城群でもって、本拠の江戸から大坂への幹線ルートである東海道を押さえ、さらに大坂城を包囲するという、構想も規模も壮大きわまりない戦略的築城だ。一般的な付城戦術とのイメージ差は大きいが、根底にある戦術・戦略思想はまったく同一といってよい。家康は、野戦だけでなく、攻城戦においても恐るべき智略を発揮していたのである。

信長・秀吉・家康

天下獲りの収支決算

高松城水攻め、締めて四八二億七五〇〇万円也

文＝橋場日月

「銭《ぜに》は下賤《げせん》の持《もち》あつかひ候《そうろう》ものなり」

上杉景勝《かげかつ》の家老として知勇を称えられた直《なお》江兼続《えかねつぐ》が、江戸城で伊達政宗《だてまさむね》から「遠慮はいらないから、手にとってみろ」と新鋳《しんちゅう》の小判を見せられたときに返した言葉がこれである（『会津陣物語』）。

戦国の世、各地の群雄は、生き残りを賭けて懸命に武力を磨《みが》き知恵を働かせていた。だがその知恵は作戦計画や騙《だま》しくらべだけに使われていただけではない。そう、いくさするにも何《なに》をするにも、まずは必要になるもののことを考えていたのだ。それは何か。「お金」である。

はたして有名な合戦にはそれぞれどれくらいのお金がかかったのだろうか？　物価の地域差や時間的差異にはある程度お目こぼしを願って、戦国大名の経費を考えてみたい。

濡れ手に粟で八一億の桶狭間

信長の天下獲り街道の起点となった永禄《えいろく》三年（一五六〇）の桶狭間《おけはざま》の戦いは、今川義元《いまがわよしもと》の攻勢に対する受け身の合戦だった。

このときの信長は二〇〇〇人の軍勢を引率したといわれるが、その軍容について鉄炮《てっぽう》の記述はない。従来の弓・鑓《やり》が主な武器で、おまけに自国内における超短期決戦だから、兵《ひょう》糧《ろう》などの消耗もまるでなかった。

戦闘による人的損害・防御施設の損壊はさておき、経費的には非常に安上がりの合戦だったといえるだろう。これに対し、戦いの結果として得られた利益は、計り知れないほど大きいものだった。

当時、信長は尾張《おわり》の国の主であったとはいうものの、鳴海《なるみ》・笠寺《かさでら》・中村・大高《おおだか》・沓掛《くつかけ》は今川方で、今の愛知郡の東半分と知多郡が押さえられていた。また、当時「河内《かわち》」といった海部《あま》郡も、蟹江《かにえ》城が今川方に落ちたりもして、今川氏と気脈を通じる服部左京亮《さきょうのすけ》が勢力を持っていたから、実質信長の支配が及ぶのは、面積的には尾張半国にすぎなかったといっても過言ではない。

のちの慶長《けいちょう》年間における尾張の石高《こくだか》は約五七万石で、これをさかのぼって適用すると、当時信長の支配地は三〇万石ほどでしかなかった（以降も、石高に関しては慶長期のそれを援用《えんよう》する）。実際にはこれに津島や熱田《あつた》の商業経済の運上《うんじょう》が加算はされるが、今川氏の勢力に比べ、はなはだ心許ないレベルであったことに変わりはない。

この勢力図が、桶狭間の戦いによって一瞬にして織田色に塗り替わることになった。信長は倍の石高に成長し、純増分の二七万石の内、四公六民で一〇万八〇〇〇石が織田家の懐《ふところ》を潤したとすると、現代の金額では実に八一億円の収益増につながったと換算でき（換算方法は後述）、その上東部の戦略的脅威を払《ふっ》拭《しょく》することができたのだから、経済的に見ればローコスト・ハイリターンの代表のような合戦だったのだ。

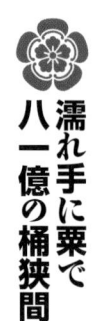

長篠合戦の鉄炮代 六億七五〇〇万

その信長が、天正《てんしょう》三年（一五七五）に三河《みかわ》北東部で、甲斐《かい》の武田勝頼《かつより》を相手に決戦をおこなう。有名な「長篠《ながしの》の戦い」である。

織田軍は、この戦いで鉄炮を大量投入することによって戦局を有利に導いたわけだが、その数については一〇〇〇挺とするものや三〇〇〇挺とするものがある。

筆者は、織田軍全体ではやはり三〇〇〇挺近くの鉄炮があり、その内信長自身の持つ鉄炮一〇〇〇挺を馬廻衆《うままわり》に指揮させた、と考えている。その詳細な理由は今回措《お》くとして、信長の鉄炮一〇〇〇挺の代金は、いくらになるのだろうか。

これについては、慶長年間の鉄炮の価格についての史料がある。それによると、六匁玉《もんめだま》の銃が九石にあたっている。金銭に置き換えると金子《きんす》約二両という。

ここで「二両」がどれほどの価値かを皆さんと共に肌で感じるために、現代の金額に換算してみよう。

米一石は現代の単位で一五〇キログラム。スーパーで米を買うと、大体一キロあたり五〇〇円くらいが今の相場だから、一石は五〇〇×一五〇＝〈約七万五〇〇〇円〉。だから銃一挺分の九石は〈六七万五〇〇〇円〉となる。これが金子二両に相当するということは、一両は〈三三万七五〇〇円〉。この「現代米価換算方法」は、以後全体にわたって適用していく。

実戦用の銃というものは、三～四匁から一〇匁あたりまでということらしいから、長篠で使われた銃も、平均値で見ても大体はこの六匁玉筒《づつ》あたりだろう。

とすると、信長が直轄した鉄炮の費用は、それだけで〈六億七五〇〇万円〉にのぼる。しかも、鉄炮は火薬や弾を使って初めて驚異的な武器として活きるわけで、その費用が上乗せされる。

弾薬代は別途で一二億

長篠の織田軍がどれだけの火薬と弾丸を用意したか、というような便利な史料はないが、この合戦で大敗した武田勝頼が、その直後に部下に命じた軍役《ぐんやく》規定が今に残っている。

「玉薬壱挺三〇〇放宛支度すべし」

信長に苦杯をなめさせられて織田軍に対抗しうる鉄炮装備を急いでいる勝頼の言だから、織田軍も一挺あたり射撃三〇〇回分の火薬と弾丸を最低用意していたと仮定しよう。

まず火薬だが、「黒色火薬」は硝石《しょうせき》七：硫黄《いおう》一・五：木炭一・五をアルコールで混ぜたもので、これを一回の射撃に一〇匁（約四〇グラム）用いる（もっと少ないかも知れない。ほかに三匁とする資料もある）。

永禄十年の大友宗麟《そうりん》の書状に「硝石二〇〇斤に対し一〇〇タイス（銀一貫目）を支払う」とある。信頼性には疑問も残るが、ほかに適当な価格資料もないからこれを援用すると、一〇〇〇挺の鉄炮三〇〇射撃に要する硝石は、三〇〇万匁＝一万六六六七斤（大和目）となり、銀で八三・四貫目という計算になる。

八三・四貫目は銀子《ぎんす》にすると一九四〇枚で、当時は米が七三七二石も買えた。これは現代の金額で〈五億五二九〇万円〉にもなり、鉄炮代とそれほど変わらない金が必要だったことになる。これに硫黄や木炭、アルコールの費用が加えられるのだから、六億は下らない額になるのではなかろうか。

次に弾丸の費用を考えよう。慶長十九年（一六一四）に徳川家康が、大坂攻めの用意のために鉛一万一五一〇斤を一斤あたり六分、総計六貫九〇〇匁で購入したという記録があるので、これを使わせてもらおう。

長篠には、六匁玉が、三〇〇発×一〇〇〇挺＝三〇万発分が持ち込まれた（信長直轄分のみ）とすると、六匁×三〇万発＝一八〇万匁で約一万斤で、これは家康が購入した鉛の量とほぼ同量だから、金額も同額とすれば〈約四六〇〇万円〉である。鉄炮一〇〇〇挺とその弾薬の合計では〈約一二億七〇〇〇万円〉もの経費が計上される（以上は弾薬の加工費を除く金額である）。

三日間で二七〇〇万の兵糧代

武器の費用が出たところで、今度は食費を計算してみる。織田軍の兵数については諸説あるけれども、ここでは便宜上、諸説の中をとって二万としよう。

織田軍が五月十三日に岐阜を出発してから二十五日に凱旋《がいせん》するまでは一三日間。岐阜出発の翌日には岡崎に到着している。

当時の慣習としては「三日間の腰兵糧は自《じ》弁《べん》」だから、岐阜出発から翌日まで二日間の食費はみな将兵の自前で、信長の懐を痛めはしなかっただろう。また、合戦が行われる土地の領主が援軍を饗応《きょうおう》するのが普通のようだから、織田軍が岡崎に着いてから合戦翌日までは徳川氏が食費を負担したと考えられる。

ということは、信長が心配しなければならなかったのは、長篠で大勝してから岐阜に帰り着くまでの三日間の分だけ、ということになる。彼らはこの三日間でどれくらいの兵糧を消費しただろうか。

『雑兵《ぞうひょう》物語』という書物は、雑兵一人あたりの食料として、米が一日六合、塩が一〇人宛てでひと月一合、味噌が同じく二合要る、と説明している（一合＝〇・〇〇一石）。

この割合で三日間、二万人の軍勢を食わせるには米三六〇石、塩二〇〇合、味噌四〇〇合となる。この分量に対して『多聞院《たもんいん》日記』という奈良のお坊さんの日記を参考にして計算しやすい米に換算すると、塩は米〇・二石分、味噌（これは「豆味噌」だろう）は米〇・八石分。全部合わせて、三六一石分の費用が発生するわけだ。これは当時の相場で銭一八八貫文に相当するのだが、例の現代米価換算方法でいくと一貫文は〈約一四万三六〇〇円〉に相当し、合計で〈約二七〇〇万円〉になる。

わずか二〜三日の行軍で、これだけの食費がかかってくるのだから馬鹿にならない。このほか食費には当然副食物の入費も上乗せされるし、さらには彼らが運搬・戦闘に用いる馬にも塩や大豆などの飼料が入り用だから、実際の食料費はもっと膨らんでくるだろう。先の鉄炮・弾薬に兵糧を加えて大体〈一三億円〉の経費が長篠のひといくさに費やされたことになる。

この費用がいかに莫大なものかは、当時合戦に参加する足軽たちが自弁で用意する「腰兵糧」三日分の値段が、一人あたり〈二七〇〇万円÷二万人＝一三五〇円〉にしかならないことで体感できるのではなかろうか。彼ら足軽の年間収入は八〜一〇石、現代円で〈六〇万〜七五万円〉にしかならないから、一日の小遣い五〇〇円のサラリーマンが何十億という取引に関係しているようなものだ。

一三億を先行投資した長篠合戦のリターン

当時、信長の領国は尾張・美濃・近江・摂津・伊勢・飛騨・越前・山城・大和・河内・紀伊にわたっており、その総石高も四〇〇万石を上回るほどになっている。そこからあがる実入りも〈一六〇万石＝一二〇〇億円〉にのぼる。これに経済収入が上乗せされて相当な規模に膨らむのだが、とりあえず石高による収入からいえば、一パーセント以上の金額を信長は長篠の戦いにつぎ込んだ計算になる（ちなみに、平成十一年度の日本における国家予算案の内、施設費などの諸経費を含んだ軍事費は歳入額の六パーセント程度）。

多方面（北陸・大坂など）にわたって大戦略を展開しているこの時期の信長にとっては、長篠一戦にかけた支出は、歳入の一パーセントとはいえ、椀飯振舞《おうばんぶるまい》ともいえるほどなのである。

桶狭間の戦いでは「やらずぶったくり」ともいえる成果を得た信長は、今回は武田軍相手に莫大な投資をおこなって、その見返りになにを得たのか。

結論をいうと、短期的にはなにも得ていない。確かに武田氏の鼻先を押さえはしたものの、これを滅ぼして領土を拡張するのは七年たってからのちのことである。いうなれば長期ビジョンによって一三億円以上を先行投資し、七年後に甲斐・信濃・西上野《にしこうずけ》八〇万石、年間収入にして〈三二万石＝二四〇億円〉の果実を収穫した、というところか。

一〇億規模の公共事業

この年の彼の出費は、なにも長篠の戦いにだけ限られたものではない。先に述べたように北陸・大坂でも相当大規模な合戦をおこなった上、前年（一五七四）末に「国々道を作るべきの旨《むね》」と命令した道路交通網整備を「（天正三年）正月～二月中」に超突貫工事で完成させてもいるのである。

戦争を合理的に運営するために必須であり、なおかつ経済効果上も重要なファクターといえる公共事業であり、そのスピードぶりにも驚かされるが、なんといっても注目はその規模だろう。

「江川には舟橋仰《おおせ》付けられ、嶮路《けんろ》を平らげ石を退て大道とし、道の広さ三間（五・五メートル）間中、路辺の左右に松と柳植置《うえおき》」

という壮大さであり、このときの中山道・磨針《まばり》峠の改修では、二万人の人夫が作業に従事した。この例は、特に規模の大きいものであろうが、二万人を投入した作業が三か月で完成したとすると、その人件費だけは類推できそうだ。

当時の史料に陣夫（軍陣で作業に従事する人夫）に食料を一日米八合支給する、という記録があるから、これから考えると米だけでトータル一万四四〇〇石が必要だった計算となり、当時の価格で九二八万八〇〇〇文、現在の米価で〈一〇億八〇〇〇万円〉が飛んでいくのだ。これが領国中での道路工事に拡大したとき、それは空恐ろしいほどの投資金額になることがおわかりいただけよう。

天下布武の経済基盤

巨額の費用をかけながら、がむしゃらに天下布武の道を突き進んだように見える信長だが、彼はそれだけの物入りをまかなうための努力を惜しまなかった。

初期には津島や熱田の市を掌握して流通経済の発展に努めたし、京に旗をあげてからは堺と近江大津・草津の代官設置権をまっさきに確保した。彼はこれによって近江東部における北陸～京都の商業ルートの支配と、一大経済拠点・堺の掌握を目指したのだ。そして、堺から二万貫という巨額の金を「矢銭《やせん》」という、そのものズバリの軍資金として徴収して、やりくり算段に役立てたというわけである。

実際、彼が美濃から近江、伊勢、摂津と領土拡大の手を延ばしていくその過程は、京都への道程とその周辺を押さえるという軍事戦略上の必要は勿論なのだが、それと共に商業流通上の各要地の確保行動でもあったといえるだろう。

また、領国内の関所の一部を撤廃したり、特定箇所で楽市楽座《らくいちらくざ》を許したりと、商業経済繁栄のツボを押さえた政策を次々と打ち出した彼は、貨幣経済のコントロールを目指して撰銭《えりぜに》令をも触れ出し、巨大化する経済マシーン・織田政権をリードしていくのである。この彼の経済センスは後継者・秀吉に受け継がれ、さらに進歩発展していく。

薪炭代を三分の一にコストカット

豊臣秀吉の場合を見よう。彼の場合は、面白い材料が多くてどれを取り上げようか迷うくらいである。

まずは巷談《こうだん》の類《たぐい》の話ながら、秀吉の出世譚《たん》『太閤記』の中から紹介させていただく。

信長がまだ尾張一国のみを支配していた頃、ある日家中の福富平左衛門の金龍の面指《おもざし》（表指。刀の笄《こうがい》のこと）が盗まれたことがあった。

このとき、出自が卑しい秀吉が周囲から犯人と疑われたのである。これに対して彼は無実の証明のため津島の富家たちのところへおもむき、例の面指を質入れに持ち込む者が現れたら報せてくれよと頼んで、黄金一〇両を懸賞金につけて首尾《しゅび》よく犯人を捕らえることができたという。

これが話の概略で、真偽はともかく、彼が津島の豪商たちにも早くからなんらかのつながりがあったというのは、その来歴や抜群の経済感覚から見て不自然ではないのではないか。

その経済の天才は、泥棒を捕らえたあと、織田家の薪《まき》奉行に任命される。それまで年間で一〇〇〇石以上の費用がかかっていた薪炭を、実際の使用量を厳密に実検《じっけん》して三分の一に抑えたとしている。このあたり、秀吉の経済センスに舌を巻いた古人たちの思いを窺《うかが》うことができよう。

高松城水攻め堤防工事四六二億円

軍事作戦についても、秀吉一流の経済感覚は遺憾《いかん》なく発揮されている。

秀吉にとっては信長麾下《きか》の部将としての最後の戦いとなった天正十年（一五八二）の備《びっ》中《ちゅう》高松城攻めは、引率する軍勢の数約二万人（宇喜多《うきた》氏の兵はカウントせず）。四月中旬に始まった戦いは六月初めまで続き、その一か月半で必要とした兵糧はおおよそ米五四〇〇石になり、その金額は〈四億五〇〇〇万円〉にのぼる。

また、このときの秀吉軍団の構成では、鉄炮が占める割合は全体の約二割くらいであろうとされているので、鉄炮は四〇〇〇挺。これだと、鉄炮・弾薬で〈一七億円〉がかかってくる計算になる。しかもこの戦いでは、ほかにもっと莫大な経費が発生することになった。いわずと知れた「水攻め」のための費用である。高松城の難攻不落ぶりを見た秀吉が、驚天動地のアイデアによって城の周囲に全長三キロメートルの堤を構築し、城を水攻めにすることにしたのだ。

近在の農民たちに触れをだして、土俵一俵につき、米一升《しょう》と銭一〇〇文を支払うことにより突貫工事に協力させ、結果として、この堤防築造に米六万三五〇〇石と銭六三万五〇〇〇貫をかけたといわれている。銭を高松城攻め当時の米価相場で換算すると五五万石余りとなるから、米の現物支払い分と合わせて六一万五〇〇〇石が消費されたことがわかる。その額、驚きの〈四六一億二五〇〇万円〉！

しかもこの費用は通常米価を参考にしており、実際米が極端に不足していた現地では、搬送代その他を考えると、もっと価格がはね上がってしまうのは明らかである。

土木作業におけるヒトとモノの集中をあっさりとやってのけ、そのために金銭の一大集積をも可能にしてしまうとは、秀吉の面目躍如たる話ではないだろうか。

一晩で二億円超えの賤ヶ岳の炊き出し

その彼の天下獲りを決定づけたのは、なんといっても高松城水攻めの翌年、天正十一年（一五八三）の賤《しず》ヶ《が》岳《たけ》の戦いだろう。

織田家の宿老《しゅくろう》・柴田勝家と対決したこの合戦では、秀吉の留守を衝《つ》いて、勝家の部将・佐久間盛政が琵琶湖北東岸の賤ヶ岳に陣取る秀吉方を蹴散らしてしまう。この報せを受けた秀吉は、電光石火の早業《はやわざ》で軍勢を戦場に返して柴田勢を撃破するわけだ。

このとき、秀吉は面白い強行軍の方法をとっている。夕方四時に出発してからわずか五時間で五三キロ移動して戦線に到着するのだが、ちょうど夜にかかるこの時間帯で、彼の軍勢は行軍中に夕食を摂る必要があった。このため、秀吉は途中の宿場ごとに兵糧の炊き出しをさせ「米の算用は、百姓ばら、自分の米ならば十そう倍にして、後に取るべきものなり」（『川角太閤記』）として、約一万五〇〇〇人の直属軍の腹に入る米を確保するために一〇倍の対価を約束するという思い切った手段を打つ。さすがは人間通・秀吉というべきか。

ともあれ、この費用を計算してみると、一万五〇〇〇の軍勢が必要とする一食分の米の量を二合として全体で三〇石。これを現代円に換算すると〈二二五〇万円〉という金額がはじき出される。しかも秀吉は、さらに一〇倍払いを約束したのだから、実際の経費はなんと〈二億二五〇〇万円〉にのぼる計算となる。晩飯一回分でこの金額なのだから、恐れ入ってしまうほかはない。

秀吉はこの以前から北伊勢で滝川一益《かずます》を攻撃しており、そのまま賤ヶ岳の戦いになだれ込んでいる。さらに賤ヶ岳の後は柴田勝家の掃討戦に入っており、実に作戦期間は前後二か月以上に及ぶ。

この間の秀吉軍の食費となると、総数四万の軍勢をふた月食わせるには、米だけで一万四四〇〇石、すなわち〈一〇億八〇〇〇万円〉が飛んでいくのである。

この戦いの時期くらいになると、秀吉の軍勢は天下統一の大義名分のもとに集められた連合軍的な色合いが強くなり、秀吉自身の軍隊は全体の三〇パーセントくらいになっている。この三〇パーセントの軍勢が所持した鉄炮の数は約三〇〇〇挺ほどと推定され、その費用は長篠のときと同じ〈一三億円〉程度と計算されるが、全体の費用から考えると、もはや大きな意味を持つ数字ではなくなっている。合戦の性格自体が変わってきているのだ。

そして賤ヶ岳の次の「出費」が、徳川家康

との対戦となった小牧《こまき》・長久手《ながくて》の戦いである。

徳川家康一三〇億　北条家二七〇億

天正十二年（一五八四）、織田信長の息子・信雄《のぶかつ》とタッグを組んだ家康を仕留めようと尾張に出動した秀吉は、一〇万の軍勢をもって家康と対峙した。途中、池田恒興《つねおき》の売り込みによって三河への遊撃軍侵攻を策したものの、家康に見抜かれてものの見事に撃破されるという痛恨の悪手もあったが、いくさの大略はお互いに相手の出方をうかがうにらめっこに終始している。このにらめっこは、八か月にも及んだ。

一〇万の軍勢を八か月養うためには、米代〈一〇八億円〉が必要になり、このほか塩・味噌・副食物を考え合わせると〈一二〇～一三〇億円〉を都合しなければならなくなる。これは、いいかえれば秀吉の政権樹立に際しての最大の敵、家康の「懐柔」の価格ともいえよう。

まさに秀吉得意の大物量作戦の面目躍如といったところだが、彼は天下統一の総仕上げにもうひとつ、一大イベントを実施している。それが小田原攻めだ。

天正十八年（一五九〇）、関東に割拠する後北条氏を討つための戦いに秀吉が動員した軍勢は、実に二五万以上とされる。空前絶後の雲霞《うんか》のような大軍が関東に出現したのである。

四月から七月までの三か月間にわたっておこなわれた小田原城包囲戦で、秀吉は二〇万石の米を駿河に集積して糧食に充《あ》てている。また、これとは別に黄金一万枚を拠出して東海筋から人夫・馬・糧秣《りょうまつ》を徴募し、物資の運送を遅滞なく進める態勢を整えた。

米二〇万石に、黄金一万枚を換算上乗せすれば約三六万石、〈二七〇億円〉となる。これは当時の上総《かずさ》国や下野《しもつけ》国の一年間の生産高にほぼ該当する。加えて、石垣山にわずか三か月という短期間で山城をこしらえてしまう（世にいう「石垣山一夜城」である）といったその経済的パワーには圧倒されるほかはない。

秀吉はこれだけの資本投下をおこなうことによって、小田原後北条氏の抵抗を鎧袖一触《がいしゅういっしょく》し、まだ出来立てホヤホヤの政権を早く固めることに努めたわけである。

大物量作戦を可能にした利益源

秀吉の凄味は、これらの時期をほぼ通じて大坂城建造をも並行して進めている点だろう。たしかに戦況が予断を許さないときには若干の工事の中断やスピードダウンもあったのだが、それにしてもあの大城塞を築くために必要な資本量というのは莫大なものであり、秀吉政権の経済的な底力には呆《あき》れるばかりだ。

その背景には、まず第一に各国の金・銀山を直轄領として手中に収め、慶長三年（一五九八）には大判（小判一〇枚分）で金四三九九枚、銀九万三三六五枚を収納するに至ったことが挙げられよう。

「太閤秀吉公御出世より此かた、日本国々に金銀、山野にわきいで」（『太閤さま軍記のうち』）とあるような、空前の黄金バブルのおかげである。この豊富な金銀をバックに、秀吉は金座・銀座を設置して貨幣の鋳造（天正大判など）も始め、六〇〇年ぶりに国産貨幣を造り出した。

また、これと並行して全国の港津《こうしん》の支配により国内商業を把握し、米相場や生糸相場をコントロールして利益を生むことも政権自らがおこなったし、堺や博多という大商港を舞台にした南蛮貿易もまた秀吉政権を潤している。

これらの、かつて類を見ない利益源の創設と確保とが、秀吉の特徴である大物量作戦を可能にした。そして、大物量作戦の実施によって、弓・鑓・鉄炮といった武器による戦争から、鍬《すき》・鋤《くわ》・もっこといった土木事業による戦争へと、それまでの日本の戦争の主役を替えてしまうことにも成功したのである。

日本中の富を独り占めにして天下統一に役立てた観のある秀吉は、ややもすると湯水のように金を無駄遣いしたように見られがちだ。たしかに、伏見城や聚楽第《じゅらくてい》といった贅沢三昧の豪邸を建てたり、北野の大茶会や醍醐《だいご》の花見などの遊びの大イベントを挙行したり、はては前代未聞の「金賦《くば》り」を実施して、金五〇〇〇枚・銀三万枚をばらまいたりと、まさしく「浪費王」の称号を贈りたいほどの見事な使いっぷりではある。しかし、彼には一方で違う面もあった。

「黄金あらため見申し候へば、包み候てをき候。砂金十まいほど御座候。何としたる仔細《しさい》にて候や。秤目《はかりめ》のなきさいかけ渡し、たしかにをき申し候に、すなかね十まいばかり、不審に存候。仔細段、よめによくよく尋ね、申し越し候べく候」

聚楽第の金を検査して包んでおいたが、秤目のない「才欠け砂金」を一〇枚ほど渡してあったはずなのに、それがない。一体どうしたんだ。管理役の老女・よめによく尋ねてどうしたのかを報告して来い、という内容の秀吉の手紙である。

この手紙からは、御金蔵の中身をいちいち自身で確認し、少しの違算《いさん》も見逃さない、倹約家・秀吉の素顔が見えてくるのではないだろうか。

ひと月で一三・五億　大坂冬の陣

江戸開幕の祖、徳川家康殿の場合を見てみると、彼の天下統一の最後の仕上げ・大坂夏の陣のときに面白い記録があった。

豊臣秀吉の遺子・秀頼以下が籠《こ》もる大坂城を攻めるこの戦いのとき、家康は旗本に対し一万石あたり三〇〇人分の兵糧を銀子で支給している。徳川家の旗本は俗に「旗本八万騎」などと誇称されるが、実際のところは、江戸寛永期で二万人程度であったとされる（『御家人分限帳《ぶげんちょう》』ほか）。

大坂冬の陣当時の軍制上の数字もこれを適用すると、二万人の旗本が一万石あたり三〇〇人分の銀子を支給されたという計算になるわけで、ではその金額はいくらになるか、という問題になってくる。

関ヶ原の戦いに勝利して敗者の領土を削減・除封《じょふう》して拡大した徳川家の領土はおよそ五一〇万石、このうち譜代・親藩大名を封じた領地が二七〇万石だから、徳川家直轄領は二四〇万石になる。この二四〇万石のうち、徳川家自体の賄《まかな》い料に四〇万石残しておいて、二〇〇万石で旗本たちを養ったとしよう。その場合、大坂冬の陣で支給された兵糧代は実に六万人分になる。旗本が合戦に出る際に従える家人などを計算に入れると、たしかにこれくらいの人数にはなるだろう。ということは、家康は六万人分の食費を負担したわけだ。

冬の陣は慶長十九年（一六一四）の十一月から約一か月間おこなわれたのだが、三〇日間の食費を前述の量で計算すると、米一万八〇〇石が必要になる。このとき米一石は銀一七匁～一八匁が相場だったから、たぶん家康もこの相場に応じて銀子を支給したと思われる。

そこで支給された銀子の総額はおよそ三二万四〇〇〇匁＝三二四貫、現代の金額で〈一三億五〇〇〇万円〉というところであろう。

これだけの金額がひと月の間に費消されるわけだから、家康も気が気でない。

しかも、家康が支給したのは旗本だけでなく「諸軍兵粮毎日一五〇〇石を頒給《わけたま》ふ。三十万人の食也　遠国の兵には一倍を下《くだ》し賜《たま》はりけり」（『塩尻』）と、諸軍勢それぞれに兵糧を遣わし、しかも遠距離を派軍している部隊には倍を与えたという説もあったりするから、この場合の費用というのは想像を絶するものになるだろう。

だが、これだけの金銭を投入しても、実際には兵士たちは満足に食うことができなかった。それは何故か？　大坂城の豊臣軍が開戦前に近郊の米を籠城用に買い占めたため畿内の米が極端に不足し、相場が急騰してなんと一石あたり銀子一三〇匁にまでなってしまったからで、兵士たちは高い米を食うことができず、粥《かゆ》やとぎ汁で腹をごまかさざるを得なくなったのだ。

これにはさすがの家康も参っただろう。結果として、長滞陣に堪《こら》えきれなくなった彼は、あたふたと和議を講じて撤退せざるを得なくなった。秀吉が完成させた大量動員・大物量作戦の最後の戦いが家康によって実施され、その一旦の結果が物資窮乏によって中止を余儀なくされる、というのはなんとも皮肉な結果ではなかろうか。戦争の総力戦化に、実際の経済活動が追いつけなくなってしまった感がある。

小商売も大商いも上手かった

話は変わって、天下獲りの最後の仕上げに大金をかけた家康は、また「どケチ」としても有名である。懐紙《かいし》一枚が風に飛んだのを慌てて追いかけたり、古足袋《たび》を集めた中から汚れのマシなものを残してまた使ったりと、その吝嗇《りんしょく》ぶりの例は枚挙に遑《いとま》もないくらいだ。

そういう彼だけに、経済活動にもすこぶる関心を持っていて、駿府時代には米価が騰《あ》がると城の米蔵から米を売り、安いときには買い入れて自ら商売をして、「こうすれば米価が平均化して、ずる賢く利益をむさぼる者が居なくなるだろう」などと下手な言い訳をしている。

また、豊臣秀次の粛清事件のとき、細川忠《ただ》興《おき》が秀次から借金をしているのをとがめられ、家康に助けを求めたことがあった。そのとき、家康は借金の肩代わりをしてやろうと鎧櫃《よろいびつ》の底から黄金を取り出し「その内に書付があるだろう」という。確かめてみると確かに書付が入っていて、二〇年以上前の日付があったという（『綿考輯録《めんこうしゅうろく》』）。

これらの話から、小さな金銭の出し入れをもしっかりと自ら管理し、それを忘れない家康の人となりがうかがえるではないか。

家康は、しかしそんな小手先の小商売や帳簿の管理だけにうつつを抜かしていたわけではない。大久保長安や田中清六などを起用して全国の金・銀山を直接支配し、豊臣時代よりも産出量を増加させた。また、朱印船《しゅいんせん》貿易を開始して外国貿易の利潤を独占化もした。こうした経済行為によって、家康死去の折には、金九三万両・銀五万貫が遺されていたという。

戦国武将たちの金銭感覚

天下獲り三人衆の国獲り勘定は、以上のように莫大な経費をまかなうための経済支配に意を用い、金の価値を十二分に理解して活用することによって黒字決算化できた。

これ以外の武将たちも、それぞれ金に対する思いを語っているのを紹介しておこう。

戦国時代の幕を開いたとされる北条早雲《そううん》は「早雲寺殿廿《にじゅう》一箇条」の中で

「夜、無駄に焼捨てる薪をとっておけ」

「水は（いつでも）あるものだからといって、ただうがいして捨てるな」

とガミガミ倹約を説いている。このケチケチが、関東に覇を唱えた後北条氏の基礎を築いたのだからおろそかにはできない。

また加賀一〇〇万石の基礎を作った前田利《とし》家《いえ》は「とにかく金をもてば、人も世間もおそろしく思わないものだ」（『亜相公御夜話』）と訓戒したし、「鬼上官」と恐れられた加藤清正《きよまさ》にしても、勇猛一途《いちず》ではなく「米を良い頃合いを見て売り、現金化せよ」と書状で部下に指示し、米相場に応じた商売と金子の確保を図っている。

黒田長政《ながまさ》は「掟書《おきてがき》之事」の中で「倹約を専《もっぱら》として、無益の費《ついえ》なき」ように、と戒める反面で「惜しみ過ぎて吝嗇なれば、諸人にうとまれ、よろずの事らちゆかず」と過度のケチを禁じている。彼は金の大事さと、活用してこその価値とを説いている。

丹羽《にわ》長秀《ながひで》・豊臣秀吉・浅野幸長《よしなが》などに歴仕した戦国の名士・上田宗箇《そうこ》は、その老後に「自分には金銀は縁はないし、触ったこともない」と高言した。これを伝え聞いた幕府老中の酒井忠勝は、彼を評して「こしらえもの」といったという。軍陣の費用の勘定や藩の金蔵の状況に頓着《とんちゃく》しない者など本物の武士とはいえない、ということだったから、至ってごもっともな話である。もし冒頭の兼続の逸話が事実ならば、兼続は名将どころか、戦国サバイバルになにが一番大事かさえも判らない愚将のサンプル、とさえいえる（もっともこの兼続の場合、儒教的なパフォーマンスの意味あいもあるのだが）。

戦国の英雄たちにとって、金はなににもまして大切であり、優れた金銭感覚は必要不可欠の資質だった。

世の中は、いつも月夜と米の飯
それにつけても金の欲しさよ

と、ユーモラスに歌ったのは幕末の狂歌師・太田蜀山人《しょくさんじん》だが、我らが勇敢な戦国武将たちもお金の心配をし続けて日々を過ごしていたのだ。

COLUMN

戦国軍師の実態

黒田官兵衛は軍師ではなかったのか!?

●文＝川口素生

前近代に武将に属して軍の機密を管掌《かんしょう》して策略をめぐらす者を軍師といい、近現代に高級指揮官を補佐して作戦、用兵などの立案、献策を行う者を参謀という。以上のうち、通常、軍師は軍配者《ぐんばいしゃ》的軍師、参謀的軍師などに分けられることが多い。

まず、出陣に伴う吉凶を占い、天気予報（観天望気《かんてんぼうき》）を司《つかさど》り、出陣や凱旋《がいせん》に伴う儀式をとり仕切る者を軍配者というが、その中で軍師の役割を果たした者を軍配者的軍師といった。

軍配者的軍師の代表格には、島津義《しまづよし》久《ひさ》・義弘《よしひろ》兄弟に仕えた川田義朗《かわだよしあき》や、大《おお》友《とも》宗麟《そうりん》に仕えた角隈石宗《つのくませきそう》（軍配者石宗）などがいる。特に、義久・義弘兄弟は義朗に全幅の信頼を置いていたから、義朗の助言に従って出陣の日取《ひど》りを変更することも少なくなかった。天正《てんしょう》十二年（一五八四）の沖田畷《おきたなわて》の戦いで義朗は、開戦前に敵方の総大将・龍造寺《りゅうぞうじ》隆信《たかのぶ》の討死を予言し、味方が隆信の首《しゅ》級《きゅう》を挙げた後は「頚捨《くびすて》」という供養行事を行った。

一方、戦勝後に恩賞をめぐって軍議が紛糾すると、指名を受けた義朗が引いた籤《くじ》の結果をもとに恩賞の規模が決められたというから驚くほかない。

また、義朗は加持祈禱《かじきとう》を能《よ》くしたが、加持祈禱に従事する陰陽師《おんみょうじ》では、特に卜占《ぼくせん》に長けた判兵庫《ばんのひょうご》などが一時期、武田信玄に重用された。

さらに、高度な知識や経験、独自の人脈、情報力を有していた禅僧、修験《しゅげん》道《どう》の修験者、医師、茶人の中にも天下人や戦国大名に登用された者が複数いる。具体的には、禅宗の僧侶では太原《たいげん》崇孚《そうふ》(雪斎《せっさい》)が今川義元、以心崇伝《いしんすうでん》（金《こん》地院《ちいん》崇伝）が徳川家康、茶人では千利《せんのり》休《きゅう》が豊臣秀吉のブレーンをそれぞれつとめ、不朽《ふきゅう》の足跡を残した。

次に、戦国大名やそれに準ずるクラスの武将の家には家老などがおり、家老を含む評定衆《ひょうじょうしゅう》、加判衆《かばんしゅう》などの重臣が軍事面、政治面における重要事項を評定で決定するのが常であった。しいて現代に置き換えるなら、戦国大名が社長、評定衆、加判衆が取締役、評定が取締役会ということになるが、評定衆、加判衆の構成員で参謀的軍師とみなされている者も少なくない。さらに、信玄の重臣・板垣信方《いたがきのぶかた》や、伊達政宗の重臣・片倉景綱《かたくらかげつな》（小十郎《こじゅうろう》）のように、戦国大名の成長に伴い、傅役《もりやく》（養育係）から軍師となった者もいた。

ところで、軍勢の召集などを担当したり、合戦や行軍の際に大将に代わって旗本隊の指揮を受け持ったりする者を旗本軍奉行《はたもといくさぶぎょう》という。元来、軍配者と旗本軍奉行の職務内容はまったく異なるが、軍配術に長けた旗本軍奉行が軍配者を、軍勢の指揮に長けた軍配者が旗本軍奉行を兼ねたこともあったと推測される。この種の事例に、軍配者と思われる中山修理介《なかやましゅりのすけ》が後北条氏の武士《ぶし》司《つかさ》＝旗本軍奉行に抜擢《ばってき》されたとする話がある（『北条五代記』）。

以上とは別に、有力な武士や軍団に加勢、付属した与力《よりき》（寄騎）などの中にも、軍師と呼ばれる者がいる。

けれども、中国平定の戦いが本格化しつつあった天正年間前半、秀吉と竹《たけ》中《なか》重治《しげはる》(半兵衛《はんべえ》)、黒田官兵衛《くろだかんべえ》らとの間に主従関係はなく、寄親《よりおや》と与力という関係であった。このため、それぞれ将兵を率いる両兵衛（半兵衛と官兵衛）が常に秀吉の側近くで軍師の役割を果たしていたとみるのは、やや無理があるように思う。

従って、与力＝副将という立場から献策を重ねた両兵衛は、軍配者的軍師でもなければ参謀的軍師でもない、秀吉の副将的軍師だったとみなすのが適切であろう。

真田三代

真田三代とは Part 1

真田幸綱

【さなだゆきつな】永正10年（1513）～天正２年（1574）　●別名／幸隆　●号／一徳斎

【謎に包まれた出自】

真田幸綱はこれまで幸隆《ゆきたか》の諱《いみな》で知られていたが、近年の研究により幸綱のほうが正しいといわれる。したがって、ここでは幸綱を使いたい。

真田氏の出自は信州《しんしゅう》の名族滋野《しげの》氏―海野《うんの》氏の流れであるとされるが、じつのところ、よくわかっていない。ある程度明らかになるのは幸綱の代からである。

その幸綱自身にも系譜が不確かな部分がある。『真田家系図書上《かきあげ》』などによれば、幸綱は海野小太郎棟綱《こたろうむねつな》の二男で、兄が討死したため、海野小太郎と名乗り、海野氏の嫡流《ちゃくりゅう》ということになっている。しかし、海野氏の嫡流であれば、そもそも真田氏を名乗る必要はない。真田氏支流の矢《や》沢《ざわ》家所蔵の系図によれば、幸綱は真田右馬助頼昌《うまのすけよりまさ》の長男で、頼昌が海野棟綱の女《むすめ》を娶《めと》って生まれたとする。つまり、幸綱は棟綱の外孫で、海野氏嫡流ではないことになる。

平安時代に信州に土着した滋野氏族は海野・禰津《ねづ》・望月《もちづき》の三氏に分流した。『続群書類従《ぞくぐんしょるいじゅう》』本の「滋野氏三家系図」によれば、このうち、海野氏で鎌倉末期の当主長氏《ながうじ》の庶子《しょし》に幸《ゆき》春《はる》がいて、真田七郎と名乗っている。これが真田氏の始祖ではないかと思われるが、幸春以降の系譜は不明である。

次に真田氏が登場するのが，応永《おうえい》七年（一四〇〇）の大塔《おおとう》合戦である。これは信濃《しなの》入部を図る守護小笠原《おがさわら》氏に対して、国人衆《こくじんしゅう》が結集して戦ったもので、滋野一族も海野幸義《ゆきよし》を中心にこれに加わっている。そのなかに実田《さなだ》氏がいる。この系譜が幸綱の父とされる頼昌につながるかもしれない。これらから、詳細は不明だが、真田氏が海野一族の庶流《しょりゅう》であるのはほぼ確実である。

真田家が幸綱を海野棟綱の子として系図を作成したのは、信州の名族海野氏の勢力を相続したことを暗示していると思われる。

大塔合戦ののち、守護小笠原氏の進出を阻んだ信州国人衆だったが、

真田幸綱（幸隆）画像（真田宝物館蔵）。武田氏の上野侵攻でも重要な一翼を担った。

●文＝桐野作人

大国の狭間で生き抜く知恵を発揮して地盤を築く

そのなかから守護代だった村上《むらかみ》氏が勢力を拡大し、海野氏の勢力圏である小県《ちいさがた》郡を圧迫し始めた。

そして天文《てんぶん》十年（一五四一）五月、甲斐《かい》の武田信虎《たけだのぶとら》は村上義清《よしきよ》や諏訪頼重《すわよりしげ》と結んで、佐久《さく》・小県方面に侵攻し、これを迎え撃った海野棟綱との間で海野平《たいら》合戦が起こった。この戦いで海野方は大敗し、棟綱は上州へ逃れ、嫡子幸義は討死した。これによって海野氏の嫡流は途絶《とだ》えてしまう。このとき、海野方で戦った幸綱も上州に逃れている。

同十五年頃、幸綱はようやく上州から真田郷の松尾城に復帰した。幸綱は海野氏領を含む旧領回復をめざしていたものの、松尾城近くにあって真田氏のかつての持城だった戸石《といし》城は宿敵村上義清の城になっていた。すなわち、勢力拡大を図ろうとする幸綱は村上方にその喉首《のどくび》を抑え込まれていたのである。

【甲斐武田氏に臣従】

ここで、幸綱が意外な手を打った。海野一族を滅亡の淵に追い込んだ張本人である甲斐の武田氏に服属するという道を選んだのである。折よくというべきか、海野平決戦の直後、信虎は嫡男晴信《はるのぶ》（信玄《しんげん》）によって駿河《するが》に追放されていた。この代替わりが敵対大名に服属する心理的障壁を低くしたであろう。

幸綱は晴信に従う代わりに、その力を借りて村上義清の勢力を小県から追い払おうとした。むろん、晴信が何の見返りもなく幸綱の期待に応えてくれるはずがない。だから、幸綱は懸命に働いた。まず同族の望月氏を武田方に帰参させ、そのうえで戸石城への調略を進めた。同城は武田軍が総力を挙げて攻めたにもかかわらず、「戸石崩《くず》れ」と呼ばれるほどの大敗を喫《きっ》していた。

ところが、何と幸綱は単独で戸石城を落としてしまった。村上方の国人をひそかに切り崩した成果が実ったのである。城中にいた幸綱の弟、矢沢頼幸《よりゆき》（頼綱《よりつな》とも）が内応したともいわれる。

天文二十二年（一五五三）四月、村上義清は武田方に敗北し、越後《えちご》の長尾景虎《ながおかげとら》（のち上杉謙信）を頼って落ち延びた。晴信は幸綱の永年の功労に酬《むく》いて、三五〇貫の知行《ちぎょう》を与えた。それと同時に、三男源五郎《げんごろう》（のち昌幸《まさゆき》）を古府中《こふちゅう》に出仕させることも認めた。真田氏からの人質の意味だったが、晴信は昌幸の将来性を認めて部将に取り立てようとした。

もっとも、幸綱は武田氏に臣従したとはいえ、したたかな面をもっていたことはあまり知られていない。北信地方は晴信と景虎の対決の舞台であり、幸綱も信濃先方《さきかた》衆の旗頭《はたがしら》として、その最前線にあったが、長尾（上杉）氏と非和解的な対立関係にあったわけではなかった。永禄《えいろく》二年（一五五九）、景虎が上洛して将軍足利義輝《よしてる》から関東管領職補任《かんれいしょくぶにん》のお墨付きを得て帰国すると、幸綱をはじめ、武田方のはずの北信の国人たちがこぞって景虎に祝儀《しゅうぎ》の太刀《たち》を献上しているのである（『上杉家文書』九六三号）。

関東管領職の権威はまだ衰えていなかったともいえるし、単に儀礼的な贈答行為にすぎないかもしれないが、幸綱の処世は大国の狭間《はざま》で生き抜くための苦肉の知恵だったともいえよう。

ともあれ、幸綱が旧海野一族を糾合《きゅうごう》し、小県郡に確固たる地盤を築いたことにより、真田氏がのちに大名へと飛躍する主体的条件がととのった。その意味で、幸綱は真田三代の創業にふさわしい人物である。

真田昌幸

【さなだまさゆき】天文16年（1547）～慶長16年（1611）●通称／安房守

【武藤氏を継いだ〝鉄兵殿〟】

真田幸綱《ゆきつな》の三男として生まれた源《げん》五《ご》郎《ろう》が主筋の武田《たけだ》晴信《はるのぶ》（信玄《しんげん》）に出《しゅっ》仕《し》したのは天文《てんぶん》二十二年（一五五三）で、七歳のときだった。のちの昌幸《まさゆき》である。

武田氏の家臣団編成では、真田氏は他国衆にあたるため、人質として差し出されたのである。人質とはいえ、名将信玄からじかに薫陶《くんとう》を受けた経験は昌幸にとって何ものにも代えがたい財産になったのではないか。

その後、昌幸は晴信の命により、跡が絶えた信州の名族武藤《むとう》氏の家督を継ぐことになった。その時期は永《えい》禄《ろく》九年（一五六六）から翌十年の頃とされる。昌幸が二十歳か二十一歳である。

これを機に、昌幸は武藤喜兵衛尉《きへえのじょう》と名乗り、騎馬一五騎・足軽三〇人持ちの足軽大将となった。そのままいけば、信玄・勝頼《かつより》の譜代重臣として武田家に重きをなし、別の人生があったかもしれない。

昌幸に転機が訪れたのは天正《てんしょう》三年（一五七五）の長篠《ながしの》合戦での武田氏の敗北である。この合戦で、昌幸の兄である信綱《のぶつな》・昌輝《まさてる》兄弟が討死した。前年には父幸綱も他界していたので、二代の当主を相次いで失った真田氏は一気に家運が傾きかけた。真田氏は信綱・昌輝合わせて騎馬二五〇騎の軍団で、信濃先方《しなのせんぽう》衆随一の国衆《くにしゅう》である。その危機に勝頼も放っておけず、昌幸に家督を継がせることにした。ここに改めて真田昌幸が誕生したのである。

真田昌幸画像（上田市立博物館蔵）。青年期、信玄に「わが両眼の如き者」と信頼された。

昌幸が家督を継いだとき、すでに武田氏は衰退に向かっていた。そんななか、昌幸は武田氏の有力部将であるとともに、有能な奉行人《ほうこうにん》として、新府《しんぷ》城普請《ふしん》の惣奉行《そうぶぎょう》をつとめたりした。

天正六年（一五七八）、上杉謙信《うえすぎけんしん》の死に伴う越後《えちご》上杉氏の家督争いで、景勝《かげかつ》との同盟を決断した勝頼は見返りとして上杉領だった東上野《ひがしこうずけ》を割譲された。割譲といっても自力で切り取らなければならない。すでに北条《ほうじょう》氏政《うじまさ》も進出してきたため、昌幸が勝頼の陣代として出陣し、北条方と沼《ぬま》田《た》城の領有をめぐって争い、ついに利根《とね》郡の沼田城、吾妻《あがつま》郡の岩櫃《いわびつ》城の支城主となって、武田氏の分国化に成功した。

しかし、同十年三月、勝頼父子は織田軍に攻められて自害し、名門武田氏は滅亡してしまう。昌幸は重大な岐路に立たされた。

昌幸は信州小県《ちいさがた》と上州利根・吾妻に跨《また》がる領国を築いていた。しかし、この地は織田・上杉・徳川・北条という大大名が角逐《かくちく》する焦点でもあった。

昌幸は当初、織田信長に服属し、上州に赴任した滝川一益《たきがわかずます》の配下に入った。一益との間に面白い逸話《いつわ》がある。一益が出仕した昌幸に語りかけた。

「貴老は承《うけたまわ》り及び候以前は武藤喜兵衛尉にてまし〳〵けるよな、今度武田御没落に恙《つつが》なくましますは鉄兵殿《てつべえどの》にて候よ」（『加沢記《かざわき》』）

一益は昌幸が信玄の元側近であることを見抜いていたのである。「鉄兵殿」とは喜兵衛をもじったたとえであり、主家滅亡にもかかわらず、昌幸がしぶとく生き残ったことを皮肉《ひにく》ったものだろう。

●文＝桐野作人

巧みな戦術で徳川秀忠軍を関ヶ原本戦に遅参させる……

【再起の機会を九度山で待つ】

織田政権の倒壊後、昌幸は北条、徳川、上杉と次々に主君を変えた。家康に服属したとき、家康が北条氏との和睦条件である沼田領返還を迫ると、昌幸はこれに反発し、一転して上杉景勝と同盟した。このとき、二男信繁《のぶしげ》（幸村《ゆきむら》）を人質として春日山《かすがやま》に送っている。

天正十三年（一五八五）、昌幸は徳川軍を信州上田城で迎え撃つ。第一次上田合戦である。昌幸は徳川軍を城内まで誘い込んでから一撃を加えて散々に翻弄《ほんろう》して撃退した。

翌十四年八月、景勝に豊臣秀吉の奉行である石田三成《いしだみつなり》と増田長盛《ましたながもり》が送った連署副状《そえじょう》には「真田事、（中略）表裏比興《ひょうりひきょう》の者に候間、成敗《せいばい》を加えらるべき旨仰せ出《いだ》され候」という文言があった（『群馬県史』資料編7）。

「表裏比興」とは裏表があって卑怯《ひきょう》であり、信用できない人物という意味である。これは同年四月、敵対していた秀吉と家康が和睦《わぼく》したことにより、豊臣政権は家康寄りとなり、一転して昌幸を成敗対象にし、景勝に対して昌幸を庇《かば》い立てしないよう警告したのである。これが「表裏比興」の真意だった。秀吉は昌幸のような小大名の自立性を否定しようとしたのである。

それでも、昌幸は豊臣大名としてしぶとく生き残った。秀吉の死後、昌幸に再び転機が訪れた。関ヶ原の戦いで東西両軍のどちらに付くのかという岐路だった。有名な「犬伏《いぬぶし》の別れ」で長男信幸《のぶゆき》は舅《しゅうと》である本多忠勝《ほんだただかつ》との縁から東軍に付いた。昌幸は反対に西軍に加担した。二男信繁が大谷吉継《おおたによしつぐ》の婿《むこ》だったことと、昌幸自身が西軍に加担したほうが信州切取りなど勢力拡大に有利だと判断したのである。

昌幸は中山道《なかせんどう》を上る徳川秀忠《ひでただ》の大軍を一手に引き受けて、巧みな遅滞《ちたい》作戦によって関ヶ原本戦に遅参《ちさん》させてみせた。これが昌幸最後の戦いとなった。しかし、さすがの昌幸も東西対決がたった一日で決着することまでは読み切れなかった。

信幸の嘆願で助命された昌幸は九《く》度山《どやま》で蟄居《ちっきょ》しながらも、再起の機会をひたすら待った。しかし、昌幸の寿命は次なる戦機が訪れるまでもたなかった。

真田三代とは Part 3

真田信繁

【さなだのぶしげ】永禄10年（1567）～元和元年（1615）●通称／左衛門佐　●別名／幸村

【半生が人質・蟄居生活の身】

幸村《ゆきむら》こと真田信繁《のぶしげ》は大坂の陣での奮戦により「日本一《ひのもといち》の兵《つわもの》」という武名が轟《とどろ》いた。

その四十九年の生涯のなかで、行動の自由がなかった人質・蟄居《ちっきょ》時代が長い。滝川一益《たきがわかずます》、上杉景勝《うえすぎかげかつ》や豊臣《とよとみ》秀吉《ひでよし》の人質になった時期が天正《てんしょう》十年（一五八二）から文禄《ぶんろく》二年（一五九三）頃までの約十一年。紀州九度山《きしゅうくどやま》での蟄居が慶長《けいちょう》六年（一六〇一）から同十九年（一六一四）までの約十三年。合わせて約二十四年間だから、じつに人生の半分を占めている。もっとも、その時期がすべて無駄《むだ》というわけではなかった。とくに人質時代は信繁の将来の方向性を決したといっても過言ではない。

天正十三年、徳川家康との交渉が決裂すると、真田昌幸《まさゆき》は越後《えちご》の上杉景勝に接近し、二男弁丸《べんまる》（のち信繁）を人質として差し出した。このとき、弁丸は一門の矢沢頼幸《やざわよりゆき》（祖父幸綱《ゆきつな》の弟）をはじめ、騎馬五騎、足軽衆一二名が付けられたという（「矢沢文書」）。ときに十九歳だった。

信繁の春日山《かすがやま》時代は一年有余で終わりを告げた。その間、信繁自身は戦場に出ず、頼幸が陣代として出陣している。信繁はまだ初陣《ういじん》を飾らずにおり、ようやくそれが実現したのは秀吉への人質となってからの小田原の陣だった。ときに信繁二十四歳。遅い初陣だった。

天正十八年（一五九〇）、豊臣軍二〇万による小田原攻めが始まった。真田昌幸は前田利家《まえだとしいえ》・上杉景勝らと別働隊となり、碓氷峠《うすいとうげ》を越えて関東に侵攻した。信繁も昌幸や兄信幸《のぶゆき》（のち信之《のぶゆき》）とともに出陣している。『滋野世記《しげのせいき》』によれば、北条《ほうじょう》方と碓氷峠合戦があり、「源次郎《げんじろう》信繁、自身に働き、手を砕《くだ》きて高名あり、敵を追ひ崩《くず》さる」と記されている。

【さだめなき浮世にて候へば……】

信繁は天正十四年に上杉家から豊臣家へと人質替えされた。あまり知られていないが、このとき、真田家は徳川家康の与力《よりき》大名という形で豊

真田信繁（幸村）画像（上田市立博物館蔵）。大坂入城は「討死」覚悟であったという。

臣政権に服属している。

秀吉の近習《きんじゅう》となった信繁は、豊臣大名の子弟として大事にされた。ひとつは叙爵《じょしゃく》（五位《ごい》になること）である。文禄三年（一五九四）十一月二日、信繁は諸大夫成《しょだいぶなり》（従五位下《じゅごいのげ》）し、左衛門佐《さえもんのすけ》と名乗ることになった。次に、叙爵と前後して、豊臣政権の奉行である大谷吉継《おおたによしつぐ》の一女を娶《めと》ったことである。吉継は有能な奉行であり、奉行の旗頭《はたがしら》ともいえる石田三成《いしだみつなり》とも親しかった。

太閤秀吉の死から二年後の慶長五年（一六〇〇）、関ヶ原合戦が始まる。その前哨戦となった会津《あいづ》陣に、真田父子三人も従軍した。しかし、七月二十一日、野州犬伏《いぬぶし》において、西軍の三奉行からの「内府《ないふ》（家康）違《ちが》ひの条々」を受け取り、西軍の挙兵を知る。ここで信繁は父昌幸とともに西軍に付き、兄信幸は東軍に付いて、親子兄弟が東西に訣別《けつべつ》した。この東西両属は真田家の巧みな生き残り策といわれるが、親子兄弟でも立場や帰属先が違っていたことが大きい。

信州上田城に戻った昌幸・信繁父子の前に徳川秀忠《ひでただ》率いる数万の大軍が攻め寄せてきた。秀忠は家康から中山道《なかせんどう》筋からの信州平定を命じられていた。その最大の障害が真田父子だったのである。

●文＝桐野作人

大軍を前に随一の奮戦ぶり、戦国最後を飾った英傑……

昌幸は西軍のために、この徳川軍をできるだけ長く拘束《こうそく》しておく遅滞《ちたい》戦術に徹した。徳川方が降伏勧告してくると、降伏するふりをして時間稼ぎした。

昌幸は徳川方を城下に深く誘引してから、これを各所で撃破する攪乱《かくらん》戦術をとり、徳川方を翻弄《ほんろう》した。この迎撃戦で、信繁がどう戦ったのかよくわからない。『烈祖成績《れっそせいせき》』などには信繁が堰《せ》き止めた神川《かんがわ》上流を決壊《けっかい》させて縦横に戦ったとするが、第一次上田合戦と混同されているようにも思われる。それはさておき、信繁が寡勢《かぜい》で大軍を翻弄する父昌幸の采配を間近で実見できたことは、大坂の陣で役立ったに違いない。

慶長十九年（一六一四）十月、信繁は紀州九度山での長い蟄居生活から抜け出し、大坂入城を果たした。九度山にいるとき、兄信之に宛てて、「大くたびれ者に罷《まか》り成り申し候《そうろう》」と愚痴《ぐち》を述べたほどだったから、豊臣秀頼《ひでより》から大坂入城の勧めがあったとき、もはや条件や勝敗の見通しなど二の次で、ともかく最後のひと花を咲かせたいという思いが強かったのではないだろうか。

信繁はその覚悟のとおりに戦いつづけた。冬の陣での真田丸の奮戦は劣勢つづきだった大坂方を励ました。夏の陣では、最後の一戦と思い定め、家康の首級《しゅきゅう》ひとつに狙いを定めて、寄手《よせて》の大軍を突破し、家康本陣を三度も蹂躙《じゅうりん》し、家康に自害を覚悟させるまで追い詰めた。

その華々しい奮戦は豊臣・徳川両軍のなかで抜きん出て随一だった。「真田、日本一の兵、いにしへ（古）よりの物語にもこれなき由《よし》」と賞讃されたのも当然である。大坂の両陣はまさに信繁のためにあったような合戦だった。

しかし、大坂方の戦争指導への不満や僚将たちからの嫉妬《しっと》など、面白くないことも多かったはずである。しかし、信繁にとっては、それらはもはや些事《さじ》だったのではあるまいか。夏の陣の前、信之の家臣の小山田茂《おやまだしげ》誠《のぶ》に宛てた書状に「さだめなき浮世にて候《そうら》へば、一日さきは知らざる事に候、我々事はなどは浮世にあるものとはおぼしめし候まじく候」と達観していたのである。

まさに戦国最後を飾るにふさわしい英傑の最期だった。

真田三代とは

Part 4

真田信之

【さなだのぶゆき】永禄9年(1566)～万治元年(1658)●通称／伊豆守　●号／一当斎

【御志は金石の如し】

慶長《けいちょう》五年（一六〇〇）七月、野州《やしゅう》犬伏《いぬぶし》で真田父子の三人が東西両軍のどちらに付くか去就を決める密談をした。昌幸《まさゆき》・信繁《のぶしげ》（幸村《ゆきむら》）が西軍、信幸《のぶゆき》（のち信之《のぶゆき》）が東軍に付くこととなり、ここに真田氏は分裂した。

このとき、昌幸が何とか信幸を翻《ほん》意《い》させようと、信幸の侍医《じい》である坂《さか》巻夕庵《まきせきあん》を呼んで説得させたが、信幸の信念は固く、「豆州《ずしゅう》公（信之）の御志は金石の如くにて、中々存じもよらず」と、さすがの昌幸も脱帽してしまった（『滋野世記《しげのせいき》』）。

信幸は昌幸の長男として生まれた。通称を源三郎《げんざぶろう》という。弟の源次郎《げんじろう》信繁とは一歳違い。豊臣政権に従い、叙爵《じょしゃく》してからは伊豆守《いずのかみ》という通称官《かん》途《と》を名乗った。夫人は徳川家康の重臣、本多忠勝《ほんだただかつ》の一女（小松姫《こまつひめ》）である。彼女は家康の養女という形で信幸に嫁いだ。その縁から、信幸は家康の女婿《じょせい》であり、準一門大名に位置づけられていた。関ヶ原合戦での処世もその縁によるものだった。

関ヶ原合戦後、信幸は諱《いみな》を信之と改める。父祖から受け継いだ一字を変えたのは、旧来の真田氏との訣別《けつべつ》を意味したのだろう。

真田信之画像（大鋒寺蔵）。大坂の陣では、病のため自らは出陣しなかった。

関ヶ原合戦の論功行賞により、信之は上州沼田《じょうしゅうぬまた》二万七〇〇〇石を安堵《あんど》されたうえ、昌幸の旧領信州小県《ちいさがた》郡三万八〇〇〇石に加えて、さらに三万石を加増され、都合九万五〇〇〇石の堂々たる徳川大名となった。中《なか》山道《せんどう》の徳川秀忠《ひでただ》軍は関ヶ原決戦に遅参したため、ほんどの大名が加増されなかったなかで、信之への加増は異例で際立っている。これは家康が昌幸・信繁と訣別した信之の進退を非常に高く評価し、その忠節に加増をもって応じたためである。

しかも、信之のえらいところは、自分の戦功に代えて袂《たもと》を分かった昌幸と信繁の助命嘆願を決死の覚悟で行ったことである。遅参の汚名を着た秀忠は難色を示したが、信之の孝《こう》心《しん》に最後は折れたという。昌幸・信繁が紀州九度山《きしゅうくどやま》に幽閉されると、信之は毎年、ひそかに生活費を送り続け、家来を派遣して見舞った。

【「下馬将軍」と渡り合う】

信之は父の旧領である信州上田《うえだ》を

与えられたにもかかわらず、上州沼田城に住みつづけた。天正《てんしょう》十八年（一五九〇）から元和《げんな》二年（一六一六）までの二十六年間である。

上田城に移ったのは家康が他界した元和二年だった。しかし、破却された天守などは再建せずに、本丸屋敷を増築した程度でつつましやかだった。将軍秀忠にとっては因縁の城だけに、信之も幕府の目を気にしたのだろう。

同八年（一六二二）八月、信之は信州松代《まつしろ》への転封《てんぽう》を命じられた。小県六万石を収公された代わりに北信四郡（埴科《はにしな》・更科《さらしな》・水内《みのち》・高井）一〇万石を与えられ、上州沼田三万石はそのままとされたので、都合一三万石となった。形のうえでは三万五〇〇〇石の加増だが、北信四郡は千《ち》曲《くま》川など大河川の氾濫原《はんらん》が多く、地味は痩《や》せている。実質的には減封ではないかといわれる。

一説によれば、関ヶ原の遺恨を抱える秀忠の真田いじめではないかといわれるが、一面的だろう。松代は「北国の要《かなめ》」と呼ばれ、これまで森忠《もりただ》政《まさ》・松平忠輝《まつだいらただてる》・松平忠昌《ただまさ》・酒井忠勝《さかいただかつ》など、徳川家の家門や有力譜代大名が居城としていたほど重要な城だった。その地を信之に預けるというのは、むしろ、幕府が信之を信任していることの表れだった。

●文＝桐野作人

隠忍自重をかさね真田宗家250年の土台を築く

なお、幕藩体制下での真田家の地位・立場について、外様《とざま》か譜代《ふだい》かという議論がある。通常、関ヶ原合戦の前後で分けられ、以前が譜代、以後が外様に分類される。真田氏は三《み》河《かわ》譜代でもないどころか、徳川家に二度にわたり敵対した過去もある。しかし、信之に関しては家康の女婿であり、以前に相当するから、明らかに譜代大名である（三河譜代と区別されて「御願譜代」と呼ばれる）。その証拠に江戸城本丸での殿席《でんせき》でも譜代大名の詰《つ》め所である帝鑑間《ていかんのま》詰めだった。

信之は九十三歳という類《たぐい》まれな長寿を保った。他界したときには四代将軍家綱《いえつな》の治世だった。経験豊かな信之の長寿は御家安泰を保つには有利だったが、一面、家督問題や一族の所領分配では苦労することになった。

明暦《めいれき》二年（一六五六）、九十一歳になった信之はようやく隠居した。そして松代北郊の柴村《しばむら》に隠居所をもうけたが、家臣の上下を問わず、奉公を望んだというから、信之の信望のほどが察せられる。

しかし、この最晩年に大きな御家騒動が起きた。嫡男《ちゃくなん》（二男）信政《のぶまさ》に家督を譲ったが、信政に先立たれ、その遺児右衛門佐《うえもんのすけ》（のち幸道《ゆきみち》）が後継者と目された。

ところが、上州沼田に分家させた長男信吉《のぶよし》の子信利《のぶとし》側との間に家督争いが起きた。都合の悪いことに信吉夫人は「下馬《げば》将軍」と呼ばれた大老《たいろう》酒井忠清《ただきよ》の叔母《おば》だった。忠清は信利に家督を継がせるよう信之に圧力をかけてきた。

信之は幕閣の実力者を向こうに回しながらも、ついに右衛門佐の家督相続を幕府に認めさせた。信之の最後の戦いだった。ようやく難題を解決した信之は精根尽き果てたのか、万治《まんじ》元年（一六五八）、隠居所で他界した。

信之死後の真田家は江戸時代後期、六代幸弘《ゆきひろ》で男系が絶え、彦根井伊《ひこねいい》、陸奥白河《むつしらかわ》藩主の松平定信《さだのぶ》、宇和島《うわじま》伊《だ》達《て》の諸家から養子を入れて存続した。とくに田安家出身で老中《ろうじゅう》となり、寛《かん》政《せい》の改革で知られる定信二男の幸貫《ゆきつら》は幕末、老中に就任している。真田家はこのように多難な時代を乗り切り、無事明治を迎えている。

真田三代関連人物

真田信綱・昌輝・信昌

真田の地位を固めた昌幸の兄弟たち

さなだのぶつな ◎天文六（一五三七）～天正三（一五七五）／享年三十九
まさてる ◎天文十二（一五四三）～天正三（一五七五）／享年三十三
のぶまさ（のぶただ）◎天文十六（一五四七）～寛永九（一六三二）／享年八十六

真田信綱は幸綱《ゆきつな》（幸隆《ゆきたか》）の嫡男、昌輝は二男で、昌幸の同母兄にあたる。母は河原《かわら》氏。信昌（信尹《のぶただ》）は四男で、昌幸の異母弟である。

信綱・昌輝は武田二十四将に数えられており、信綱は永《えい》禄《ろく》四年（一五六一）の第四回川中島合戦に幸綱とともに従軍している。同十一年の武田軍駿河《するが》遠征の際には信綱が「信《しな》濃《の》先方《さきかた》衆筆頭」真田氏の惣領として、昌輝を従え参陣している。

しかし天正《てんしょう》三年（一五七五）、長篠・設楽原《したらがはら》の戦いにおいて信綱・昌輝は討死。『甲陽軍鑑』には「信綱・昌輝兄弟は柵をひと重破って突進したところで傷を負い討死した」と記されている。

一方信昌は昌幸とともに武田家に出仕、昌幸同様、他家の養子となり加津野《かつの》市右衛門と称した。武田家滅亡後は真田隠岐守《おきのかみ》と改め北条氏の臣となり、同十二年には徳川家康に転仕した。

大坂冬の陣における東西講和に際し、家康は信繁《のぶしげ》（幸村）

を誘降しようと試みたという。その使者となったのが信昌であった。信繁は信昌との対面を拒み続けたという。

大坂の陣後、加増された信昌は幕臣として生きた。その子幸政は信繁の妹を娶った。

（大野信長）

真田の家を支えた賢妻

山之手殿

やまのてどの◎?〜慶長十八（一六一三）／享年不詳

真田昌幸《まさゆき》の正室で、信幸《のぶゆき》（信之）・信繁《のぶしげ》（幸村）の母。出自については諸説あるが、大別すると真田家の記録『真武内《しんぶない》伝《でん》』にある公家・菊亭晴季《きくていはるすえ》の娘、『石田系図』にある宇田《うだ》頼《より》忠《ただ》の娘、『沼田記』にある遠山右馬助《うまのすけ》の娘、の三説となる。

多分に地方小領主としての政略もあるのだろうが、昌幸には記録に残らない側室が数名存在していたことは明らかであり、その上、昌幸の娘が宇田氏と姻戚を結んでいる関係、そして信幸が徳川家大名として大きな地位を得たことによる脚色を考慮する必要性などがあって、「山之手殿」と呼ばれた夫人の出自の確定は困難なものとなっている。婚姻成立期における昌幸の立場を考えるなら、武田の足軽大将遠山氏の娘、あるいは信玄の妹婿であった菊亭晴季に何らかの縁をもつ女性、という位置づけが妥当ではないだろうか。

戦国武将の妻、そして母として、表立った彼女の足跡はやはり残っていない。「山之手殿」という呼称さえ、おそらく居住地にちなむものであろう。しかし、小領主から身を興《おこ》した真田家にあって、山之手殿の生死は常に真田家とともにあった。関ヶ原の合戦に際しては大坂方の「質《しち》」にもなっている。

天正十年（一五八二）信長の侵攻に総崩れとなった武田家。一揆や落人《おちうど》狩りの勃発する中、信幸・信繁を伴って上州吾妻《あがつま》を目指した山之手殿は、信幸にこう諭《さと》したという。

「ここで最期を迎えても、自

分は命を惜しまない。しかしあなたは決して死を選ばず、後の運を摑《つか》むように――」

　信幸も信繁も、幼年期には母とともに過ごしている。どちらかに偏った愛情を注いだという伝承もない。しかし、後に上杉・豊臣と人質生活を送り、父昌幸と九度山に置かれた二男の信繁に比べると、この母の理念はやはり、長男信幸に色濃く受け継がれたのかもしれない。

　慶長《けいちょう》十八年（一六一三）六月三日没。追号を寒松院宝月妙鑑大姉という。（大野信長）

信幸のため真田のため立ち働いた猛将本多忠勝の娘

小松姫

こまつひめ◎天正元（一五七三）～元和六（一六二〇）／享年四十八

法号大倫院。本多忠勝の娘。徳川家康の養女として信濃国上田城主真田昌幸《まさゆき》の長男信幸《のぶゆき》（信之）と結婚する。夫信幸は、天正《てんしょう》十六年（一五八八）頃、沼田領の支配を継承した。

　慶長五年（一六〇〇）、徳川家康の会津遠征に際して、信幸が父昌幸・弟信繁《のぶしげ》（幸村）とともに出陣すると、夫の代わりに小松姫は沼田城を守っていた。

　信之はそのまま東軍の家康方に与《くみ》したが、昌幸・信繁は西軍の石田三成方に味方し、袂《たもと》をわかった。上田城に戻る途中、沼田城に立ち寄った昌幸父子の入城を彼女は拒み、自ら陣頭指揮にあたり、敵方となった義父らの軍勢との衝突を防いだ。（諏訪勝則）

真田人気で創られたヒーロー

真田十勇士

さなだじゅうゆうし

【猿飛佐助《さるとびさすけ》】真田の里の郷士の息子。戸沢白雲斎《はくうんさい》に見出されて忍者となる。石川五右衛《ごえ》門《もん》と忍術を競い合ったこともある。

【霧隠才蔵《きりがくれさいぞう》】浅井長政《あざいながまさ》の家臣の遺児とされ、伊賀の里で育つ。百地三太夫《ももちさんだゆう》の弟子石川五右衛門と同門ともいわれる。容姿端麗。

【三好清海入道《みよしせいかいにゅうどう》】十八貫もの

鉄棒を振り回す。佐助と珍道中をともにするユーモラスな人物。実は出羽《でわ》国亀田の城主であった。

【三好伊三《いさ》(為三)入道】兄の清海入道に比べると影が薄い。鈴鹿峠で由利鎌之助と山賊稼業をしていた。兄と再会して、真田信繁(幸村)に従う。

【穴山小助《あなやまこすけ》】武田の家臣穴山梅雪《ばいせつ》の甥。槍の達人で頭がよい。風貌が信繁にそっくりで、影武者となって夏の陣で討死する。

【由利鎌之助《ゆりかまのすけ》】丹波《たんば》の豪族の惣領。鎖鎌の名手。

【筧十蔵《かけいじゅうぞう》】瀬戸内海の水軍から、蜂須賀《はちすか》家に従う。その後、信繁に従う。鉄砲の名手。

【海野六郎《うんのろくろう》】父は真田昌幸の侍大将海野喜兵衛。信繁の郎党第一号。十勇士の筆頭人を自負する。地味だが、信繁の参謀格の人物。なお、海野喜兵衛(幸義《ゆきよし》)自体は松代藩士として実在した人物で、真田信之方として大坂の陣で活躍した。

【根津《ねづ》(禰津)甚八《じんぱち》】生まれは信州だが、大和絵師の父とともに諸国をめぐる。のち海賊となるが、熊野灘《くまのなだ》で信繁にめぐり会う。夏の陣では穴山小助とともに信繁の影武者となって討死する。

【望月《もちづき》六郎】早くから昌幸父子に仕えた譜代の臣で、信繁の側近として知謀をふるう。紀州九度山村では、終始信繁と生活をともにし、火薬の知識を活かして爆弾の製造に励む。

(海野 修)

豊臣方五人衆のひとりとして徳川方に恐れられた勇将

後藤基次

ごとうもとつぐ◎永禄三(一五六〇)~元和元(一六一五)/享年五十六

又兵衛《またべえ》の名で知られる。黒田家に仕え、関ヶ原の戦いでは東軍として参戦する。戦後、大隈《おおくま》城を預けられ一万六〇〇〇石を領するに至ったが、主君黒田長政と対立し牢人となった。

大野治長の招きにより大坂城入りした基次は、明石全登《てるずみ》・真田信繁(幸村)・長宗我部盛親・毛利勝永と並んで五人衆と称され、豊臣方主力武将の一角を形成した。信繁とは武将としての戦局観において大筋で合意していたようであり、その優れた戦闘能力は大坂方にとって貴重であった。
大坂夏の陣、道明寺の戦いで討死した。
（大野信長）

乳兄弟秀頼に尽くした美貌の若武者

木村重成

きむらしげなり◎?〜元和元（一六一五）／享年不詳

長門守《ながとのかみ》。豊臣秀頼の乳母の子で、秀頼とは乳兄弟にあたり、幼い頃より秀頼に臣従していた。大坂冬の陣では豊臣秀頼の使者として、講和の誓紙を受け取るという大役を果たす。

重成といえば美男として有名だが、後世の脚色などではないようで、城内で実際に重成を見かけた者の回顧談にもある。また、妻は城内一の美女青柳であったが、青柳は夏の陣の決戦前夜、自害して夫の志を励ました。

大坂夏の陣、最期の戦いにのぞみ、重成は毛髪に香を焚きしめた。八尾《やお》・若江《わかえ》の戦いで討死した重成の首級から香が立ち上ったという。（編集部）

キリシタン救済のため大坂城へと入った敬虔な武将

明石全登

あかしてるずみ*◎生没年不詳

備前《びぜん》・備中《びっちゅう》・美作《みまさか》を領した宇喜多秀家《うきたひでいえ》の重臣。掃部《かもん》、守重とも称する。秀家の姉を室とし、三万三〇〇〇石を領した。関ヶ原合戦では西軍副将の一翼を担った秀家に属したが、敗戦によって宇喜多家は所領没収、秀家は八丈島へ流《る》刑《けい》となった。全登は縁戚にあたる黒田氏の許《もと》に身を寄せたとも、播磨《はりま》に潜伏していたとも伝えられている。

慶長《けいちょう》十九年（一六一四）大坂入城。キリシタンでもあった全登は、同十七年より始まった幕府のキリシタン弾圧に歯止めをかけるべく参陣したといわれている。

敗戦後、全登の消息については不明。
（大野信長）

＊読みは「たけのり」「ぜんと」とするものもある。

天王寺口での奮戦空しく秀頼の最期を看取って自刃

毛利勝永

もうりかつなが◎?～元和元（一六一五）／享年不詳

豊前守、諱《いみな》は吉政《よしまさ》とも。秀吉に仕えた壱岐守吉成《いきのかみよしなり》（勝信）の子で、天正《てんしょう》十五年（一五八七）には豊前に一万石を領した。前姓は森で、秀吉の命により改姓したと伝えられる。織田信長の臣、毛利良勝や毛利長秀、あるいは森長可《ながよし》らとの関係は不明。

関ヶ原の合戦では西軍に属し、敗戦後、加藤清正を経て土佐の山内一豊に預けられた。慶長十九年（一六一四）、豊臣秀頼の使者の訪問を受けた勝永は子勝家とともに土佐を脱出、大坂へ入城した。翌年の夏の陣、天王寺口の戦いで奮戦するも、隣接した真田信繁（幸村）隊の壊滅により陣を引き、五月八日自刃。豊臣秀頼を介錯《かいしゃく》したのは勝永と伝わる。

（大野信長）

大坂の陣後、信繁遺児を保護。武と華の「鬼小十郎」

片倉重綱

かたくらしげつな◎天正十三（一五八五）～万治二（一六五九）／享年七十五

父片倉景綱に続き、伊達政宗に仕えた。その戦ぶりから「鬼小十郎」の異名をもつ。第三代将軍徳川家光の子家綱の諱字を避け、重長に改名した。大坂両陣とも参加。

大坂夏の陣の際、猩々緋《しょうじょうひ》の陣羽織を斬り破られた重綱は、敵に馬乗りになられた。そこへ駆け寄った郎党から「だんな、五貫文くれるか」と聞かれると、重綱は「合点承知」と答えた。郎党が敵の首を斬り落とし、重綱は命を繋いだ。帰陣後、重綱はその郎党に五〇石を加増したという。

戦後、信繁（幸村）の娘お梅を保護していた重綱は、正室没後に後妻として迎えている。なお、信繁の二男大八も保護しており、のち大八は仙台藩士となって片倉守信と名乗ったという。

（編集部）

真田三代関連人物

淀殿

「仇敵」秀吉の側室となりながら最期は豊臣に殉ず

よどどの◎永禄十二（一五六九）？〜元和元（一六一五）／享年四十七？

父は浅井長政、母は織田信長の妹お市の方。三姉妹の長女である。父母を戦で亡くしたあと、その仇敵羽柴（豊臣）秀吉に保護された。やがて側室となり、棄丸《すてまる》（早世）、秀頼を生んだ。

秀吉死後も大坂城にとどまり、大坂夏の陣で、秀頼とともに自害した。（編集部）

豊臣秀頼

最後まで出馬せず大坂城で空しく散る

とよとみひでより◎文禄二（一五九三）〜元和元（一六一五）／享年二十三

幼名を拾《ひろい》。秀吉の子で母は淀殿。史書によると身の丈六尺二寸または五寸（約一八八〜一九七センチ）と伝わる。細かな数値まではともかく、一見して大柄で、小柄な秀吉とは逆に恰幅《かっぷく》の良い人物であったのは確かなようだ。

豊臣政権を継承するも、幼少時に起きた関ヶ原の合戦で西軍は敗北、以降は徳川家康に天下を掌握されてしまう。

大坂の陣に際し、九度山から真田信繁（幸村）を召し出した。冬の陣、真田丸での活躍に秀頼は信繁を寵愛する。しかし秀頼に行動力と決断力がなかったため、信繁が最後まで要請していた秀頼自身の出馬はかなわず大坂方は敗れ、ここに豊臣家の血筋は絶えた。（大野信長）

大野治長

秀頼に最期まで寄り添った大坂の陣の実質的指導者

おおのはるなが◎？〜元和元（一六一五）／享年不詳

治長の母大蔵卿局《おおくらきょうのつぼね》は淀殿の乳母であり、ふたりは乳兄弟である。秀吉に馬廻《うままわり》として仕え、秀吉の没後は秀頼に近侍した。

慶長《けいちょう》四年（一五九九）、政権の重鎮徳川家康暗殺の嫌疑で流罪となる。翌年の関ヶ原合戦では東軍として参戦したが、戦後再び秀頼に仕えた。大坂の陣では実質的な主導者となる。冬の陣では和議締結の任にあたった。

翌年の夏の陣で敗色が濃くなると、淀殿と秀頼の助命に奔走したが容《い》れられず、秀頼に殉じて自刃した。（編集部）

妻を介して真田氏と縁戚関係を結ぶ

石田三成

いしだみつなり◎永禄三（一五六〇）～慶長五（一六〇〇）／享年四十一

近江長浜城主時代の秀吉に見出されて、六歳の頃から秀吉に仕えたという。以後、山崎の戦い、賤《しず》ケ岳《がたけ》の戦い、さらに小牧・長久手の戦いに従軍。天正《てんしょう》十三年（一五八五）に従五位下治部少輔に叙任される。文禄《ぶんろく》の役（同二十年）では、船奉行として渡海したほか、明軍との交渉にもあたった。

慶長三年（一五九八）、豊臣政権の五奉行のひとりに連なり、秀吉死後は家康と対立、同五年、関ヶ原の戦いで西軍の主力として戦ったが敗れて、斬首された。（露木 馨）

三成との義に殉じた信繁の岳父

大谷吉継

おおたによしつぐ◎永禄二（一五五九）～慶長五（一六〇〇）／享年四十二

生国は不詳、父は豊後大友氏の旧臣ともいうが定かではない。初期の動向は明らかではないが、天正十一年（一五八三）の賤ヶ岳の戦いで七本槍に次ぐ武功をあげた。同十三年に従五位下刑部少輔を叙任。九州遠征では、兵站《へいたん》奉行を務めた。

文禄の役（同二十年）では、督戦の奉行として渡海し、石田三成とともに明軍との交渉にあたっている。関ヶ原の戦いでは、西軍に与《くみ》した。病のために駕籠に乗っての出兵だったが、東軍に内応した小早川軍に襲われ、奮闘の末、自刃して果てた。

吉継の娘が真田信繁（幸村）の室である。（露木 馨）

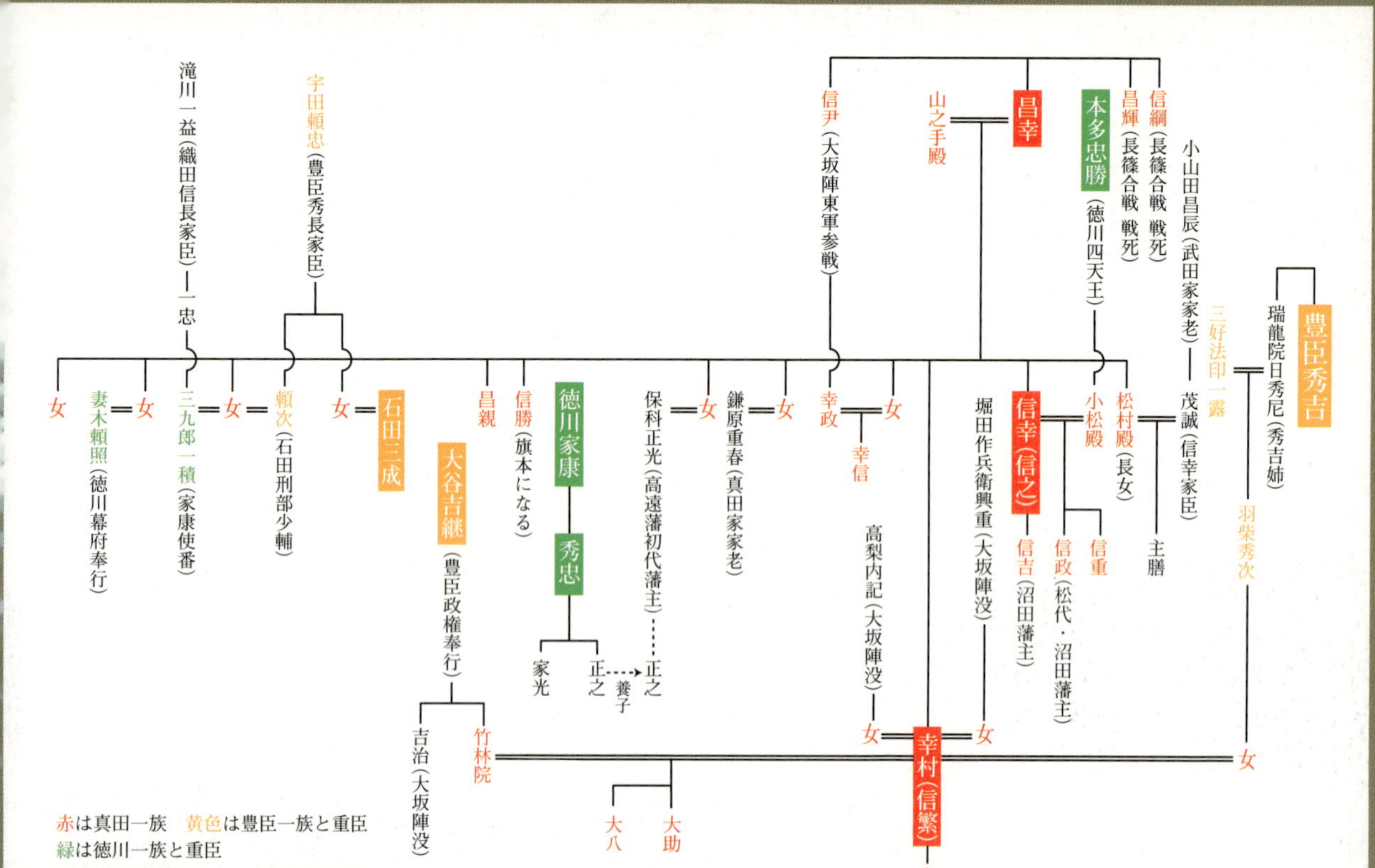

真田親族・婚姻関係図

旗・馬印《はた・うまじるし》

各種屏風・文献などの史料や遺品として伝わる真田一族の旗。想像により描かれたと思われるものも含む。

❶❷ 真田幸綱　❸❹ 真田信綱　❺❻ 真田昌輝
❼ 真田信昌（信尹）　❽〜❿ 真田信幸（信之）
⓫〜⓰ 真田信繁（幸村）。

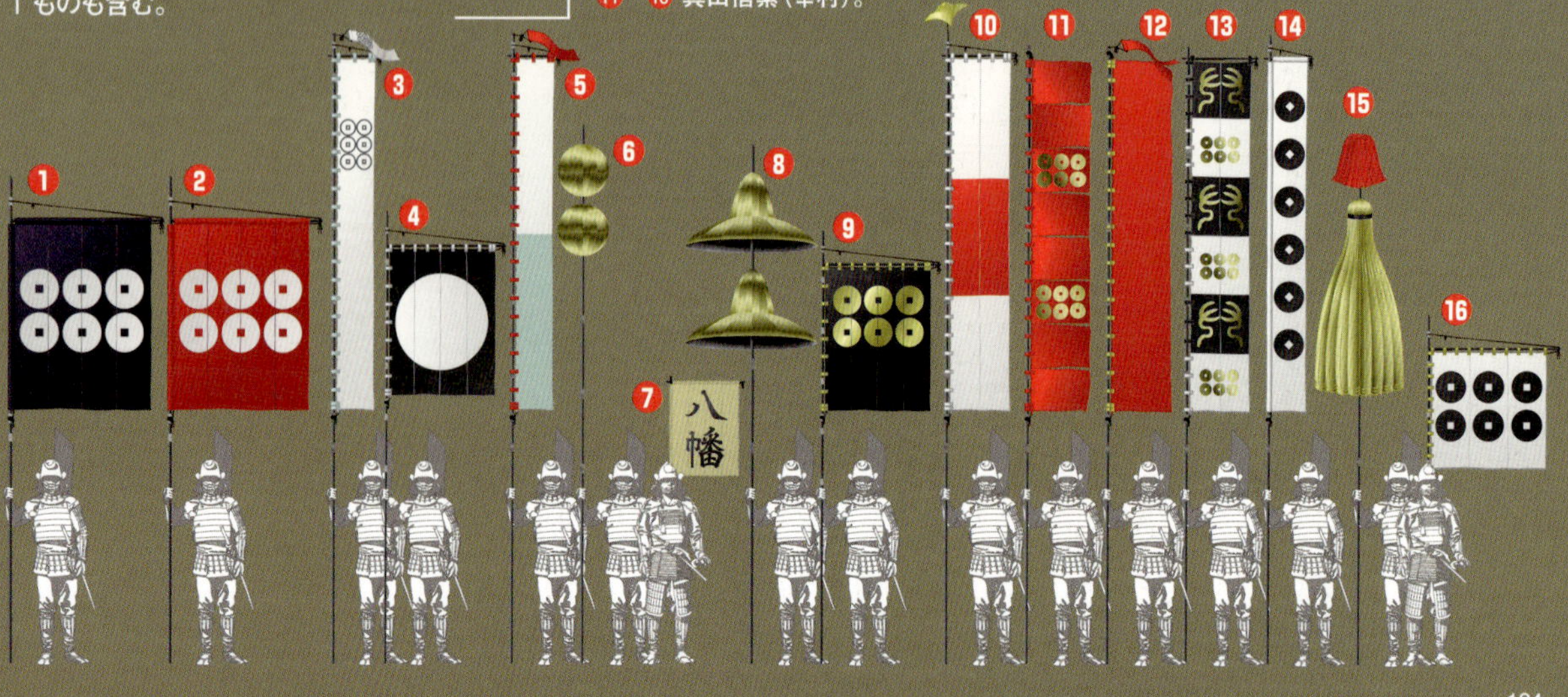

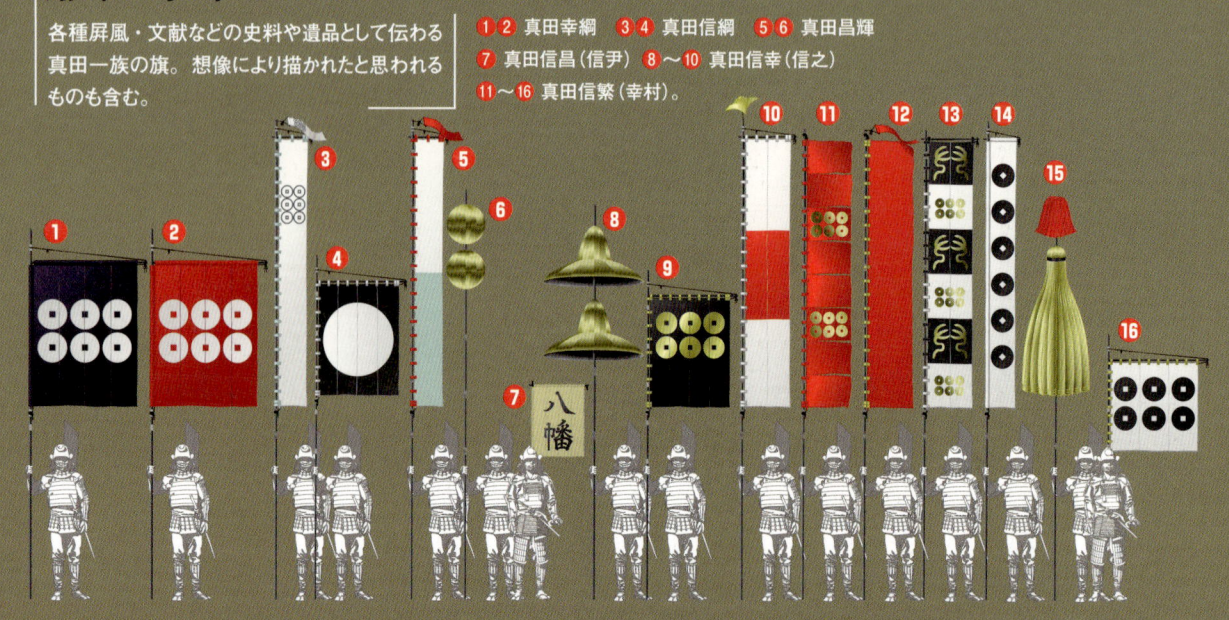

旗・馬印・家紋・印章・花押コレクション

真田の"しるし"

●文・図版作成＝大野信長

家紋 ●かもん

真田氏の定紋として名高いのが❶六連銭で、もとは真田氏の本流にあたる海野一族の使用紋であったらしい。家伝によれば六連銭紋の使用は幸綱（幸隆）の頃に始まり、それ以前は❷州浜《すはま》や❸結び雁金《かりがね》を用いていたと伝わる。

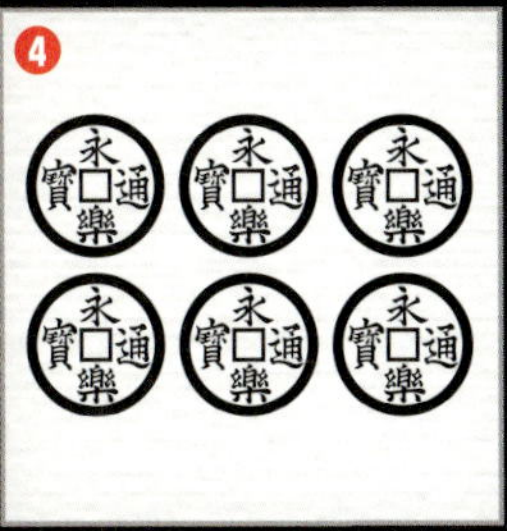

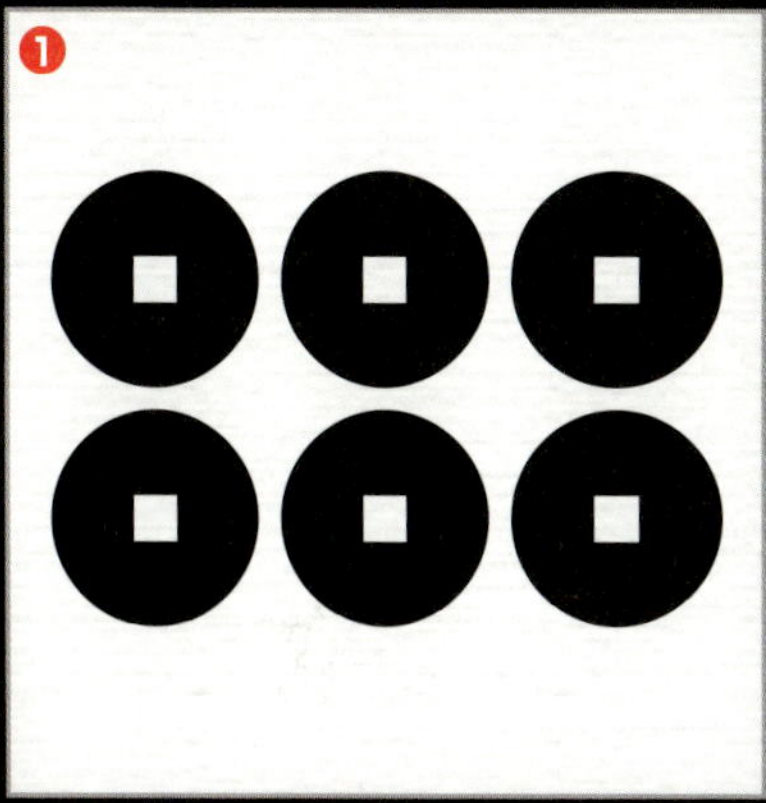

❶ 六連銭（六道銭《りくどうせん》・六文銭・真田銭。真田氏の定紋）
❷ 州浜（六連銭以前の使用紋。のちに替紋のひとつとなる）
❸ 結び雁金（六連銭以前の使用紋。のちに替紋のひとつとなる）
❹ 六つ並び永楽銭（信繁奉納の陣幕に見られる。六連銭のバリエーションのひとつ）

印章 ●いんしょう

戦国末期、書状へのサイン（花押《かおう》）を簡略化する目的で広まった。公的な目的で発給した文書に用いられることが多かったため、真田家の家督を継ぎ当主として活動した昌幸・信幸（信之）のものが認められる。

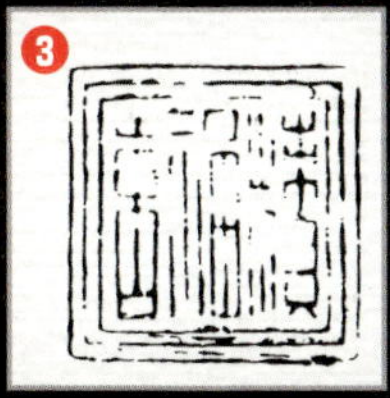

❶ 真田昌幸印章。
❷～❹ 真田信幸（信之）印章。

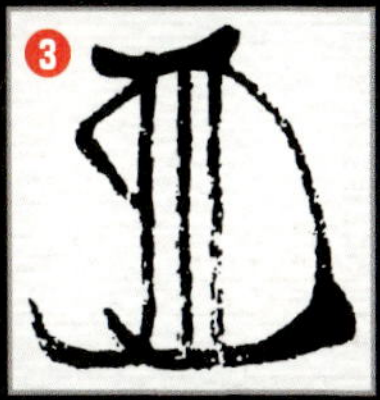

❶ 真田昌幸花押。
❷ 真田信幸（信之）花押。
❸～❺ 真田信繁（幸村）花押。

花押 ●かおう

書状に記された武将固有のサイン。時期によって変化させることで、偽造されることを防いだ。家督を継ぐ立場にもなく、長きにわたって九度山に幽閉されていた境遇のためであろうか、信繁（幸村）の花押は数種類確認されている。

●**執筆**（五十音順、敬称略）
秋山伸隆（あきやま・のぶたか）県立広島大学教授
伊澤昭二（いざわ・しょうじ）歴史研究家、小山評定ふるさと大使
海野　修（うんの・おさむ）長野俊英高等学校教諭
大野信長（おおの・のぶなが）歴史研究家、ブック・デザイナー
大山　格（おおやま・いたる）歴史研究家
小倉一邦（おぐら・かずくに）編集者、ライター
小和田哲男（おわだ・てつお）静岡大学名誉教授
河合秀郎（かわい・ひでお）歴史研究家
川口素生（かわぐち・すなお）歴史研究家
桐野作人（きりの・さくじん）歴史作家、武蔵野大学政治経済研究所客員研究員
工藤章興（くどう・しょうこう）作家
黒田基樹（くろだ・もとき）駿河台大学教授
諏訪勝則（すわ・まさのり）陸上自衛隊高等工科学校防衛教官
谷口克広（たにぐち・かつひろ）戦国史研究家
露木　馨（つゆき・かおる）編集者、ライター
野本　亮（のもと・りょう）高知県立歴史民俗資料館学芸員
橋場日月（はしば・あきら）歴史研究家
樋口隆晴（ひぐち・たかはる）ミリタリー・ライター
平山　優（ひらやま・ゆう）武田氏研究会副会長
森岡榮一（もりおか・えいいち）長浜市長浜城歴史博物館学芸員

図説 戦国入門

2016年1月1日　第1刷発行

●発行人　鈴木昌子
●編集人　吉岡　勇
●編集担当　早川聡子
●編集協力　小倉一邦
清野　直
吉本由香

●装丁・本文デザイン・家紋作成　大野信長

●協　力　株式会社 アド・クレール
有限会社 明昌堂

●発行所：株式会社学研プラス
〒141-8415　東京都品川区西五反田2-11-8

●印刷所：凸版印刷株式会社

[この本に関する各種お問い合わせ先]
●電話の場合　◎編集内容については　Tel：03-6431-1511（編集部直通）
◎在庫、不良品（落丁、乱丁）については　Tel：03-6431-1201（販売部直通）
●文書の場合　〒141-8418　東京都品川区西五反田2-11-8
学研お客様センター『図説 戦国入門』係

◎この本以外の学研商品に関するお問い合わせは下記まで。
Tel：03-6431-1002（学研お客様センター）

[学研グループの書籍・雑誌についての新刊情報・詳細情報は下記をご覧ください]
学研出版サイト　http://hon.gakken.jp/

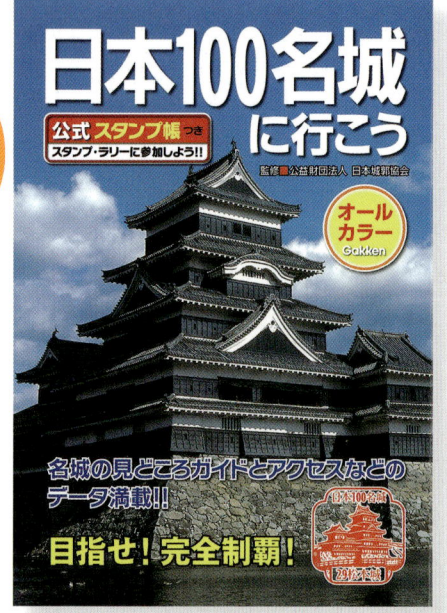

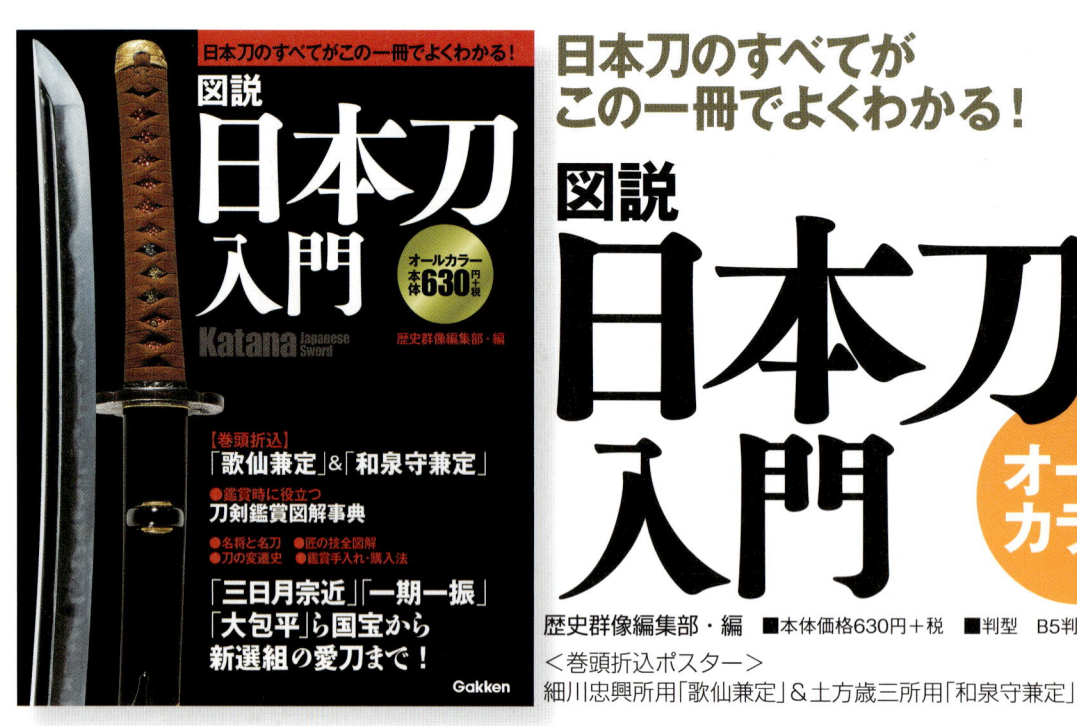